AF258779

FACULTÉ DE DROIT DE PARIS

DROIT ROMAIN

DE LA PROCÉDURE CRIMINELLE

DROIT FRANÇAIS

DE L'ACTION PUBLIQUE
ET DE L'ACTION CIVILE

THÈSE POUR LE DOCTORAT

SOUTENUE

PAR

GEORGES-EUSTACHE SCHINA

Né à Braila (Roumanie)

PARIS

ANCIENNE MAISON GUSTAVE RETAUX

PICHON ET Cⁱᵉ, LIBRAIRES-ÉDITEURS

RUE CUJAS, 13

1871

FACULTÉ DÉ DROIT DE PARIS

DROIT ROMAIN

DE LA PROCÉDURE CRIMINELLE

DROIT FRANÇAIS

DE L'ACTION PUBLIQUE
ET DE L'ACTION CIVILE

THÈSE POUR LE DOCTORAT

SOUTENUE

Le Samedi 26 Août 1871 à 1 heure 1/2

PAR

GEORGES-EUSTACHE SCHINA

Né à Braila (Roumanie).

Président : M. ORTOLAN

SUFFRAGANTS :
MM. MACHELARD
COLMET DE SANTERRE
DEMANTE
GLASSON

PROFESSEURS :
— AGRÉGÉ.

PARIS

ANCIENNE MAISON GUSTAVE RETAUX

PICHON ET Cie, LIBRAIRES-ÉDITEURS

RUE CUJAS, 13

1871

A LA MÉMOIRE DE MON PÈRE REGRETTÉ

———

A MA MÈRE

———

A MES FRÈRES ET SŒURS

———

A MONSIEUR LE BARON ET MADAME LA BARONNE

MEYRONNET DE SAINT-MARC

INTRODUCTION

Au premier âge de la civilisation, les règles de la loi pénale sont incertaines ; fondée sur un impérieux besoin de défense, elle suit le mouvement des mœurs, elle réfléchit les
préjugés, les usages et les erreurs du siècle qu'elle tra-
verse.

Le droit de vengeance a été le premier principe des
peines. Là où il n'y avait pas de justice sociale, la justice
privée la remplace nécessairement. Cette coutume barbare
rencontra un premier adoucissement dans la religion. Les
prêtres qui exerçaient une grande influence sur les peuples
intervinrent et l'usage des sacrifices expiatoires fut introduit. C'est sous leur influence salutaire que nous voyons
l'idée de l'expiation, l'idée de la punition ou du repentir
purifiant l'agent et le rachetant de ses fautes.

L'élément social ne tarda pas aussi à opposer un frein à
l'usage primitif du droit de vengeance. Elle manifesta son
influence par le principe du talion et la coutume des compositions. Le talion, expression grossière d'une règle de la

justice morale, était l'expiation limitée à la quotité du mal causé. Les compositions consistaient dans une somme que l'accusé payait à la famille de la victime pour se mettre à l'abri de toute poursuite de leur part. Cette coutume, qu'on retrouve dans les lois hébraïques, grecques et romaines, a reçu un grand développement dans les mœurs germaniques, et par l'institution du *fredum* affecté au juge ou chef de l'État elle prit un caractère général; l'action sociale se substitue à l'action individuelle. L'intérêt de l'État à l'application de la peine s'augmenta à mesure que dans chaque peuple, dans chaque nation, il fut constitué une autorité centrale.

Peu à peu l'État prenant la défense de l'offensé, la vengeance, au lieu d'être personnelle et privée, devint générale et publique. Dès lors le droit de la vindicte publique entre dans la législation et fut tenu comme parfaitement légitime. L'État menacé se vengeait par des peines ; de là l'exagération de ces peines, de là les tortures et les supplices.

Le principe de la législation criminelle ne se manifeste pas néanmoins avec les mêmes caractères chez les peuples anciens et chez les peuples modernes. A Rome comme à Athènes, ce principe était que les peines étaient créées non dans un intérêt privé, mais dans un intérêt public : *omnem animadversionem et castigationem ad reipublicæ utilitatem referre* (Cic., *De offic.*).

Au moyen âge le principe de la législation est au fond le même ; mais l'utilité sociale de la vindicte publique est égarée par l'ignorance, les préjugés et la grossièreté des mœurs. Le législateur voulant inspirer la frayeur, épouvanter les populations, invente des supplices atroces, les tortures les plus odieuses et les plus barbares.

Les législations pénales qu'elles aient participé de l'idée théocratique, de la vindicte publique ou du principe de l'intimidation, elles n'étaient au fond que les conséquences plus ou moins directes du principe qu'on peut appeler de *l'utilité sociale*. Mais à côté de ce principe nous voyons aussi se reproduire sous l'influence de la philosophie grecque, des jurisconsultes et des Pères de l'Église, une doctrine qui tend à donner pour base à la loi pénale le principe de la *justice morale*, à l'attacher à l'immoralité du fait, au degré de perversité de l'agent pour lui infliger un châtiment.

Dans les temps modernes le fondement du droit de punir se ressentit de la vive impulsion que l'esprit d'examen donna aux sciences morales. L'esprit philosophique pénétra dans le domaine du droit et il y exerça une puissante influence. Ainsi nous voyons apparaître la théorie célèbre du *Contrat social* comme base fondamentale du droit de punir. Cette doctrine philosophique exposée plus spécialement par Jean-Jacques Rousseau eut l'adhésion de presque tous les publicistes de l'époque : Puffendorf, Grotius, Selden, Filangieri, Wattel, Hobbes et Montesquieu. Beccaria dans son ouvrage, *Dei delitti et dele pene*, publié en 1764, l'adopta aussi. Malgré l'erreur de cette école philosophique dont le progrès de la science et le bon sens public ont fait aujourd'hui justice, nous devons reconnaître qu'elle a rendu un immense service à la législation pénale par l'adoucissement ou la modération dans les peines et par les garanties légales de la procédure.

A la fin du dernier siècle trois célèbres publicistes apportèrent aussi leur contingent dans la révolution qui s'opéra dans la législation pénale. Nous voulons parler de *Kant, Feurbach* et *Bentham*. Le premier, qui proposa comme base du droit de punir le principe de la justice absolue, crut trouver dans le talion qu'il prenait non comme type vrai de la pénalité, mais comme un symbole, l'équivalence entre l'acte coupable et la peine ; il ne cherche dans le châtiment ni l'amendement du coupable ni l'exemple, mais l'expiation du mal par le mal. La théorie de Feurbach sur la pénalité eut une grande autorité en Allemagne ; elle consistait dans la prévention générale résultant de la contrainte psychologique produite par la menace de la peine. Selon Bentham toutes les règles du droit peuvent être résumées dans un principe unique, l'*utilité*. Dès qu'une mesure est reconnue utile, elle est par cela même juste. On ne doit pour incriminer un fait examiner sa moralité, mais voir seulement si la société a un intérêt quelconque à la répression.

Toutes ces théories sur la légitimité du droit de punir, et qui peuvent se résumer dans les idées de vengeance (1), contrat social (2), droit de conservation ou de défense sociale (3),

1. *Théorie* de Home.
2. J.-J. Rousseau, Puffendorf, Filangieri, Beccaria, Montesquieu, Grotius.
3. Wattel.

utilité (1), justice absolue (2), intimidation (3), sont erronées, car elles méconnaissent le véritable état de notre nature. Nous ne pouvons les réfuter d'une manière plus victorieuse qu'en citant le passage suivant de notre savant maître, M. Ortolan, relatif à ce sujet. « Toutes ont quelque chose qui méconnaît, qui fausse ou qui mutile par quelque point notre nature. Celles de la vengeance érigent en droit un instinct, une passion ; celles du contrat social méconnaissent notre caractère essentiellement et forcément sociable ; celles du droit de conservation ou de défense sociale voient une défense là où il n'y en a pas, et restant à mi-chemin de leur démonstration, ne paraissent plus être que des théories utilitaires ; celles de l'utilité font abstraction de la partie morale de notre nature et nient même la notion du juste ; enfin celles de la justice absolue font abstraction de la partie corporelle de notre nature et ne tiennent nul compte de l'utile. »

Les criminalistes français du xviiie siècle, Rousseau de Lacombe, Mayard de Vouglans, Serpillon et Jousse, de même que ceux du commencement du xixe siècle, Legraverend, Carnot, Bourguignon et Mangin n'étant que des praticiens n'ont point cherché la véritable base du droit de punir. Sous la Restauration, grâce au souffle vivifiant de la philosophie de Platon et de Kant, des publicistes distingués ont porté une vive clarté sur la matière. MM. Guizot, Cousin et de Broglie abordant la

---

1. Hobbes, Bentham.
2. Kant.
3. Feurbach.

question ont cherché tour à tour à lui donner une solution conforme aux idées de justice et d'utilité sociale. Mais c'est à M. Rossi que revient l'honneur d'avoir le premier posé les véritables fondements du droit de punir, d'avoir imprimé aux études de législation pénale une direction nouvelle et créé une école de criminalistes dont lui-même est le véritable fondateur.

M. Rossi établissant comme fondements nécessaires du droit pénal le principe de la *justice morale* et de la *sociabilité humaine* déduit de la réunion de l'élément moral et de l'élément social la théorie de la légitimité du droit de punir. C'est par l'alliance du juste et de l'utile qu'il arrive à fonder la théorie philosophique sur le droit social de punir.

Cette théorie de la justice absolue combinée avec l'intérêt de conservation sociale, c'est-à-dire le juste et l'utile, a été adoptée de nos jours, par plusieurs criminalistes : MM. Faustin-Hélie, Franck, Bertauld, Trébutien, et enfin par M. Ortolan qui a déterminé d'un manière précise le rôle de chacun des éléments qui la constituent.

Personne n'ignore l'importance de la Procédure criminelle et le lien intime qui existe entre elle et le droit public et politique de chaque peuple. Dans un gouvernement despotique tout est sacrifié au besoin de maintenir l'ordre ; dans un pays libre, au contraire, on retrouve le respect du droit de défense du citoyen, la limite du droit d'arrestation et comme garantie d'une bonne administration de la justice une procédure basée sur le principe de l'accusation, des débats oraux et de la publicité.

On conçoit qu'un bon système de procédure criminelle doit donner une satisfaction complète au double intérêt qui est en jeu : à celui de la société et à celui de chaque citoyen.

La tâche du législateur est donc d'arriver à fonder un système de Procédure criminelle qui garantisse les intérêts de la société dans la même mesure que ceux des libertés publiques des citoyens. A ce propos Montesquieu disait avec beaucoup de raison : « Si vous examinez les formalités de la justice, par rapport à la peine qu'a un citoyen à se faire rendre son bien ou à obtenir satisfaction de quelque outrage, vous en trouverez beaucoup trop ; si vous les regardez dans le rapport qu'elles ont avec la liberté et la pureté des citoyens, vous en trouverez souvent trop peu, et vous verrez que les peines, les dépenses, les longueurs, les dangers même de la justice, sont le prix que chaque citoyen donne pour sa liberté (1). »

Ainsi l'action répressive accordée au pouvoir pour maintenir l'ordre public et la sécurité sociale, pour inspirer aux citoyens une entière confiance, doit être conforme à l'équité et fondée sur une scrupuleuse observation de toutes les règles auxquelles est soumis l'exercice de cette action. C'est ce qui a fait dire à un vieil auteur (2) : « Justice n'est proprement autre chose que formalité », et de nos jours à l'illustre

1. *Esprit des lois*, livre VI, ch. ii.
2. Ayrault, *Formalité et instruction judiciaire des anciens*, liv. I, p. 2.

Benjamin Constant : « Ce qui préserve de l'arbitraire, c'est l'observation des formes. Les formes sont les divinités tutélaires des associations humaines : ces formes sont les seules protectrices de l'innocence ; ces formes sont les seules relations des hommes entre eux (1). »

L'importance de cette branche du droit nous avait fait désirer d'exposer l'ensemble de toutes les règles qui la régissent, mais l'étendue de ses matières nous a paru former un sujet trop vaste pour notre modeste travail ; aussi, nous sommes-nous contenté de traiter seulement l'un des points les plus intéressants de la matière, savoir : de l'action publique et de l'action civile.

Quant au droit romain, nous ne croyons pas qu'un simple aperçu général de la Procédure criminelle présentât de grands inconvénients au point de vue de l'insuffisance de l'exposition, car n'offrant plus qu'un intérêt purement historique, il n'est pas indispensable d'entrer dans de grands détails pour avoir une idée complète de la matière.

Ainsi, pour traiter en droit romain un sujet qui ait quelque rapport avec celui du droit français, aussi bien que pour donner un cadre convenable a notre ouvrage, nous sommes-nous proposé, avant d'aborder l'examen de l'action publique et de l'action civile, de faire un exposé sommaire de la Procédure criminelle en droit romain.

1. *Cours de politique constitutionnelle*. Tom. 1, p. 322.

DE LA

PROCÉDURE CRIMINELLE

EN DROIT ROMAIN

Pour faire un exposé méthodique de la Procédure criminelle du droit romain, nous diviserons cette étude en trois chapitres, correspondant chacun à l'une des trois grandes phases par lesquelles est passée la législation.

Le premier comprendra l'époque de la Royauté et d'une partie de la République.

Dans le second nous suivrons les différentes transformations apportées à la législation pendant le cours du viie siècle.

Enfin, la période qui s'écoule depuis l'établissement de l'Empire jusqu'à la mort de Justinien fera l'objet du troisième chapitre.

CHAPITRE PREMIER

LA ROYAUTÉ ET LA RÉPUBLIQUE.

§ I.—Juridiction des rois.

Les quelques textes qui nous sont parvenus sur l'histoire des juridic'ions sont en très-petit nombre et ne présentent pas, dès le principe, le caractère de précision nécessaire, car ils n'ont été rédigés que bien plus tard après les événements.

A l'origine la puissance judiciaire appartenait aux rois (1). Denys, d'Halicarnasse (2), dont le témoignage ne fait généralement pas foi, prétend que le roi se réservait la juridiction des affaires importantes aussi bien que des crimes les plus graves, en renvoyant au Sénat la connaissance des délits ou fautes (ελαττονα) d'une importance moindre. La condamnation de Melius Suffetius rapportée par Tite-Live (3) semble confirmer l'assertion de Denys.

Le roi, selon Livius, rendait la justice tantôt seul, tantôt en s'aidant des lumières d'un conseil, qui pourrait bien n'être autre chose que le Sénat. Toutefois, cette

---

1. *Dig.*, XII. § 14. *De origine juris.* Cicéron, *De republica*, V, 2.
2. Denys, II, 14.
3. Live, II. 14.

haute compétence réservée au roi seul est fortement hypothétique, car nous voyons Tite-Live reprocher à Tarquin,
comme un excès de pouvoir, d'avoir jugé seul, et sans le
secours de son conseil.

Parmi les rois qui, d'après Denys et Tite-Live, rendaient la
justice en matière criminelle, nous citerons Romulus, Tarquin
l'Ancien, Servius Tullius et Tarquin le Superbe.

Dans le procès d'Horace accusé du meurtre de sa sœur,
nous voyons intervenir une juridiction déléguée qui, selon
Zonoras, était le Sénat ; d'après Varro (1) ce n'étaient que
des commissaires, *dumviri*, qui sembleraient avoir porté en
même temps le nom de *questores*. Le seul cas que l'on peut
citer d'un jugement rendu par cette juridiction, c'est le procès des vainqueurs des Curiaces. Une loi spéciale avait
déféré de même à cette juridiction les crimes de *perduellio* comprenant les attentats contre l'État et la majesté du
peuple.

Le même roi qui avait délégué aux *dumviri* la connaissance du procès d'Horace permit à ce dernier d'en appeler
au peuple. Celui-ci, organisé en comices par curies, prononça
l'acquittement (2). Cet appel était-il un droit exercé sous
Tullius Hostilius ou une simple faveur, une concession, *ex
jure vel concessione?* Cicéron, dans sa *République*, II, 31, et
Sénèque (3) ont soutenu que c'était le droit commun à l'égard de tous les jugements des rois. C'est aussi l'avis de Si-

1. *De ling. lat.*, IV, 14.
2. Cicero. *Pro Mil.*, III.
3. *Epist. Lucilio*, CVII.

gonius (1) et de Niebuhr (2). Cette opinion n'est pas exempte
d'objections. Comment, en effet, concilier le passage de
Cicéron avec la nécessité de renouveler trois fois la loi Valeria, loi qui ne fut conquise par le peuple qu'après de grands
efforts, et qui consacra pour la première fois le droit d'appel
à la nation contre la décision des conseils ? Pourquoi n'y
avait-il pas d'appel contre les décisions du dictateur qui
n'était pourtant qu'un roi temporaire ? Pourquoi n'y en avait-
il pas non plus contre celles des décemvirs ?

C'est donc une question purement historique et encore à
débattre, à moins toutefois qu'on ne veuille admettre cette
solution qui fait des *dumviri* et de l'appel, au temps des
rois, des procédures d'exception devenues plus tard, sous la
République, une forme ordinaire (3).

§ II. — Juridiction des consuls.

Après l'expulsion des rois et la fondation de la République,
les consuls héritèrent de toutes les prérogatives de la royauté
et par conséquent de la juridiction criminelle en l'exerçant
aussi bien sur les patriciens que sur les plébéiens. Cette puissance, dont Pomponius déclare l'existence d'une manière
expresse, est confirmée par l'exemple de Brutus, qui, en
qualité de consul, condamna à mort ses fils. Pourtant cette

1. *De judic.*, II, 4.
2. *Roem Gœsch*, 2e édit., t. I.
3. Laboulaye, *Essai sur les lois crim. des Rom.*, p. 85.

opinion sur les droits des consuls peut être combattue, car
Cicéron et Tite-Live (1) en rapportant le fait distinguent
entre le jugement et son exécution. Brutus présida à l'exécution et non au jugement. On croit donc que, si les consuls
commencèrent à prononcer des jugements sur des crimes ou
des affaires d'une moindre importance, ce fut en vertu d'une
délégation du Sénat ou du peuple.

Il arrivait, en effet, que dans certaines circonstances, et
pour une affaire spéciale, le Sénat ou le peuple déférassent
la juridiction aux consuls- et d'une manière détermi -
née.

Les consuls pouvaient donc, comme les autres magistrats,
être amenés à exercer accidentellement le droit répressif ;
leur rôle principal consistait à prendre des mesures préven-
tives et à présider l'exécution des jugements.

La loi Valeria consacra une des plus grandes conquêtes du
peuple, car c'est elle qui reconnut à chaque citoyen le droit
d'interjeter appel des sentences rendues par les magistrats.
Cette loi, qui date de la deuxième année du consulat de
Valérius, fut considérée par le peuple comme le plus important de ses priviléges. C'était en même temps la reconnaissance et la garantie de la liberté et des droits des citoyens.
Tout consul qui violait cette loi était. déclaré *improbe fac-
tum* (2). Cicéron prétend que cette formule n'était pas l'é-
quivalent d'un blâme ou d'une atteinte à la considération du

1. Livius, II, 8.
2. Tite-Live, IV, 7.

magistrat, mais qu'elle était plus énergique et équivalait à une *consecratio capitis.*

La loi Valeria ne tarda pas à avoir pour effet de supprimer insensiblement les juridictions consulaires.

Chaque citoyen pouvait à son gré en appeler au peuple aussi bien pour une condamnation pécuniaire que pour une condamnation à mort. D'un autre côté, chacun savait par expérience qu'il est plus aisé d'émouvoir et de fléchir le peuple que la rigidité du magistrat accoutumé par son métier à maîtriser ses sentiments. Aussi étaient-ils fort peu nombreux les condamnés qui ne tentaient pas cette suprême ressource de l'appel au peuple. Les consuls donc, peu à peu et sans l'intervention d'aucune loi, furent dépouillés du plus bel attribut de la souveraineté: la puissance judiciaire. C'est un phénomène assez commun chez les Romains de voir les institutions s'établir ou se détruire par la seule force des coutumes.

Certains magistrats ne craignaient pas d'abuser de leur pouvoir absolu pour violer sans scrupule la loi Valeria. Il fallait donc, si l'on voulait que les prescriptions de cette loi fussent rigoureusement observées, en faire surveiller l'exécution. Ce furent les tribuns à qui l'on confia cette mission, et afin de leur faciliter cette partie de leurs attributions, on les entoura d'une inviolabilité sacrée. Leur pouvoir ainsi établi, les tribuns avaient le droit d'intercession pour réclamer l'arrestation de tout consul convaincu de s'être mis en contravention avec la loi Valeria.

D'après Tite-Live, les patriciens ayant réussi à paralyser

l'exécution de la loi, on rétablit l'appel au peuple, cet *unicum præsidium libertatis*, en consacrant les dispositions premières, d'après lesquelles il était interdit de créer une magistrature sans appel. Tout citoyen pouvait venger par la mort du téméraire la violation des lois. « *Ne quid ullum magistratum sine provocatione crearet ; qui creasset eum jus fasque esset occidi, neve ea cædes capitalis noxæ haberetur* (1). »

Malgré cette mesure comminatoire, le droit d'appel ne fut pas toujours respecté, et en 453 fut rendue pour la troisième fois une nouvelle loi Valeria sous le consulat de M. Valerius. « La cause de ce renouvellement, dit Tite-Live (2), fut que le « peuple n'était pas encore assez fort pour assurer la liberté « contre la puissance des grands. »

Comme sanction des dispositions des lois Valeria fut rendue la loi Porcia en trois reprises différentes. D'ailleurs, Cicéron (3) affirme qu'à partir de la dernière loi Valeria il n'y eut pas de citoyen mis à mort par un consul au mépris de l'appel au peuple.

§ III. — Juridiction du peuple.

A Rome la souveraineté populaire se manifestait sous trois formes d'assemblées : les comices-curies, les comices-centu-

1. Livius, III, 55.
2. Liv., X, 9.
3. *De republic.*, II, 31.

ries et les comices-tribus. Les comices-curies étaient composées presque exclusivement des patriciens, les comices-centuries, composées des patriciens et des plébéiens, furent instituées par Servius Tullius. Elles étaient divisées en plusieurs classes, suivant la fortune, tandis que dans les comices-curies la prépondérance était donnée à la naissance. Les comices-tribus, qui finirent par avoir la suprême influence, étaient en grande partie composées de la plèbe.

Les comices-curies eurent une très-courte durée, et l'histoire ne nous conserve comme œuvre d'autorité de juridiction criminelle de leur part que le jugement d'Horace (1) ; quant à la condamnation de Sp. Cassius et M. Manlius, elle a dû être prononcée par les comices-centuries ainsi qu'il résulte d'un passage de Tite-Live. L'opinion du grand historien rend peu vraisemblable la prétention contraire de Niebuhr, car les attributions principales des comices-curies consistaient seulement dans l'*imperium* et tout ce qui se rattachait aux augures.

La juridiction criminelle par excellence était celle des comices-centuries. Cicéron (2) nous apprend qu'elles formaient le *Comitatus maximus*. Or d'après la loi des douze tables cette formule désigne l'assemblée qui réunissait le plus grand nombre de citoyens, il s'agit donc bien des comices-centuries. Les condamnations capitales prononcées contre Coriolan, Appius Claudius, Cœso Quinctius par les comices-tribus furent

1. Liv., I, 6.
2. *De legib.*, III, 44.

attaquées comme ayant excédé et violé la constitution. Ce fait seul est une preuve irréfutable de l'importance qui était donnée à cette assemblée. Les comices-centuries connaissaient encore des jugements relatifs au crime de *perduellio* qui ne différait guère du crime de lèse-majesté que par le nom et c'est cette assemblée qui formait le dernier ressort de la juridiction criminelle. Devant cette assemblée, l'accusation était portée exclusivement par des magistrats qui convoquaient ces comices, comme les consuls, les préteurs, les tribuns ; les citoyens pouvaient seulement dénoncer les crimes.

L'assemblée des comices-tribus exerçait une autorité purement politique ; n'étant point une juridiction criminelle comme les comices-centuries elle finit par l'importance de ses attributions par avoir la prépondérance dans l'État. La plèbe qui était l'élément principal de cette assemblée parvint par l'autorité et la témérité de ses tribuns à faire plier tous les autres pouvoirs devant elle. Coriolan, qui, selon Denys (1), était le dernier représentant des patriciens, fut leur première victime, le consul Sp. Servilius et Memnius subirent bientôt le même sort. La puissance toujours croissante de cette assemblée devint telle que les consuls, pour pouvoir résister à sa fougue, se virent plus d'une fois obligés de recourir aux dictateurs (2).

Chez les Romains où l'abrogation expresse d'une loi n'existait pas, il est difficile de préciser la part de compétence qui

1. Denys, III, 65.
2. Tite-Live, III, 24, 25, 29.

était fixée à chacune de ces assemblées. Il est pourtant certain que les comices-tribus connaissaient des crimes capitaux
ainsi que de ceux qui leur étaient déférés par appel après avoir
été poursuivis par jugement public. En outre cette compétence n'était attribuée qu'aux citoyens romains seulement et
toutefois lorsque l'accusé n'était pas un étranger.

Quoique ces comices-tribus aient fini par subsister seules,
les autres assemblées ne perdirent pas complétement leur
juridiction criminelle, c'est ainsi que nous voyons jusqu'à la
fin de la République les comices-centuries juger les crimes
de *perduellio* et de *sacer esto* qui livraient le coupable à la
vengeance divine (1).

§ IV. — Juridiction criminelle du Sénat.

Le Sénat exerçait aussi des attributions de juridiction criminelle. Sous la royauté, il intervenait pour donner seulement son avis (*auctoritas*). M. Dirksen dans une étude (2)
relative à ce sujet a prétendu que le Sénat avait une juridiction complétement indépendante des magistrats et des comices ; mais cette opinion n'est pas admise par tous les auteurs (3). En effet, cette juridiction n'avait qu'une action
indirecte et les ordres émanant du Sénat avaient plutôt la
forme d'un conseil : *si consulibus*. C'est ainsi que, sous les

1. Festus, V.
2. *Uber die criminal juridiction de Rœmischen senat*. Berlin, 1820.
3. Burchkardt, p. 5. Rubino, p. 450. Laboulaye, *op. cit.*, p. 56.

rois, le Sénat n'était appelé à donner son avis qu'à titre de *senatus consultum*. Le Sénat donc exerçait son autorité par l'intermédiaire des autres magistrats, son rôle consistait seulement à diriger leurs actions. Même pour les crimes commis à Rome et qui étaient d'un intérêt public comme dans l'affaire des Bacchanales de l'an 568, comme encore le crime d'empoisonnement *(Quæstio de veneficiis,* an de Rome 570), le Sénat jugea rarement par lui-même ; le plus souvent, il exerçait ses attributions par délégation. Il nommait des commissions élues dans son sein pour connaître des procès tels que des accusations de péculat et concussion qui exigeaient un examen compliqué et minutieux. D'ailleurs, la juridiction criminelle du Sénat était indirecte, car, d'après la constitution, il ne pouvait prononcer sur le sort des citoyens romains que lorsqu'il en avait reçu l'ordre du peuple.

Le Sénat, outre cette juridiction qu'il exerçait par délégation, avait une influence qui lui était propre. C'est surtout hors de Rome, en Italie et dans les provinces que s'exerçait cette influence. Il avait alors la connaissance de tous les crimes politiques, tels que les conspirations, les révoltes, les séductions, il avait même autorité pour prononcer sur les différends qui survenaient entre les provinciaux et les magistrats romains. Mais dans la mesure de cette attribution, il connaît tantôt directement comme dans le procès de Marcellus et des Siciliens (1), tantôt il délègue le jugement à des consuls ou à d'autres magistrats.

1. Phil. *In Marc.,* C. XXIII.

La division des pouvoirs n'étant pas connue chez les Romains, la réunion de l'administration et de la justice dans les attributions d'une même autorité explique le droit du Sénat de recevoir les plaintes des provinciaux contre un proconsul ou autre magistrat prévaricateur, d'instruire l'affaire et de prononcer la condamnation.

Le Sénat possédait encore une autre attribution, tout à fait digne d'une attention particulière, surtout au point de vue du droit public. C'était la faculté exceptionnelle qu'il avait dans des moments de grandes crises politiques de confier les pouvoirs les plus absolus à des dictateurs ou autres magistrats. Ceux-ci recevaient alors avis de leur nouvelle autorité par la formule restée célèbre : « *Videant consules (prætores, tribuni plebis), ne quid respublica detrimenti capiat* (1). »

Le Sénat qui avait la suprème puissance administrative avait aussi le droit de prendre les mesures nécessaires au salut de l'État : *salus populi suprema lex esto.*

Nous voyons d'après cet exposé succinct des juridictions criminelles chez les Romains qu'il y avait trois pouvoirs pour connaître des crimes : les comices-centuries qui prononçaient des peines capitales, les comices-tribus qui prononçaient des amendes et le Sénat appelé à juger les crimes commis en Italie et dans les provinces.

1. Cic., *Ep.* **xvi**, 2. Sall. *Catil.*, 29.

§ V. — Juridiction des questeurs.

Le Sénat et le peuple déléguaient leur puissance judiciaire à des magistrats, comme un consul ou un préteur, soit même à un simple citoyen toutes les fois que la nature de l'affaire, les difficultés de la porter devant une assemblée trop nombreuse, rendaient nécessaire une pareille mesure. Les magistrats ou citoyens qui étaient chargés de connaître de ces affaires criminelles prenaient les noms de *questores* et ils étaient bien distincts des *questores ærarii* (1). Ils étaient nommés pour un but déterminé et recevaient une mission spéciale.

A Rome, où il n'était pas permis de cumuler les charges publiques, une pareille mission n'aurait pu être confiée à un consul ou à un préteur qui aurait voulu conserver la fonction et exercer simultanément les deux charges.

Les questeurs étaient assistés dans l'exercice de leurs fonctions par un conseil ; ils étaient complétement indépendants du peuple ou du Sénat qui les avait nommés ; cependant quelquefois, comme dans le procès de Milon, ils recevaient des instructions sur la procédure à suivre.

Comme ces juridictions prirent un caractère permanent au commencement du vii° siècle (an de Rome), nous renvoyons au chapitre ii ce qui nous reste à dire sur leurs attributions.

1 L. de D. 23. *Digest.* I, 2.

Pour compléter l'énumération des juridictions criminelles, nous pourrons ajouter quelques mots sur l'autorité des pontifes et du chef de famille.

§ VI. — Juridiction des pontifes et du chef de famille.

Les pontifes exerçaient leur autorité sur les ministres de la religion, flamines ou vestales. Contre les flamines, ils prononçaient des peines corporelles et même des amendes, mais la peine de mort n'était prononcée que par le collége des pontifes réunis (1). La vestale qui avait manqué au vœu de chasteté était condamnée à être enterrée vivante et son séducteur à la peine de mort.

Le maître, à l'origine, avait une puissance absolue sur ses esclaves, droit de vie et de mort ; le seul frein mis à ses caprices consistait dans le blâme et la réprobation de l'opinion publique. Le maître n'avait le droit de punir un esclave que pour des crimes commis contre lui-même ou quelqu'un des membres de sa famille, car une offense envers quelqu'un de la famille était censée faite au chef de famille lui-même. Quant aux fautes envers les étrangers, l'esclave devenait justiciable des juridictions de droit commun.

Les restrictions apportées au droit du chef de famille sur ses enfants furent considérables, et peu à peu cette toute-

1. Tite-Live, IV, 44 ; VIII, 15.

puissance de vie ou de mort disparut complétement Pourtant, à l'origine, elle fut exercée avec beaucoup de rigueur tant pour les crimes commis envers la famille que contre les étrangers. Le chef de famille était assisté d'un conseil composé d'agnats quand il jugeait ses enfants, et quand il s'agissait de sa femme, le conseil était pris moitié dans les agnats du côté de la femme et moitié parmi ceux du mari.

CHAPITRE II

LE VIIe SIÈCLE DE L'ÈRE ROMAINE.

---

§ I. — Origine des quæstiones.

Nous avons exposé dans le précédent chapitre le procédé et la cause qui donna naissance à ce qu'on nomme les questions perpétuelles (*quæstiones perpetuæ*).

Ce pouvoir de connaître que l'on désignait par le nom de *quæstio* fut donné à la commission elle-même par figure de langage ; quant à son titre de *perpétuelle*, elle le devait à l'organisation instituée d'une façon permanente pour certains délits et non à la nature des magistratures qui la composaient. Celles-ci, en effet, d'après la règle commune en usage chez les Romains, n'étaient jamais qu'annuelles.

Cicéron fait remonter l'origine des *quæstiones* à la loi

Calpurnia rendue en l'an de Rome 605 : « *Quæstiones per-*
« *petuæ hoc adolescente (C. Carbon) constitutæ sunt, quæ*
« *antea nullæ fuerunt. Etenim Piso, tribunus plebis, legem*
« *primus de pecuniis repetundis Censorino et Manilio consu-*
« *libus tulit.* » Cette loi rendue sur la proposition du tribun
L. Calpurnius Piso Frugi fut nécessitée par les concussions et
exactions commises par les magistrats dans l'administration
des provinces.

Plusieurs autres *quæstiones* furent instituées : en 635 celle
de ambitu, quæstio ambitus, contre les brigues employées
dans l'achat des magistratures ; la *quæstio peculatus,* contre
les prévarications ou détournements de fonds publics, sacrés
ou religieux ; dans la même année, *quæstio de majestate* (loi
Apuleia, an de Rome 652), crime de lèse-nation, contre tous
les actes attentatoires à la sûreté ou à la majesté du peuple,
de vi, de civitate, de plagio.

Avant d'exposer l'organisation et la procédure suivies devant ces *quæstiones perpetuæ,* disons quelques mots sur la
procédure devant les comices et le Sénat pendant cette
deuxième période de la législation.

§ II. — Procédure criminelle devant les comices et le Sénat.

La publicité de tous les actes de l'instruction criminelle
était un principe généralement admis à Rome comme à
Athènes. Les tribuns tenaient leurs séances dans le forum ;

tout le monde y avait accès ; c'était la puissante garantie de l'impartialité du juge. Mais il en était autrement pour les procès jugés par le Sénat ; ses séances étaient secrètes ; ne pouvaient y assister que les parties intéressées (elles-mêmes devaient se retirer pendant le vote) et ceux qui avaient l'entrée au Sénat. L'accusation et la défense se faisaient de vive voix et non par écrit.

Chaque citoyen avait le droit de porter l'accusation contre l'offenseur et de poursuivre la punition du coupable. Mais ce moyen employé dans les procès jugés par les commissions n'était pas praticable au Sénat et devant les comices, car il fallait l'intervention d'un magistrat pour saisir ces juridictions. C'est ce qui explique pourquoi nous voyons toujours figurer comme accusateurs devant les comices-tribus ou centuries des tribuns et préteurs.

Le premier acte de tout procès criminel était la dénonciation publique de l'accusateur suivie de la sommation de comparaître. Cette sommation s'appelait *diei dictio*. Au jour fixé, l'accusateur exposait sa plainte et l'affaire pouvait être engagée immédiatement sur le rapport du magistrat accusateur si elle était portée devant le Sénat. Quant aux comices, le magistrat devait publier pendant trois jours de marché (*per trinundinum*) la formule d'accusation ; cette publication s'appelait *inquisitio* (1) ; au troisième jour de marché, l'accusateur relisait sa formule pour la quatrième fois et ensuite on jugeait l'affaire. Une fois la question et la pénalité éta-

____

1. Sigonius, *De judic.*, III-10.

blies, l'accusateur ne pouvait plus la modifier, par exemple, l'accusateur ne pouvait plus passer d'une accusation pécuniaire à une accusation capitale. Dans ce cas, l'accusateur devait demander une double pénalité, pécuniaire et capitale. Jusqu'au jour fixé pour la comparution, l'accusé était détenu en prison, mais il avait la faculté d'obtenir sa liberté en offrant une caution. Cette liberté sous caution accordée au prévenu était à l'origine un privilége ; mais, grâce aux tribuns, elle devint de droit commun.

L'accusé pouvait paralyser l'exercice de l'action par sa disparition ou son exil. Chaque citoyen avait le droit pour éviter toute condamnation de s'exiler, et dans ce cas on ne prononçait pas la condamnation afin de ne pas dépouiller l'accusé de ce titre auguste de citoyen romain qui, selon Cicéron, ne pouvait lui être enlevé que par la mort (1). Ce droit d'exil fut reconnu expressément et consacré par la loi Porcia (2). Celui qui voulait en user était obligé de le déclarer publiquement et les comices statuaient à ce sujet.

Un procès criminel pouvait être encore entravé dans sa marche par l'intervention des tribuns, les défenseurs de la plèbe, en considération des services rendus par l'accusé à la patrie (3) ou par d'autres motifs, ils avaient le droit d'interposer leur veto et d'arrêter ainsi complétement la procédure.

Comme l'accusateur n'agissait qu'en son propre nom et ne représentait nullement la société, il pouvait annuler l'accu-

1. Cic., *Pro Cæcina*, 34.
2. *Pro Domo*, XXX.
3. Tite-Live, III, 59; IX, 34.

sation et la faire tomber par son désistement, quel que fut son
motif, crainte, connivence ou déférence pour l'opinion publique.

Au jour fixé pour le jugement, l'accusé entouré de sa famille et de ses amis prenait le deuil et cherchait par son attitude à apitoyer les juges sur son sort afin d'en obtenir une
absolution. Les défenseurs, à leur tour, essayaient aussi d'attendrir et de toucher les juges plutôt que de les convaincre,
c'est ce qui arriva dans le procès de M. Aquilius, concussion-
naire avéré (1). Pour que les comices pussent se réunir, on
les convoquait à son de trompe dans toute la ville et pour l'accusé la citation (*citatio*) qu'on lui envoyait était précédée d'un
pareil appel. Il en était autrement pour les comices-tribus :
l'accusé était cité par les *viatores* des tribuns. — Au jour fixé
pour l'audience, l'accusé pouvait faire défaut pour différentes
causes : ainsi il pouvait ne pas comparaître parce qu'il s'était
exilé, ou sans aucun motif ou enfin parce qu'il avait présenté
des excuses. S'il s'était exilé, alors les comices prononçaient l'interdiction de l'eau et du feu, les cautions étaient
perdues et le proscrit était banni de la société. Si l'accusé
ne comparaissait pas, sans qu'il eût fait connaître son
exil par ses parents ou des amis, les Comices suivaient l'instance, prononçaient une condamnation qui était définitive ; la procédure par contumace ayant pris naissance
seulement sous l'Empire (2), le retour du condamné n'en-
levait pas à la sentence son caractère définitif. Cependant

1. Cicero, *Verr.*, V, 1-3.
2. Paul, *Recept. sent.*, V, 59.

quelquefois on lui accordait un nouveau délai, lequel **expiré**, on. passait à la vente des biens de l'accusé qui était une conséquence de l'*aquæ et ignis interdictio*. L'accusé pouvait ne pas comparaître en faisant valoir ses excuses légitimes, comme une maladie, l'absence résultant d'une fonction publique (*absentia reipublicæ causa*) excuse consacrée par la loi Memnia (an 614 de Rome) (1), l'exercice d'une magistrature, et même un malheur domestique. L'accusateur était le juge de l'excuse, l'assemblée ne statuait que sur le fond de l'affaire.

Si l'accusé se présentait au jour indiqué dans la citation la séance commençait par les plaidoiries. L'accusateur exposait ses griefs et cherchait à établir son accusation en même temps qu'à soulever toute la passion populaire contre l'accusé. Après l'accusateur, l'accusé présentait sa défense en personne ou la faisait présenter par ses parents. Ce n'est qu'au commencement du viie siècle que prit naissance l'éloquence judiciaire ; ceux qui aspiraient à conquérir un nom et à s'élever aux grandes dignités prenaient la défense de l'accusé. Nous avons des exemples dans Fulvior Nobilior qui s'illustra dans la défense du préteur Sergius Galba et la célèbre renommée que Cicéron se fit par ses défenses. L'accusé souvent pour appuyer sa défense faisait intervenir des *laudatores* qui venaient vanter ses vertus et ses hauts faits.

Jusqu'à l'an 702 de Rome on procédait aux preuves après les plaidoiries. Ce n'est qu'à l'occasion du procès de Milon

1. Valère Max., III, 7, 9.

que les preuves furent faites avant les plaidoiries (1). Elles
consistaient en aveux, témoignages verbaux ou écrits. Contre
le citoyen romain on ne disposait d'aucun moyen de contrainte physique pour lui arracher un aveu, car il était in-
violable (2) Quant aux témoignages il faut distinguer entre
les hommes libres et esclaves ; les premiers étaient crus sur
serment alors même qu'il s'agissait d'un esclave qui avait été
affranchi pour le soustraire à la torture comme dans le procès
de Milon (3) ; tel était le respect qu'on portait à la liberté individuelle des citoyens. Quant à l'esclave on pouvait le mettre
à la torture, mais on ne pouvait le faire déposer contre son
maître et s'il était entendu dans l'intérêt de celui-ci, il ne
méritait confiance qu'autant que sa déposition avait été soutenue pendant tout le temps de la torture. Les preuves pouvaient être encore faites par les écrits ou *tabulæ accepti et
expensi* (4).

Après les plaidoiries et les preuves on procédait au vote.
Le peuple n'avait que le droit d'admettre ou de refuser la formule de condamnation, sans avoir celui de la modifier. Le
vote se donnait à haute voix et la décision était prise à la
majorité ; le partage valait absolution. Tout devait être ter-
miné dans le même jour sinon il fallait recommencer les débats de nouveau un autre jour. Le magistrat qui présidait
l'assemblée, l'accusateur dans les comices, les questeurs dans

1. Cicero, *Pro Cuent.* VI. *Pro Cœlio*, VIII, 28.
2. Cicero, *Phil.* XI, 2, 3. Suet. *Oct.*, C. 27.
3. Cicero, *Pro Mil.* XXI-XXII.
4. Tite-Live, XXXVIII, 55.

les commissions, proclamait le résultat du vote et devait faire exécuter le jugement sans désemparer. S'il s'agissait d'une question pécuniaire, le condamné devait s'exécuter immédiatement sous peine d'être mis en prison.

Il ne pouvait y avoir appel d'une sentence rendue par les comices, le Sénat ou par les *quæstiones* (1). De même on ne pouvait appeler de la sentence prononcée par le roi en personne ; mais il en était autrement lorsque la condamnation avait été prononcée par les délégués du roi ; nous pouvons citer comme un exemple de cette restriction le procès d'Horace jugé par les *dumviri* (2). Le droit d'appel ne prend un caractère permanent que sous la République. Il fut consacré même au début par plusieurs lois Valeria et Porcia (3).

Les tribuns seuls avaient le droit de modifier et même de paralyser l'effet du jugement. Tout condamné pourtant pouvait obtenir sa réhabilitation qui était prononcée par le peuple sous forme de loi.

Après cet exposé concernant les formes de la procédure suivies devant les comices et le Sénat, reprenons l'étude de l'organisation des *quæstiones perpetuæ* et la procédure devant cette juridiction criminelle qui joua un si grand rôle comme autorité judiciaire.

---

1. Laboulaye, *op. cit.*, et les autorités mentionnées dans la note 5, p. 157.
2. Digest. I, 2. L. 2. § 1, 6.
3. Tite-Live, III, 55, 9. Cicer., *De republic.*, II, 31.

§ III. — Composition et procédure criminelle des quæstiones perpetuæ.

Les commissions ou *quæstiones perpetuæ* étaient composées d'un président (*quæstor*) chargé de diriger l'instruction et les débats, et de jurés (ou *judices jurati*) chargés de se pro-noncer sur les questions qu'on leur soumettait. Le président de ces commissions était ordinairement un préteur.

Au commencement du VIIe siècle, à l'époque où fut rendue la loi Calpurnia *repetundarum*, celle qui établit la première *quæstio perpetua*, il y avait six préteurs. Sylla en ajouta deux autres et César porta leur nombre à dix (1). Le rôle du président consistait dans la suprême direction de l'affaire, il était investi de l'*imperium* ; il examinait l'accusation qu'on vou-lait porter devant la commission et il avait le droit de l'ac-corder ou refuser. La multiplicité des affaires mettait ces présidents ou *quæstores* dans l'impossibilité de pouvoir pré-sider toutes les différentes commissions. Alors on fut obligé d'instituer des *judices quæstionis* ou des officiers qui rece-vaient la délégation du préteur et présidaient à sa place. Le *judex quæstionis* était-il un magistrat proprement dit ou un simple délégué du préteur ? On pourrait croire que c'était un magistrat car il était destiné à remplacer le préteur. Il fai-sait les actes qui entraient dans ses attributions, Cicéron pa-

1. Dio Cass., XLIII, 47, 49, 51.

ráît même lui donner un caractère public comme il résulte du passage suivant (1) : « *Is quum post curulem ædilitatem judex quæstionis esset.* » Cependant aucun monument ne fait mention de cette investiture officielle ; au contraire ce *judex quæstionis* ou délégué du préteur était obligé de prêter serment au commencement de chaque procès (2), tandis que le préteur n'était pas soumis à cette formalité, sauf le serment déposé à son entrée en fonctions. De plus on pouvait le poursuivre pendant la durée de sa charge, tandis que le préteur ne pouvait l'être qu'à l'expiration de ses fonctions. Quoi qu'il en soit, le *judex quæstionis* n'en était pas moins un fonctionnaire qui avait toutes les attributions du pré-teur pour l'expédition des affaires, comme nous le voyons par l'exemple que Cicéron nous a transmis (3).

Les citoyens qui étaient appelés à assister le préteur ou le *judex quæstionis* formaient le *consilium* et portaient le nom de *judices jurati* (4). L'aptitude légale exigée pour en faire partie consistait à avoir l'âge de trente ans accomplis, on pouvait figurer sur les listes jusqu'à soixante ans, Octave abaissa les conditions de l'âge de vingt-cinq ans : *Judices a XXX ætatis annos elegit, id est quinquina, maturius quam antea* (5). » Tout le monde remplace le **XXX** par **XXV** (6).

La liste des jurés était puisée dans plusieurs ordres : dans

1. Cicero, *In Bruto*, 76.
2. Cicero, *Pro Cuent.*, 89, 93
3. Cicero, *Pro Cuent.*, 46, 55.
4. Cicero, *Pro Cuent.*, 29.
5. Suétone, *Octav.* XXXII.
6. Laboulaye, *op. cit.*, p. 332 et Geib, p. 202.

celui du Sénat, dans l'ordre des chevaliers en vertu de la loi Sempronia rendue en 631 par Caïus Gracchus ; elle pouvait contenir encore des tribuns du trésor, de l'*ærarium*. C'est la loi d'Aurelius Cotta, appelée loi *judiciaria,* qui établit définitivement ces trois décuries de juges. Antoine rétablit la troisième décurie que César avait supprimée et Auguste établit une quatrième composée de ceux qui avaient 200,000 sesterces de fortune. Ne pouvaient faire partie du *concilium* : ceux qui exerçaient une magistrature, ceux qui avaient été condamnés par un jugement public comme coupables de concussion, violence, etc... (1). Les listes étaient dressées chaque année et affichées au Forum. Le choix des personnes était abandonné à la sagesse du magistrat, au préteur, présidant la *quæstio* ; la loi Servilia le déclare positivement (2). A l'origine le nombre des jurés était de trois cents ; sous Auguste le nombre s'éleva à mille et plus tard à quatre mille divisés en quatre décuries. Ces jurés étaient appelés aux affaires criminelles aussi bien qu'aux affaires civiles (3),

Nous sommes arrivés à la procédure devant les *quæstiones perpetuæ*.

Une différence remarquable existait entre la procédure suivie devant les comices et le Sénat et celle des *quæstiones perpetuæ*, l'accusation devant ces premières juridic ions était portée par un magistrat, tandis que, devant ces commissions, chaque citoyen pouvait se charger de cette fonction. De plus,

---

1. Loi I, *Princ. ad legem Jul. de re priv.* Digest. XLVIII, 6.
2. *Lex. serv.*, C. VII.
3. Bonjean, *Des act.*, t. I, p. 171, 173.

dans les premières de ces commissions spéciales, le président (qui, comme nous l'avons vu, était nommé avec une mission et pour un but déterminé) avait concentré dans ses mains à la fois l'instruction et l'accusation. Lorsque, au contraire, le temps aidant, ces commissions furent transformées en *quæstiones perpetuæ*, l'instruction était réservée entièrement à l'accusateur, le président n'ayant plus que la direction des débats.

Un principe reconnu comme garantie de toute bonne justice fut celui de la publicité. Ce principe, que le Sénat est seul à ne pas observer, était admis aussi bien chez les Grecs que chez les Romains, surtout devant ces commissions qui au VIIe siècle prirent le dessus sur toutes les autres magistratures. Cicéron (1) dans le passage suivant nous fait comprendre d'une manière saisissante l'importance qu'on y attachait : « *Oratori autem clamare plausuque opus est, et* « *velut quodam theatro ; quidam quotidie antiquis oratori-* « *bus contingebant, cum tot pariter ac tam nobiles Forum* « *coarctarent, cum clientelæ quoque ac tribus, et municipio-* « *rum etiam legationes ac pars Italiæ periclitantibus assis-* « *teret, cum in plerisque judicis crederet populus romanus* « *sua interesse quid judicaretur.* »

Celui qui voulait se porter accusateur devait s'adresser au président de la commission pour obtenir l'autorisation de procéder aux actes de l'instruction. Cette demande s'appelait *postulatio* (2). En même temps, il devait prêter serment de

---

1. Cicero, *Dialog. de orat*, C. 39.
2. Cicero, *Divin.*, C. 20 *Ad fam.*, VIII, 6.

se porter accusateur de bonne foi et sans intention malveillante. Il pouvait y avoir plusieurs personnes qui voulaient soutenir l'accusation ; dans ce cas la commission devait vider cette question préalable qui prenait le nom de *divinatio :* « *Divinatio dicitur hæc oratio quia non de facto quæritur,* « *sed de futuro, quæ est divinatio, uter debeat accusare* (1). » Nous en avons un exemple dans le plaidoyer de Cicéron pour obtenir l'accusation contre Verrès de préférence à A. Cecilius.

Après le débat préalable sur le choix de l'accusateur et qui se terminait par la nomination de celui qui avait été jugé le plus digne d'engager la poursuite, les autres s'adjoignaient à lui pour soutenir l'accusation et prenaient le nom de *subscriptores* ; il ne pouvait y en avoir plus de trois. S'ils étaient plus nombreux, le tribunal avait le droit d'en exclure un certain nombre (2).

Après que l'accusateur avait prêté serment, *perseveraturum se in crimine usque ad sententiam* (3), on procédait à la *nominis delatio,* c'est-à-dire à la désignation par l'accusateur de la personne accusée et du crime reproché. Le préteur constatait par un procès-verbal (*inscriptio*) la dénonciation (*interrogatio*) et il y mettait sa signature pour prévenir toute altération. Ce procès-verbal servait de guide et traçait la marche que l'affaire devait suivre. Si l'accusé, pendant les débats, se trouvait être coupable d'un autre crime que celui de l'*inscriptio* les juges devaient l'absoudre.

1. P. Ascon. *In Cicer. Div.*, p. 99.
2. Cicero. *In Verres*, 1, 6.
3. L. VII, Digest., *De accusatoribus.*

L'inculpé une fois l'accusation admise contre lui était frappé de plusieurs incapacités, ainsi il ne pouvait être investi d'aucune magistrature, ne pouvait porter aucun témoignage en justice et il ne pouvait arriver à une dignité quelconque avant d'avoir purgé son accusation (1), mais au bout d'une année la déchéance cessait par suite de la péremption de la procédure et l'accusé rentrait dans la plénitude de ses droits. Par le même acte par lequel le préteur déclarait admettre l'accusation (*nominis receptio*), on fixait aussi le jour où l'affaire devait être portée au tribunal ; ordinairement c'était le dixième jour ; un intervalle moindre eut été considéré comme une atteinte aux droits de la défense. Quelquefois c'était le treizième ou un jour plus éloigné comme dans le *crimen repetundarum*. En effet dans un procès aussi compliqué que celui de concussion il pouvait arriver quelquefois que l'accusateur se transportât en province pour recueillir tous les éléments nécessaires à son accusation.

Comme nous l'avons vu plus haut, c'est l'accusateur qui était chargé de réunir tous les actes et témoignages et faire toutes les recherches nécessaires à l'instruction. Dans ce but le préteur lui donnait une commission (*lex*) en vertu de laquelle il était investi d'une partie de la puissance publique ; on ne pouvait se refuser aux investigations de l'accusateur sans encourir la peine que la *lex* prescrivait. L'accusé pouvait suivre l'accusation ou bien charger quelqu'un de s'y

1. L. XVII. §12. Dig , *Ad municipalem*.

trouver à sa place pour l'assister dans toutes ses recherches et préparer sa défense.

La liberté sous caution était un principe admis de tout temps chez les Romains. Seulement, quand il s'agissait d'un jugement public on distinguait si l'accusé avouait son crime ou le niait. Dans le premier cas il était détenu, dans le cas contraire il pouvait obtenir la liberté sous caution (1). Dans le Digeste, nous voyons que la liberté sous caution admettait une exception en cas de crimes graves (2) : la nature du crime, son caractère plus ou moins important étaient laissés à l'appréciation du magistrat. Si l'accusé ne trouvait pas de caution il était laissé en état de détention mais en ce cas l'instruction devait se terminer dans une année. « *Si vero accusator* « *qui se inscripsit auctor fuit ejus detentionis, datur rem* « *sub fidejussione, vel si non referat fidejussore, maneat quidem* « *in carcere : causa autem intra annum termineretur* (3).

Si au jour fixé pour l'audience, l'accusateur ne comparaissait pas, l'accusé était renvoyé, *nomen rei ex reis exceptum est* (4) ; dans le cas contraire l'accusé était jugé et condamné, à moins qu'il ne se fut exilé : dans ce cas, nous savons, on se bornait à le condamner à l'*aquæ et ignis interdictio*. Nous devons ajouter que si l'accusé ne comparaissait pas et qu'il avait donné des motifs pour son absence on renvoyait l'examen de la cause à un autre jour.

---

1. Digest., L. V., *De custodia et exhibitione reorum*.
2. L. III, Ulpien. Dig., *De custod. reorum*.
3. VI. Cod., *De custod. reorum*.
4. Sigonius, *De judicis publicis*, C. 10.

On n'admettait pas la caution juratoire, ni le gage d'une somme d'argent par l'accusé. Il ne pouvait obtenir sa liberté qu'à la suite d'une caution pécuniaire ou personnelle, d'un fidéjusseur qui le recevait sous sa garde et s'obligeait à le représenter chaque fois que sa présence serait exigée dans l'intérêt de l'instruction. Les sommes déposées étaient confisquées et les répondants eux-mêmes étaient poursuivis en cas de défaut de l'accusé. Devant les comices, les tribuns pouvaient, par leur intervention, arrêter l'accusation de suivre son cours régulier; il n'en était pas de même devant les *quæstiones*, leur intervention ne pouvait jamais produire un pareil effet.

Lorsque le droit d'accusation appartenait à tous les citoyens on crut nécessaire de prendre des mesures contre les crimes dont pouvait se rendre coupable l'accusateur, comme par exemple en cas de prévarication, de désistement, de tergiversation et de calomnie. La prévarication consistait dans l'accord ou la connivence frauduleuse de l'accusateur avec l'accusé (1), la tergiversation dans le désistement de l'accusateur bien qu'il eût confiance dans l'issue du procès (2), la calomnie était la poursuite faite contre un individu que l'on savait innocent. La loi Remnia ou Memnia ordonnait de marquer la lettre K sur le front du coupable du dernier crime (3).

C'était un principe admis dans la jurisprudence romaine

1. Festus, V. *Prævaricatores.*
2. L. I, § 1, L. VI, pr. L. XIII, pr. Digest.
3. Digest, L. XIII, *De testibus papin.*

que l'accusé ne pouvait être jugé que par ses pairs ou par ses
juges élus librement, c'est ce que Cicéron nous dit dans le
passage suivant. « *Neminem voluerunt majores nostri, non
« modo de existimatione cujusquam, sed ne pecuniariaqui-
« dem de re minima esse judicem, nisi qui inter adversa-
« rios convenisset* (1). »

Comme conséquence de ce principe nous voyons apparaître devant les *quæstiones* seulement, le droit de récusation, car les comices et le Sénat étaient pour chaque citoyen
l'assemblée de ses pairs. Il y avait plusieurs causes de récusation ; telles étaient la parenté avec l'une des parties, l'admission dans un même collége (2). Ce principe était poussé
tellement loin qu'il était permis à l'accusateur ou même
à l'accusé de récuser sans donner aucune raison à l'appui.

La formation du jury se faisait de deux manières, par *sortitio*
ou par *editio* (3). Le *sortitio* était le tirage que faisait le préteur de la *quæstio* en qualité de président et qu'il avait exécuté
en mettant dans une urne tous les juges inscrits sur la liste
annuelle et en tirant au sort autant qu'il en fallait pour
chaque affaire, c'est ce qu'on nommait un *primum concilium*. L'accusateur et ensuite l'accusé récusaient purement
et simplement ceux *quos parum sibi putarent idoneos*. Cette
récusation était publique, il n'était pas besoin de la motiver,
« *sors et urna fisco judicem assignat, licet rejicere, licet*

1. Cicero. *Pro Cuent.*, C. 43.
2. *Système des Rom.* Rechts, Savigny, II, p. 255 59.
3. Pseud. Ascon. *in Cic. Verres*, I, C. 3.

exclamare : Hunc nolo (1). Selon les dispositions de la loi
Cornelia de Sylla, les chevaliers et les plébéiens ne pouvaient
récuser plus de trois jurés, les sénateurs seuls avaient le
droit d'en récuser un plus grand nombre. Mais cette restriction fut abrogée par la loi Aurelia et on en revint à la suite
d'une loi de Vatinius aux anciennes libertés qui permettaient de
rejeter le jury tout entier. Pour compléter le nombre de jurés
récusés on recourait à un nouveau tirage au sort, *subsortitio* (2). Plutarque (3) cite ces innovations comme ayant été
faites par Pompée en 702, à l'occasion du procès de Milon,
mais cette source étant peu sûre, on ne peut guère se fonder
beaucoup sur un pareil renseignement. Quoi qu'il en soit,
cette procédure exceptionnelle n'eut qu'une influence passa-
gère sur la législation criminelle.

Un second mode de tirage qui n'était employé que dans
certaines affaires et diversement suivant chacune des commissions était l'*editio*. Cette procédure diffère de la précédente en ce que le jury était formé par les parties et non
par le président.

D'après la loi Servilia *repetundarum* chacune des parties
nommait cent juges et chacune avait le droit d'en récuser
cinquante, ce qui réduisait à cent le nombre des juges. La
loi Cornelia *repetundarum* abrogea cette forme de procédure
et l'on revint au tirage au sort.

L'*editio* quelquefois se manifestait sous une autre forme.

1. Pline, *Panégyr. de Trajan*, 36.
2. Cic. *In Verres* I, 19, 61.
3. Plut., *Pomp.*, C. 55.

Afin de punir les brigues dans les élections, la loi Licinia *de sodalicis* voulait que l'accusateur désignât quatre tribus, l'accusé avait le droit d'en récuser une, et la liste était formée après cette récusation. Cicéron proteste contre une pareille forme. « *Quid potest dicere cur ista editio non summam ha-*
« *beat acerbitatem? Tu deligas ex omni populo aut amicos*
« *tuos, aut inimicos meos, aut denique eos, quos inexo-*
« *rabiles, quos inhumanos, quos crudeles existimes* (1). »

Les juges pouvaient aussi présenter des excuses. Elles pouvaient consister dans une fonction, une maladie ou dans l'exercice d'une profession libérale. Mais ils ne pouvaient plus les présenter une fois les débats commencés, car ils étaient présumés alors y avoir renoncé.

Le nombre des juges variait suivant la nature de l'affaire ; ainsi nous voyons tantôt le nombre de trente-deux dans le procès d'Oppinacus (2), et soixante-quinze dans celui contre Pison (3). *An ego exspectem, dum de te quinque et septua- ginta tabellæ derideantur.*

Après leur nomination, les jurés prêtaient serment d'où le nom de *jurati homines* ou *jurati* ; le préteur ne prêtait pas serment, mais le *judex quæstionis* était tenu de le faire.

Une fois le tribunal constitué, les débats commençaient par les plaidoiries des parties suivies de l'audition des témoins. Cette procédure qui paraît peu logique fut conservée jusque sous l'empire.

1. Cicero, *Pro Plancio*, C. 16, 17.
2. Cicer., *Pro Cuent.*, 27.
3. Cicero, *Ad Pisonem*, 40.

Le vii* siècle fut l'époque où les formes de la défense furent changées en un point essentiel. Jusqu'ici chaque accusé se défendait seul devant les comices, ce n'est qu'à partir de cette époque que nous voyons l'accusé se défendre par l'organe des avocats appelés *patroni* (1). Mais ce ministère ne constituait pas une profession comme dans les temps modernes ; on ne retirait aucun salaire pour avoir prêté son ministère, car c'eût été une honte et même un délit flétri par les lois (2). La seule rémunération consistait dans la dignité ou les honneurs qu'on pouvait atteindre en mettant son talent oratoire au service d'une cause célèbre et plus encore un moyen pour s'acquérir la faveur populaire.

Cicéron, préteur ou consul, oublie sa dignité pour aller au Forum accuser Verrès ; Hortensius, étant consul, défendit aussi Verrès (3).

Le rôle de l'accusateur était d'une grande importance, car, quoique l'institution du ministère public fut inconnue chez les Romains, le peuple pourtant, pendant qu'il écoutait la parole aussi véhémente qu'énergique de l'accusateur invoquant la violation des lois, la morale outragée, sentait qu'il était partie, suivant l'expression de Tacite : « *In ple-* « *risque judiciis crederet populus romanus sua interesse* « *quid judicaretur* (4). »

La tâche du défendeur était plus difficile car il lui fallait

1. Cicer., *De off.*, I, 10. *De orat.*, XI, 301.
2. Lex Cincia de l'an 550.
3. Cic., *Verres act.*, I, 7.
4. Tacit., *Dialog. sur les orat.*, C 39.

plus de talent, de science et de vigueur pour répondre à toutes les allégations imprévues, repousser toutes les attaques insidieuses et persuader ou attendrir les juges. Quintilien, qui a retracé les devoirs de la défense, prétendait que « *tanto est accusare quam defendere, quanto facere quam* « *sanare vulnera, facilius* (1). »

L'accusateur, quoique jouant le rôle principal, se faisait assister par les *subscriptores* ou des accusateurs adjoints, tandis que l'accusé pouvait se faire défendre par plusieurs patrons sans aucune distinction de hiérarchie.

Pompée fixe la durée des plaidoiries à deux heures pour l'accusation et trois pour la défense (2) ; à la fin des plaidoiries qui était annoncée par un hérault à haute voix, par l'expression *dixerunt* (3), il n'y avait point de réplique, mais les *altercationes*, espèce de dialogue entre les avocats, y suppléaient.

Après les plaidoiries et les altercations on procédait à l'admission des preuves, ce qui paraît peu logique, puisque en général les plaidoiries ne roulent que sur des discussions de preuves. Ce qui les explique pourtant jusqu'à un certain point, c'est la crainte d'un entraînement dangereux, et aussi les effets d'une éloquence sur une sentence à rendre immédiatement. Cet usage disparut, et peu à peu, on en arriva au système pratiqué encore aujourd'hui, à l'exhibition des preuves précédant les plaidoiries.

<hr>

1. Quintilien, *Inst. orat.*, VI, 7.
2. Cic., *Brut.*, 94.
3. Cicer., *in Verr.*, II, 75.

Les preuves étaient de trois sortes : le témoignage, les preuves écrites et les *quæstiones* ou tortures.

L'accusateur, en vertu du pouvoir que le préteur ou le président de la commission lui déléguait, pouvait assigner devant lui les différents témoins, *denuntiare testibus* (1). Le préteur fixait dans l'étendue des pouvoirs qu'il donnait à l'accusateur le nombre des témoins, qu'il pouvait assigner. Quelquefois il était établi par la loi comme dans la loi Julia *de repetundis* qui en autorisait cent vingt. On distinguait deux sortes de témoins, ceux qui ne comparaissaient que sur l'assignation du magistrat et ceux qui se présentaient de leur bon gré. Ces derniers, qui étaient généralement des amis ou des patrons, n'offraient pas assez de garanties d'impartialité.

Après les dépositions des témoins, sous la foi du serment, il y avait les *laudatores,* c'est-à-dire des individus ou des corporations qui venaient rendre témoignage de la probité et des vertus de l'accusé. Ces *laudationes* n'étaient pas en grande estime chez les Romains à cause de l'abus qu'en faisaient les gouverneurs de provinces en se faisant délivrer à l'avance de pareils brevets d'intégrité. Bien que l'usage en persiste pendant la République et encore sous l'Empire elles n'avaient presque plus d'autorité.

Le second mode de preuves consistait dans l'exhibition des registres domestiques, *tabulæ accepti et expensi.* C'est l'accusateur qui investi de tous les droits du préteur procédait à ces perquisitions domiciliaires. Non-seulement la mauvaise

_____

1. Cicer., *in Verr.*, II, 4.

tenue des registres faisait naître de grands soupçons sur la culpabilité de l'accusé, mais même de leur silence pouvaient en résulter des preuves accablantes. Cicéron établit que Verrès a volé les statues et les tableaux qu'il a rapportés de Sicile par ce fait que l'accusé ne peut prouver par ses registres qu'il les ait achetés (1).

Les *quæstiones* ou tortures étaient un autre genre de preuves. Ce moyen barbare d'arracher des aveux était déjà combattu chez les Romains, non pas à cause de sa révoltante injustice, mais parce qu'il était sujet à l'erreur. On discutait sa valeur, mais on n'en saisissait pas le caractère.

La déposition des esclaves n'avait de force probante que autant qu'elle leur avait échappé au milieu de la torture, ces dépositions étaient permises en faveur du maître mais non contre lui. La torture fut appliquée peu à peu, même aux personnes libres de la condition la plus humble, aux *humiliores* ; mais quant aux accusations de lèse-majesté, la loi Julia *majestatis* soumettait tous les citoyens à la torture. Peu à peu elle devint un moyen ordinaire d'obtenir des preuves et tandis que sous la République elle formait une véritable exception, sous l'Empire elle devient la règle générale.

Dès que les plaidoiries étaient achevées et les preuves fournies, on procédait au vote. Avant le viie siècle, le vote se faisait de vive voix. La loi Cornelia accordait à l'accusé le choix entre le vote à haute voix et le scrutin secret.

1. Cicer., *Verr.*, V, 48.

« *Quum in concilium iri oporteret quæsivit ab reo quæsi-*
« *tor, ex lege illa Cornelia, quæ tum erat, clam aut palam,*
« *de se sententiam ferri velet* (1). »

La loi Gabinia (an de R. 615) introduisit le vote secret
hormis pour le crime de *perduellio*, et même cette exception
fut-elle supprimée par la loi *Cælia* (2). Sylla voulut revenir
aux usages de la loi Cornelia, mais cette réforme ne fut pas
de longue durée et au vII⁰ siècle le vote au scrutin demeura
seul en vigueur.

Devant les comices, le résultat ne pouvait être autre que
l'absolution ou la condamnation, tandis que devant les *quæs-*
tiones perpetuæ, la décision pouvait être rendue aussi par une
déclaration de doute, *non liquet*, dont l'effet consiste à prononcer le renvoi a un plus ample informé, « *ut amplius pro-*
nunciaretur » (3). On remettait donc aux juges une tablette
sur laquelle ils devaient inscrire soit un A *(absolvo)*, soit un C
(condemno), soit les lettres N, L *non liquet)* (4). Pour qu'il
y ait condamnation il fallait la majorité absolue des voix, en
cas de parité de voix l'absolution était acquise à l'accusé,
« *in concilium erant ituri judices* XXXII ; *sententiis* XVI *abso-*
lutio confici poterat (5). »

Si l'affaire ne paraissait pas assez instruite on procédait à
un plus ample informé. De même, quand les voix se parta-

1. Cicer., *Pro Cuent.*, XX.
2. Cicer., *De amicit.*, XII.
3. Sigonius, cap. XXII.
4. Ps- Ascon. *in Cic. Div.*, VII ; *in Verr.*, 1, 9.
5. Cicero., *Pro Cuent.*, 27.

geaient entre l'absolution, la condamnation et le plus ample informé, on renvoyait l'affaire à un nouvel examen (1).

Après la vérification du vote, le président faisait connaître le résultat en employant pour l'absolution la formule *non fecisse* ou *non videtur fuisse* pour la condamnation, *fecisse videtur* ou *videtur fuisse et amplius*. Quand on renvoyait l'affaire à un plus ample informé, le préteur prononçait le mot *amplius*, et les juges *non liquet* (2).

Lorsque les juges ne s'étaient pas formé une opinion suffisante sur la culpabilité ou l'innocence de l'accusé, l'affaire était soumise à une nouvelle instruction qui portait le nom d'*ampliatio*. On recommençait de nouveau les débats sur de nouvelles preuves. Il pouvait y avoir plusieurs *ampliationes* jusqu'à ce que la religion des juges fut complétement édifiée. La procédure de l'*ampliatio* avait un défaut, car elle fatiguait les juges et lassait l'impatience populaire. Pour obvier à cet inconvénient et rendre la répression plus efficace, Servilius substitua à cette procédure une nouvelle qui prit le nom de *comperendinatio* (3). Cette procédure n'était qu'une deuxième partie *(oratio secunda)* de l'instance, c'était une nouvelle plaidoirie après l'audition des témoins. Ces deux nouvelles règles furent nécessitées par la mauvaise distribution de la procédure, qui plaçait l'administration des preuves après les plaidoiries, ce qui forçait les parties à revenir sur la déposition.

1. Pline, *Epist.*, VIII, 14.
2. Ps. Ascon., *in Verr.*, I, 9.
3. Cicer., *in Verr.*, I, 9.

Une fois la décision des juges rendue, le président levait la séance en faisant prononcer par un hérault l'expression sacramentelle : *dceri licet.*

Si la décision consistait en une condamnation, on procédait de suite à son exécution. On ne pouvait appeler de la décision des *quæstiones perpetuæ,* parce que le peuple était censé avoir lui-même rendu la sentence.

L'exécution des jugements rendus à Rome était surveillée par le président et en province par les gouverneurs. Le condamné ne pouvait donc se relever que par la réhabilitation, laquelle ne pouvait être prononcée que par le peuple réuni en assemblée et non par de simples commissions (1).

Nous sommes arrivé à la troisième partie de notre travail. Arrêtons-nous un instant pour tracer en quelques mots l'état de la procédure criminelle en Italie et dans les provinces.

§ IV. — Juridiction criminelle dans l'Italie et les provinces.

L'Italie soumise conserva son organisation municipale ; elle s'administra elle-même par ses magistrats, *dumviri, quatuorviri* etc....., sauf les crimes politiques qui étaient de la compétence du Sénat et des *quæstiones perpetuæ,* les autorités locales avaient la complète juridiction des crimes (2).

1. Sénèq., *Controv.,* III. 23.
2. Tite-Live, VI, 47; VIII, 19.

Ce mode d'organisation est le même que celui qui existait à Rome puisque nous y voyons figurer des *dumviri* et des *quatuorviri* ; du reste on ne le trouvait en Italie que dans les cités principales, telles que les municipes et les colonies.

Les préfectures, elles, avaient un Sénat et au lieu de *dumviri* et de *quatuorviri*, un préfet envoyé de Rome qui avait la juridiction des magistrats municipaux.

L'administration des provinces fut confiée d'abord aux magistrats que les comices de Rome nommaient spécialement à cet effet. Ces magistrats qui prirent le nom de préteurs au commencement ne furent que deux, en 529 on en créa deux nouveaux, l'un pour la Sicile et l'autre pour la Sardaigne ; après la conquête de l'Espagne, en 557, on en créa deux autres. Il y avait donc en tout six préteurs, deux pour Rome et quatre pour les provinces, mais quand le nombre de ces provinces augmenta on eut recours à un nouveau système.

Chaque province était gouvernée toujours par un préteur spécial qui était chargé de l'administration et du commandement des armées. Ces magistrats restaient à Rome pendant une année et allaient ensuite gouverner la province *pro prætore*. En qualité de chefs de justice criminelle, ils ont joué souvent un grand rôle.

Les deux consuls qui à Rome étaient appelés au commandement des armées étaient, une fois leurs fonctions expirées, envoyés pour administrer les provinces, *pro consule*. Leur pouvoir était égal à celui des préteurs, quoique leur armée fut plus nombreuse. Il y avait donc des gouverneurs préteurs et des proconsuls pour l'administration des provinces. Le sénat de Rome se réservait la connaissance des crimes contre l'État ainsi que de ceux commis par les magistrats. Quant aux autres, ils étaient attribués à ces gouverneurs qui ne jugeaient qu'assistés d'un conseil, appelé *conventum civium romanorum*.

A la suite du gouverneur il y avait la *cohors prætoria* ou la réunion de tous les employés, etc..., auxquels le préteur déléguait une part de la juridiction et de l'administration, tels que les questeurs, les légats, etc... Le *concilium* était composé généralement des citoyens résidant dans la localité où se tenait le *conventum* et de ceux de la suite du gouverneur dans la tournée qu'il faisait pour tenir les assises ; mais tandis que les premiers ne pouvaient être contraints à y assister, les derniers étaient forcés d'en faire partie.

A part les provinces, qui étaient livrées à la complète discrétion du gouverneur, il y avait des cités qui étaient indépendantes *(liberæ civitates)* et d'autres alliées *(civitates federatæ)* et enfin des colonies, soit romaines, soit latines, qui étaient organisées à l'instar des municipes et préfectures italiennes.

CHAPITRE III

DEPUIS L'ÉTABLISSEMENT DE L'EMPIRE JUSQU'A LA MORT DE JUSTINIEN.

---

§ I. — Principes généraux.

La substitution du pouvoir impérial au pouvoir du peuple et de la République fit subir à la législation criminelle des Romains un changement considérable. Mais ce ne fut que lentement et par gradation que ce changement fut effectué. Auguste en effet concentra dans sa personne toutes les magistratures de la République ; les anciennes institutions républicaines subsistaient encore, et ce n'est que peu à peu qu'un nouvel élément se développa et parvint à les détruire.

Ainsi ce n'est pas par une révolution et brusquement qu'Auguste proclama le renversement de la République et le triomphe de l'Empire ; mais, tyran rusé, selon la parole de Montesquieu, il conduisit doucement les Romains à la servitude.

La part et l'intérêt que le peuple prenait jadis aux affaires publiques s'affaiblissaient singulièrement ; ainsi la puissance populaire s'amoindrissait pour laisser la place à l'Empereur qui, bien que le délégué de la nation, fut le véritable souverain ; s'attaquer à lui, c'était un crime de lèse-majesté (1).

Le droit d'accusation dont l'exercice formait une si importante prérogative des citoyens se ressentit vivement de cette transformation politique. Ce droit subit de grandes restrictions et fut soumis à des conditions qui le rendaient extrêmement difficile. S'agissait-il du crime de lèse-majesté, une odieuse exception fut admise, les femmes, les esclaves et même les personnes notées d'infamie recouvraient le droit d'accusation. « *Famosi qui jus accusandi non habent sine* « *ulla dubitatione admittuntur ad hoc accusationem.* » Une pareille exception était de nature à donner lieu à d'effroyables désordres.

La souveraineté du peuple qui s'exerçait par des assemblées ne fut plus qu'une lettre morte. Les *quæstiones perpetux* qui formaient la plus importante juridiction criminelle de la République commencent sous l'Empire à perdre leur principale attribution et peu à peu elles finirent par disparaître complétement ; les juridictions criminelles communes à tout l'Empire furent donc celles du Sénat, de l'Empereur et du Préfet du prétoire.

1. Loi VII, Digest. *Ad leg. majestatis.*

§ II. — Juridictions criminelles.

Auguste investit le Sénat d'une juridiction criminelle tout en respectant l'organisation ancienne ; les *quæstiones* et le Sénat jugèrent ainsi ensemble pendant le premier siècle de l'Empire (1). Tibère, en attribuant au Sénat le jugement des crimes politiques, en fait disparaître les dernières traces des *quæstiones perpetuæ*.

Le Sénat, sous la République, n'était pas reconnu comme une juridiction judiciaire permanente ; c'est sous l'Empire, seulement surtout depuis Tibère, qu'il devint le suprême pouvoir judiciaire et législatif. Le Sénat statuait d'abord sur tous les crimes des sénateurs, de leurs femmes et leurs enfants ; ensuite il eut une juridiction toute politique sur les crimes commis par tous les officiers publics ; il connut successivement des crimes de concussion et de brigues : *crimen repetundarum et ambitus* et le *crimen majestatis,* accusation vague qui comprenait toute atteinte portée au prince. Enfin il pouvait statuer sur toutes sortes de crimes : le meurtre, l'empoisonnement, l'adultère, l'inceste, le faux et la supposition d'un enfant.

Le Sénat, sous les premiers empereurs, n'était qu'un instrument de règne ; sous Nerva et Trajan, il conserva une certaine indépendance, bien qu'il y eut ce vice radical d'être

1. Dio Cass., LII, 20.

le seul maître des procédures et des peines. La juridiction du
Sénat ne fut pas de longue durée. Dès le commencement du
IIIe siècle, il n'a plus ses anciennes prérogatives, pas même
la juridiction privilégiée sur ses membres, et Ulpien n'en
parle que comme d'une chose passée (1).

Le prince exerçait une juridiction criminelle à côté de
celle du Sénat. En qualité de chef suprême de la puissance
publique, il était investi en même temps d'un pouvoir judiciaire illimité. Il concentrait dans sa personne les plus hautes
dignités de l'État : consul, proconsul et tribun. Comme consul, il évoquait à lui les affaires les plus importantes jugées
par le Sénat ; comme proconsul, il avait la suprême juridiction criminelle dès qu'il jugeait l'État en danger ; enfin, la
puissance tribunitienne lui donnait le droit d'arrêter toute
procédure criminelle. Cette dernière prérogative fut la source
du droit d'appel adressé au prince.

Jusqu'au règne d'Adrien, nous voyons l'Empereur exerçant
une juridiction toute-puissante et sans même consulter le
Sénat. Au deuxième siècle de notre ère, un changement considérable s'opéra dans la juridiction impériale. Un conseil
composé de sénateurs jurisconsultes, des dignitaires de l'É-
tat, fut institué pour assister le prince dans l'exercice de la
juridiction. Ce conseil, bien qu'il existât depuis l'établissement de l'Empire, ne prit un caractère permanent et ne
devint une institution respectée que depuis Adrien ; il prit
successivement les noms d'*auditorium*, de *sacrum audito-*

---

1. Ulpien. *Fragment,* XIII, 2.

rium, sacrum consistorium. Ce dernier nom lui fut attribué depuis la modification que Constantin fit éprouver à la Procédure de l'Empereur. En effet, tandis qu'auparavant la constitution du conseil dépendait du bon vouloir de l'Empereur, il fut décidé que désormais il serait composé de plusieurs fonctionnaires publics comme du questeur du palais, du *comes* du trésor public, du *comes* des biens de l'Empereur. La création de ce conseil eut pour résultat d'affaiblir la puissance du Sénat et surtout des juridictions des préteurs qui, dépouillés d'une partie de leurs attributions, devinrent, dans l'ordre judiciaire, des juridictions subalternes.

La corruption des commissions prétoriennes ou des jurés qui donnaient au préteur leur concours au jugement, *judices jurati*, la multiplicité des affaires, fut probab'ement l'origine réelle des *cognitiones extraordinariæ*.

On distinguait sous l'Empire et même sous la République la juridiction ordinaire et extraordinaire. La première était un tribunal composé d'un préteur et d'un certain nombre de *judices selecti*. La seconde était une exception à cette règle : le magistrat retenait l'affaire et statuait lui-même sans le concours des juges : c'étaient les *cognitiones extraordinariæ*. Il est présumable que cette faculté des magistrats de retenir l'affaire était laissée à leur complète discrétion à cause de la situation morale des *judices selecti* qui favorisaient les empiétements des magistrats et comme étant plus conforme au principe du Gouvernement impérial (1).

1. Faustin-Hélie. *Instr. crim.*, tom. I, p. 82 et suiv.

Depuis Adrien jusqu'à Alexandre Sévère, on voit toujours l'Empereur juger avec l'assistance des conseillers. Après cette époque, l'influence de la juridiction impériale et par conséquent du consistoire pour les affaires criminelles commence à dominer, et l'Empereur ne s'occupe plus que des crimes des grands fonctionnaires. L'Empereur exerçait aussi une certaine influence sur les tribuns qui le consultaient souvent. Justinien par une Novelle de 544 (1) défendit que dorénavant on puisse exercer un pareil droit.

Un fonctionnaire qui eut une influente autorité sous l'Empire fut le préfet du prétoire. Dans les années qui précédèrent l'avènement de Dioclétien, son ascendant était immense. Depuis Alex. Sévère, sa puissance s'augmentait au détriment de l'Empire. Constantin limita et diminua la puissance des préfets du prétoire en le dépouillant du commandement des troupes. Dans l'administration de la justice, ils restèrent juges des délits commis par les gouverneurs provinciaux (2).

En même temps que le Sénat et le prince, il existait à Rome deux autres juridictions criminelles, celle du *præfectus urbi* et du *præfectus vigilum*.

Le *præfectus urbi* avait plusieurs attributions importantes: les *judicia publica*, et sous Néron il connut de tous les crimes autres que politiques, et du temps des jurisconsultes classiques, nous le voyons prononcer la relégation, la déporta-

1. Nov. LXXV.
2. L X, § I, *T. de off. præf. præt.*

tion et la peine de mort (1). Sa juridiction comprenait Rome et un rayon de cent milles autour de la ville (2) ; ses jugements furent quelquefois déclarés même définitifs et sans appel. Lorsque ce magistrat voulait présenter au Sénat une accusation contre l'un de ses membres, il devait se faire assister par un conseil de cinq sénateurs (3).

Outre le *præfectus urbi*, il y avait le *præfectus vigilum* qui était chargé de veiller à la tranquillité publique, spécialement de surveiller les incendies pendant la nuit. Il est à présumer que sa compétence qui s'étendait aussi aux vagabonds, aux gens sans aveu, aux voleurs de métier, consista non-seulement en un simple pouvoir de police, mais qu'il était encore chargé d'infliger des peines.

Pour avoir une idée complète de la constitution judiciaire de l'Empire romain, disons quelques mots sur l'administration de l'Italie et des provinces.

L'administration de l'Italie était la même que celle de Rome. Chaque commune avait son Sénat (*curia*) et ses consuls (*dumviri*), ses censeurs, etc... Ces magistrats avaient l'administration de la cité et de la justice, mais leur juridiction, en matière criminelle surtout, fut restreinte, car n'ayant pas l'*imperium*, l'exécution et autres attributions judiciaires leur étaient récusées. Ils ne pouvaient même infliger aux esclaves que des peines légères. « *Magistratibus municipa-* « *libus supplicium a servis sumere non licet, modica*

1. L. IV, § III et XIII. Dig. I, 12.
2. Ulpien. C. I, § IV. Dig. *De off. præf. urbi.*
3. L. XIII, C. th., *De accusat.*

« *autem castigatio eis non est deleganda* (1). » Dans la suite, l'Italie étant partagée en cinq districts, des magistrats sous le nom de *consulares* furent chargés des affaires criminelles. Cette organisation d'Adrien fut modifiée par Marc-Aurèle, qui divisa l'Italie en quatre *regiones* gouvernées par des *juridici*, et enfin sous Dioclétien l'assimilation étant complète entre l'Italie et les provinces, la juridiction criminelle s'exerçait à Rome et dans un rayon de cent milles autour de la ville par le préfet de la ville, et au delà par les lieutenants impériaux.

Les provinces étaient divisées entre l'Empereur et le Sénat. Les provinces du Sénat étaient administrées par des consuls et propréteurs ou proconsuls, mais au fond c'était l'Empereur qui avait la véritable administration judiciaire. Les provinces de l'Empereur étaient gouvernées par ses lieutenants à qui appartenait aussi la juridiction criminelle.

Ces lieutenants, *legati Cæsaris præsides provinciarum*, étaient des hauts dignitaires comme les sénateurs et proconsuls et ils avaient des attributions d'une grande importance ; ainsi ils avaient comme le *præfectus urbi* le *jus gladii* ou le droit de juger les causes criminelles, d'infliger les peines, ils pouvaient prononcer la déportation et même la peine de mort (2).

Ces *legati Cæsaris* ou *rectores provinciæ* tenaient leurs assises dans les villes où ils étaient appelés à juger des causes criminelles. Mais lorsque l'institution des *defensores*

1. Ulpien L. XII, Dig., *De juridict.*
2. L. VI, § II. Dig , *De pœnis.*

civitatum fut créée, alors leur juridiction devint sédentaire.

Les gouverneurs de provinces qui pouvaient déléguer à leur tour la juridiction civile à des *legati* ne pouvaient en matière criminelle les charger que de l'instruction des affaires, car le *jus gladii* ne pouvait se transmettre étant tout personnel. « *Nemo potest gladii potestatem sibi datam* « *vel cujus alterum cœrcitionis ad alium transferre* (1). »

Mais à côté du droit d'instruire ces *legati* avaient un certain droit de juridiction pour les délits légers. « *Si quid erit* « *quid majorem animadversionem exigat, rejicere legatus* « *apud proconsulem debet : neque enim animadvertendi,* « *coercendi vel atrociter verberandi jus habet* (2). »

Pour protéger les villes contre les dilapidations des gouverneurs il fut institué des *defensores civitatum* qui, petit à petit, commencèrent à avoir des attributions judiciaires en matière criminelle. Ainsi nous voyons qu'une constitution d'Arcadius et Honorius leur déféra la connaissance de certains délits légers comme le vol de certains objets, la fuite d'un esclave, etc....... qui jusque là avaient été jugés par les proconsuls.

Leurs fonctions au commencement étaient temporaires, mais ensuite elles devinrent permanentes et furent limitées de cinq ans à deux par Justinien (3).

Si nous nous reportons à l'époque de Constantin, nous voyons l'ancienne différence entre les provinces de l'Empereur

1. Ulpien. L. LXX. Dig., *De reg. juris.*
2. *Venuleius.* L. XI. Dig., *De off. procons.*
3. L. IV. *De defensoribus.*

et du Sénat disparaître et tout l'Empire, l'Italie comprise, partagé en quatre grandes Préfectures prétoriennes : l'Orient, l'Illyrie, l'Italie, les Gaules. Chaque Préfecture se divisait en plusieurs diocèses à la tête desquels se trouvaient des magistrats nommés vicaires (*vicarii*) et chaque diocèse se divisait encore en plusieurs provinces placées chacune sous un proconsul ou recteur *(rector provinciæ)*.

La juridiction criminelle était exercée dans le principe par des préfets du prétoire qui se trouvaient en tête de chaque préfecture, mais ils n'exerçaient cette juridiction que rarement et pour des crimes graves et extraordinaires ; quant aux autres ils les déléguaient aux gouverneurs des provinces ou encore aux magistrats municipaux lorsqu'il s'agissait de délits de fort peu d'importance. Les *vicarii* statuaient dans leurs diocèses avec le même pouvoir que le préfet du prétoire dont ils étaient les délégués spécialement pour les crimes des gouverneurs.

§ III. — Procédure criminelle.

Les anciens principes de la Procédure criminelle se maintinrent encore sous l'Empire, mais ils sont bien loin de conserver leur caractère primitif et cet esprit de liberté qui faisait la force des institutions républicaines. Tandis que les jurisconsultes animés du souffle puissant de la philosophie stoïcienne se préoccupent du droit des accusés, restreignent les priviléges de l'accusation et sauvegardent davantage la liberté des citoyens, le pouvoir impérial poursuit son but centralisateur et parvient à concentrer dans ses mains toute l'action de la justice. Ainsi le principe de la libre accusation, droit que les plus nobles citoyens exercent sous la République et qui formait la garantie toute-puissante de la liberté politique, devient sous l'Empire un vil métier réservé à tous ceux qui, avides de recueillir la dépouille de l'accusé, se font promettre des richesses et souvent la grandeur (1), pour s'attaquer aux cœurs les plus généreux, aux caractères les plus intègres. Nous ne pouvons appuyer mieux notre assertion qu'en citant le passage suivant de Montesquieu (2) relatif à ce sujet: « A Rome il était permis à un citoyen d'en accuser un « autre, cela était établi selon l'esprit de la République où « chaque citoyen doit avoir pour le bien public un zèle sans « bornes, où chaque citoyen est censé tenir tous les droits de « la patrie dans ses mains. On suivit sous les Empereurs les « maximes de la République et d'abord *on vit paraître un* « *genre d'hommes funestes, une troupe de délateurs. Qui-* « *conque avait bien des vices et bien des talents, une âme* « *bien basse et un esprit ambitieux, cherchait un criminel* « *dont la condamnation put plaire au Prince,* c'était la « voie pour aller aux honneurs et à la fortune. »

La loi Julia *majestatis*, cette odieuse exception à toutes les règles du droit, qui accorda le droit d'accusation non-seulement aux femmes esclaves mais même aux personnes

1. Tacite, *Ann.*, I, 34.
2. Montesquieu, *Esprit des lois*. L. VI, ch. VIII.

infâmes et aux condamnés a été pour une grande part dans la création de cette méprisable classe de délateurs. Mais ceux qui servaient ainsi d'instruments au pouvoir impérial ne pouvaient conserver leur liberté d'action et c'est sur l'ordre de l'Empereur qu'ils pouvaient mettre en mouvement, se désister et faire tomber l'instance. Personne donc ne voulait plus se présenter pour accuser craignant d'encourir la honte et l'infamie qui étaient attachées à un tel rôle.

Tacite nous raconte d'une manière énergique l'effroyable désordre d'une pareille législation (1). Pline (2) rend hommage à Trajan qui a montré un grand mépris pour les délateurs et c'est le châtiment de ces sycophantes qui a valu à Titus le surnom glorieux de *délices du genre humain* (3). Malgré ces exemples, il ne se présentait plus personne pour porter accusation, il fallait que le Sénat ou l'Empereur désignassent ceux qui étaient chargés d'une pareille mission, de sorte qu'un nouveau principe qui a passé du Bas-Empire dans le droit canonique fut forcément au substitué principe qui passa dans nos législations modernes. Je veux parler de l'institution du ministère public.

La dernière forme de l'accusation fut donc la procédure inquisitoriale c'est-à-dire la poursuite intentée par l'autorité à la suite d'une dénonciation et enfin sans accusation ni dénonciation.

Le principe de la publicité éprouva aussi des variations.

1. *Annal.*, C. IV, 30.
2. *Panegyr.*, XXXIV et suiv.
3. Pline, *Panegyr.*, XXXV.

Constantin avait décidé que les audiences criminelles se tiendraient devant le tribunal et que chacun y pourrait exprimer son avis. Valentinien et Valens ordonnèrent que les débats pourraient avoir lieu soit devant ce tribunal en plein air, soit dans les salles ou *secretaria* (1). Les audiences du Sénat étaient seules secrètes. Les débats continuèrent à être publics comme sous la République, mais la délibération des juges au lieu d'être publique devint secrète. Le droit d'appel fut aussi reconnu à tous les citoyens, ce qui nécessita la procédure écrite, tant pour les jugements qui devaient être rédigés par écrit que pour toutes les autres formes de la procédure.

Tous les actes de la procédure qui étaient la garantie de la liberté du citoyen et favorables à l'accusé disparurent sous l'Empire. Ainsi la *postulatio*, acte qui faisait connaître à la défense l'accusation, fut abrogée ; de même la *divinatio* car le magistat seul décidait désormais à qui devait appartenir l'accusation.

Le premier acte par lequel l'accusateur introduisait l'action c'était la *nominis* ou *criminis delatio* qui exigeait la présence de deux parties et même plus tard on ne poùvait commencer l'accusation sans en avertir l'accusé. Le magistrat accusait réception par une *inscriptio* ou un procès-verbal qui devait être signé par l'accusateur. Si l'accusé n'avait pas été présent à l'*inscriptio* l'accusateur devait lui faire connaître la nature de l'accusation afin qu'il préparât ses moyens de

1. Loi IX, C. th., *De off. rect. prov.*

défense. L'accusateur pouvait faire arrêter l'accusé afin de s'assurer de sa présence dans une *custodia libera* ou *custodia militaris* qui remplace sous l'Empire la *custodia publica* qui était de règle devant les *quæstiones perpetuæ*. L'accusé pourtant pouvait se soustraire à cette détention en se réfugiant dans les temples sacrés ou au pied des statues des empereurs.

La liberté sous caution était rarement appliquée. — L'Emreur, en sa qualité de tribun, pouvait arrêter non-seulement la procédure mais anéantir l'action. Le Sénat avait aussi le droit de prononcer une *abolitio publica* mais elle était relative seulement à la procédure. L'instance pouvait être encore anéantie à la suite de l'*abolitio privata* ou le désintéressement de l'accusateur autorisé par le tribunal et par l'*abolitio ex lege* que le tribunal prononçait par différents motifs comme la mort de l'accusateur ou quand il devenait incapable. Dans le cas où l'instance était anéantie elle ne pouvait être recommencée que dans les trente jours (1).

Des mesures analogues au temps des *quæstiones perpetuæ* furent prises pour rendre l'accusateur responsable de sa mauvaise foi, contre la calomnie, la prévarication et la tergiversation. La peine du talion fut infligée pour la calomnie; en vertu du S.-C. Turpillianum on appliqua la même peine à la prévarication. Quant à la tergiversation qui existait toutes les fois que l'accusateur se désistait sans l'autorisation du tribunal, la peine n'est pas mentionnée par les historiens.

1. *Sentent.*, V, 17, 2.

Au jour fixé par le juge, l'accusé pouvait faire défaut ou comparaître. Sous l'empire des *quæstiones perpetuæ,* nous avons dit qu'on prononçait sur l'accusation même en l'absence de l'accusé ; seulement, si l'absence était motivée, le jugement pouvait être ajourné ; dans le cas contraire, les juges prononçaient la condamnation. Toutefois, il paraît douteux que les juges aient pu prononcer la peine capitale contre un absent. « *Absentem capitali crimine accusari* « *non posse, sed requirendum tantummodo amotari solere,* « *si desit, vetus jus est* (1). »

La procédure par contumace fut érigée en principe de droit pour la première fois par Trajan, qui établit comme règle générale qu'un accusé absent ne devait pas être condamné : « *Absentem in criminibus damnari non debere divus Tra-* « *janus rescripsit* (2). » Car, disait-il, il vaut mieux laisser un crime impuni que de condamner un innocent. « *Satius* « *est impunitum facinus non certus quam innocentem* « *damnare.* » Cependant, cette procédure par contumace n'était appliquée qu'aux faits d'une certaine gravité ; si le fait imputé n'était passible que d'une peine légère, la condamnation pouvait être prononcée d'une manière définitive. Ainsi, en cas d'un crime grave, l'absence pouvait être justifiée ou non : dans le premier cas, un délai était accordé à l'absent pour présenter ses excuses lui-même ou par l'intermédiaire d'un fondé de pouvoir (3). Dans le deuxième cas,

1. Loi VI, Cod., *De accusat.*
2. Loi V, Dig., *De pœnis.*
3. L. XXXIII, §§ 2 et 71. Dig., *De procuratoribus.*

on punissait sa désobéissance (1). L'absent avait une année pour se représenter (2). Ce délai, suivant l'empereur Constantin, courait du jour de la sentence, « *ex eo die quo reus fuerit in judicio petitus* » (3). Si dans l'intervalle de l'année il se présentait, le jugement devenait définitif, et s'il venait à décéder ses biens étaient transmis à ses héritiers. S'il ne comparaissait pas, alors, à raison de sa désobéissance, on confisquait ses biens (4).

Lorsque l'accusateur et l'accusé se présentaient, on ne choisissait plus les juges par *sortitio* ou *subsortitio,* car le tribunal n'était plus composé que des fonctionnaires. En cette qualité, ils ne pouvaient donc être récusés par les parties, mais les assesseurs qui les entouraient ayant simplement voix consultative pouvaient être l'objet d'une pareille récusation.

Les parties, et surtout l'accusé, pouvaient se faire représenter par des défenseurs qui prennent le nom d'advocats et non plus de *patroni.* Ces défenseurs n'ont plus le même caractère d'indépendance et de désintéressement que sous la République ; leur but n'est plus de se frayer un chemin pour arriver à une grande dignité ; ils forment, au contraire, une corporation et sont soumis à une discipline asservissante. Cette décadence dans laquelle tombent les défenseurs amène comme conséquence la nécessité de leur donner des hono-

1 L. I, § 1. Dig., *De requirendis vel abs. damn.*
2. L. II, § 4 Dig., *De requirend. vel abs. damn.*
3. L. II, Cod , *De requir. reis.*
4. L. du Cod., *eodem tit.*

raires, et la législation eut soin d'. n régler le maximum.

La décision des tribunaux, à cette époque, n'était plus guidée par la simple conscience des juges. On avait admis une théorie des preuves. Mais elles étaient plutôt des conseils que des règles impératives de la loi.

L'aveu de l'accusé ne formait une preuve suffisante que lorsqu'il présentait tous les caractères de la vérité (1). Il ne formait donc pas une preuve à lui tout seul, il fallait qu'il fût corroboré par d'autres circonstances ou d'autres preuves.

A cette époque la torture était encore un moyen de faire arracher des aveux, et ce moyen était appliqué à toutes les personnes, sans distinction de position sociale, aussi bien à l'homme libre qu'à l'esclave et pour n'importe quel crime. La torture a été d'abord admise pour le *crimen majestatis*, ensuite pour les empoisonnements et les faux, et en dernier lieu pour le crime d'adultère. Du reste, on avait toujours, quant à l'esclave, conservé comme règle qu'il ne pouvait être soumis à la torture que dans l'intérêt de son maître. On ne faisait d'exceptions que pour les crimes de lèse-majesté et pour l'adultère. Dans le cas où ils déposaient contre leur maître, ils devenaient esclaves publics (2).

Le témoignage est une preuve admise à notre époque. Les témoins devaient prêter serment avant de déposer. Les dépositions ne devaient être faites par écrit, car on avait égard à l'attitude, aux gestes de la personne qui faisait la déposition.

1. L. I, § 17. Dig., 48, 18.
2. L XXVII. § 11. 14. Dig., 48, 5.

Tout le monde n'était pas admis à administrer cette preuve, ainsi les *improbi* et *intestabiles,* les condamnés, les défenseurs de l'accusé, les affranchis pour leur patron, étaient frappés d'incapacité. Plus tard les apostats , hérétiques, juifs et, selon Justinien, ceux qui s'étaient portés accusateurs contre le prévenu (1) ont encouru la même déchéance.

Après le troisième siècle, les *tabulæ* ou *codices expensi et accepti* n'étaient plus admis comme preuves.

Si, pendant le cours des débats, on découvrait d'autres chefs d'accusation contre l'inculpé, les tribunaux avaient le droit de statuer sur le crime révélé et de reprendre de nouveau la procédure. Mais les juges n'appliquaient pas à chaque crime une peine séparée, ils pouvaient tempérer ce résultat rigoureux par le pouvoir discrétionnaire qu'ils avaient, en suivant pourtant les règles du droit et de l'équité.

Si l'accusé avait été condamné, le jugement ne pouvait être exécuté que dix jours après, surtout pour la peine de mort, pour pouvoir interjeter appel. Il fut admis quelque temps après que l'exécution pût avoir lieu sur-le-champ (2). On accorda pourtant un certain délai lorsque la mort frappait des magistrats municipaux, des ecclésiastiques ou une femme enceinte. Enfin, un sursis de trente jours (3) au moins fut accordé par Théodose le Grand pour toute condamnation à mort prononcée par l'Empereur.

Devant le Sénat, après les plaidoiries et les dépositions

1. Novel. XXX et C. 7.
2. L. VI, C. th., *De custod. reor.* L. V, Cod., *eo l.*
3. Zonaras, XIII, 18.

des témoins, on passait au jugement que l'on votait par la forme de la division *(discessio)* à la simple majorité des voix (1), tandis que devant les tribunaux ordinaires les jurés n'ayant plus qu'une simple voix consultative, le juge seul statuait sur le crime. Au Sénat, la condamnation n'était pas prononcée devant l'accusé. Sur l'ordre du consul qui présidait, on faisait signifier le jugement au condamné par un questeur.

Les décisions du Sénat étaient souveraines ; pourtant, le condamné pouvait se faire restituer contre le jugement en implorant la grâce du prince. Ce droit de grâce ne fut institué d'une manière régulière que sous Tibère (2). L'effet de cette grâce était de replacer le condamné dans la jouissance de tous ses droits civils et politiques. Toutefois, en cas de grâce collective pour tous les crimes commis à une certaine période, la peine pouvait être remise, mais non l'infamie qui en était la conséquence.

§ IV. — De l'appel.

Sous la République, chaque juridiction émanant directement du peuple pouvait juger d'une manière souveraine et sans que les jugements pussent être attaqués par un appel ou une révision. Le seul cas où l'appel fut permis était celui

1. Tacite, *Annales*, III, 17, 18.
2. Tacite, *Ann*, III, 51.

d'une condamnation capitale, et dans ce cas les citoyens romains seuls avaient le privilége de se porter en appel au peuple.

Sous l'Empire, l'appel était devenu le droit commun. Le prince qui était censé avoir reçu la délégation du peuple avait le pouvoir de reformer les jugements des magistrats, car leur puissance judiciaire était exercée en vertu d'une délégation du prince. A cause de la multiplicité des appels, le prince se déchargeait de ce soin sur des magistrats que l'on nommait *judices sacri*, ceux-ci jugeaient avec la même autorité que le prince.

Dans la hiérarchie judiciaire il y avait en premier lieu les magistrats municipaux (*magistratus minores*), au dessus les *præsides provinciæ* ou *clarissimi,* enfin les *judices sacræ* ou *illustres*, comme les préfets de la ville et du prétoire qui eurent tour à tour le droit de décider en appel sur la délégation du prince. Toutefois le prince connaissait de l'appel des décisions rendues par eux en appel. La même affaire pouvait donc subir trois instances.

Sous Dioclétien, le droit d'appel fut organisé d'une manière régulière. Ainsi le premier appel pouvait être porté aux vicaires des diocèses, ensuite au préfet du prétoire et en dernier lieu devant l'Empereur.

Constantin le Grand décida pourtant que les décisions du préfet du prétoire ne seraient plus appelables (1) : *a præfectis prætorii provocare non sinimus*, et qu'on ne pourrait

---

1. L. XXIII C. th., *De appell* L. XIX, C., *De appellat.*

se pourvoir contre elle qu'au moyen de la *supplicatio* (1) à l'Empereur ; celui-ci pouvait a!ors renvoyer l'affaire à un nouvel examen.

L'appel était admis pour toutes les affaires, même pour les plus insignifiantes. Il n'y avait d'exceptions que pour quatre classes d'accusés : ceux qui étaient accusés d'homicide, d'adultère, d'empoisonnement ou de maléfices (2). Mais pour cela on exigeait deux conditions : 1° qu'ils fussent convaincus de leur crime, 2° qu'ils en eussent fait l'aveu (3).

L'appel pouvait être interjeté par l'accusé en personne ou par son mandataire. Ulpien était d'avis que l'appel pouvait être fait même par celui qui n'avait aucun mandat. « *Credo* « *enim humanitatis rationæ omnem provocantem audire* « *debere* (4) », et même contre le refus de l'accusé on appliquait la maxime « *Nemo auditur perire volens* ». L'empereur Arcadius accorda aux moines et clercs *humanitatis consideratione* le même droit.

L'appel qui était toujours suspensif pouvait être fait verbalement ou par écrit : *voce vel conscripti libellis* (5). Les délais de l'appel furent d'abord de deux ou trois jours, ensuite de dix jours ; et pendant l'instance de l'appel, l'accusé restait en état de détention (6).

1. L. I, C. 7, 42. L. XXXV, C. 7. 62.
2. Constant., l. VII, C., *De maleficiis.*
3. Constant., l. I, C. th., *Quorum appell.*
4. Ulpien, l. VI. Dig., *De appell.*
5. L. VII, Cod. th., *De appellat.*
6. L. II, C. th., *De appell.*

DROIT FRANÇAIS

DE L'ACTION PUBLIQUE

ET DE

L'ACTION CIVILE

Un principe général, qui doit être placé en tête de toute législation, est le principe *de la responsabilité*. A chacun selon ses œuvres, dit la raison ; la faute doit être suivie du châtiment.

En matière de responsabilité, il faut avec soin distinguer le principe de la responsabilité civile et de la responsabilité criminelle.

Nous n'avons, nous, à nous occuper que de la responsabilité criminelle, c'est-à-dire de la responsabilité qu'engendre pour l'auteur tout fait criminel (crime, délit, contravention).

En l'absence de toute disposition pénale pour punir un fait d'action ou d'omission, la responsabilité de l'agent n'en existe pas moins, mais il n'y a qu'une responsabilité civile : la société ne se trouve pas lésée et ne demande pas compte à l'agent de son action ; seules, les personnes qui ont eu à souffrir de l'acte commis peuvent demander réparation du dommage ; c'est là la mise en action de la responsabilité civile. Les articles 1382 et 1383, C. N., contiennent le principe général que l'on peut énoncer ainsi : « chacun doit réparer le dommage causé par sa faute. »

La faute est donc le fondement sur lequel se base le principe de réparation.

Souvent la responsabilité découle d'un acte auquel on est resté étranger et on dit de ces personnes qu'elles sont civilement responsables. L'art. 1384, C. N., établit une présomption de faute, mais une présomption simple : 1° contre le père et la mère pour le dommage causé par les enfants mineurs, habitant avec eux ; 2° une présomption de négligence du maître d'avoir mal choisi ses domestiques ; 3° présomption de négligence des instituteurs. Des cas particuliers de responsabilité nous trouvons encore dans l'art. 206 Code forestier, et dans l'art. 73, C. pén., contre les aubergistes, loueurs en garnis.

Les faits criminels engagent la responsabilité de leurs auteurs à un double point de vue : d'une part ils auront à expier la faute qu'ils ont commise contre la société ; d'autre part, ils doivent réparation du dommage occasionné par leur infraction. C'est là le fondement de l'action *publique* et de l'action *civile*. Ces deux actions n'ont de commun que l'origine, et diffèrent essentiellement par leur but, leur objet, et les personnes auxquelles leur exercice est confié.

La première a pour but l'application des peines infligées par la loi, l'autre, l'obtention d'une indemnité pécuniaire.

L'action *publique* exercée par une magistrature spéciale qui porte le nom de ministère public a pour objet la réparation du préjudice social ; l'action *civile* poursuivie par la partie lésée a pour objet la réparation du préjudice privé.

Quels sont le caractère et l'étendue de ces deux actions ?

A qui appartient l'exercice de l'action publique et civile ?

Quelles causes suspendent l'exercice de ces deux actions et comment s'éteignent-elles?

Voilà les différentes questions qui feront l'objet de notre étude.

CHAPITRE PREMIER

CARACTÈRES GÉNÉRAUX DE L'ACTION PUBLIQUE ET DE L'ACTION CIVILE ; LEUR ÉTENDUE.

Un fait criminel venant à être commis les parties lésées par cette infraction auront l'exercice de l'action civile, aux représentants de la société à réclamer, par l'action publique, l'application d'une peine à l'auteur de l'infraction. Code du 3 brumaire an IV, art. 4 : « Tout délit d'infraction donne essentiellement lieu à une action publique ; il peut aussi en résulter une action privée ou civile. » Comp., art. 1, C. Instr. cr.

Par là on voit combien sont différentes par le but à atteindre ces deux actions : l'*action publique* tend à la répression du préjudice social, tandis que l'*action civile* à la répression du préjudice causé aux particuliers.

Occupons-nous d'abord des caractères généraux et distincts de ces deux actions ; nous parlerons ensuite de leur étendue.

SECTION PREMIÈRE

CARACTÈRES GÉNÉRAUX ET DISTINCTS DE L'ACTION PUBLIQUE ET DE L'ACTION CIVILE.

Dans les Républiques de l'antiquité, à Rome comme à Athènes, la législation reconnaissait deux sortes d'accusations : l'accusation des parties lésées et l'accusation populaire. La première était donnée à ceux qui avaient souffert d'un *délit privé* pour obtenir réparation du dommage éprouvé. L'autre était donnée à tout citoyen qui voulait se porter accusateur d'un *délit public,* c'est-à-dire d'un délit caractérisé par une loi spéciale. Le vol, la fraude, l'injure étaient des délits privés ; les crimes de lèse-majesté *(de majestate),*

de faux (*de falsis*), de meurtre *(de sicariis)*, etc., étaient des
crimes publics.

Quant à l'accusation résultant d'un délit privé, aucune
exception n'était opposée à l'accusateur. Il n'en était pas de
même pour l'accusation populaire ou publique ; en effet, certaines personnes étaient indignes ou incapables d'exercer ce
droit. Étaient frappés d'indignité ou d'incapacité : les personnes notées d'infamie, les condamnés, les faux témoins, ceux
qui se désistaient d'une accusation (1), ceux qui possédaient
moins de cinquante sous d'or (2) ; les femmes, magistrats,
mineurs, etc. Sous l'Empire, on avait admis une odieuse
exception à cette limitation de l'action publique ; pour les
crimes de lèse-majesté (3), la loi Julia *majestatis* (4), *quæ
in eos qui contra imperatorem vel rempublicam aliquid
moliti sunt, suum rigorem extendit*, permit même aux condamnés, aux esclaves et aux femmes l'exercice de cette
action.

L'institution de la liberté des accusations sous la République avait sa source dans le principe de souveraineté populaire tempéré par le principe de justice ; car, bien que
chaque citoyen la regardait comme une portion de sa souveraineté il ne pouvait l'exercer, à défaut de la partie lésée,

1. Macer, l. VIII et IX, Dig., *De accusationibus*.
2. Pomponius, l. II, Dig., *eod. tit.*
3. L. 1, Dig., *Ad leg. Jul. majestatis*.
4. Cette loi est attribuée à Auguste par M. Laboulaye : *Lois crim.
des Romains*, p. 314. M. Ortolan la croit de Jules César : *Instit. de
Justinien*, t. III, p. 790. La question du reste présente peu d'importance, car si elle est de César, Auguste a dû la confirmer.

qu'en réunissant certaines conditions d'idonéité. A l'époque
impériale le droit d'accusation, à cause des luttes des par-
tis, était devenu une arme laissée aux mains des délateurs ;
une voie ouverte aux ambitieux pour aller aux honneurs et à
la fortune (1). Il n'était plus une charge commune des citoyens : *cuilibet ex populo,* mais un attribut du pouvoir public ; il suivit le sort de la souveraineté en passant des mains
des citoyens dans celui de l'Empereur (2).

Dans la première période de la monarchie française, le
principe de l'accusation était la lésion éprouvée, la réparation en était le seul but. Souvent l'offensé, au lieu de
recourir à la vengeance privée pour obtenir réparation, se
contentait d'une simple composition. D'un autre côté, le roi
et les chefs de justice, pour certains crimes de nature à
troubler l'ordre public, infligeaient aux coupables une
amende, *bannum,* qui était prélevée à leur profit. L'intérêt
de l'autorité publique à l'application du *bannum* et la part
de compositions qui lui était attribuée à titre de *fredum*
amenèrent nécessairement une poursuite plus vigilante des
faits punissables. Mais la coutume germanique de la vengeance privée qui était en même temps le fondement de la
pénalité fut le véritable principe de l'accusation.

Jusqu'au treizième siècle, l'accusation des parties lésées
était la base de toute poursuite criminelle. On n'admettait
d'exception que pour les crimes flagrants qui pouvaient être

1. Montesquieu, *Esprit des lois,* l. VI, ch. viii.
2. Faustin-Hélie, *Traité d'instr. crim.,* II, p. 483.

poursuivis d'office par le juge et pour les délits justiciables des cours d'Église où toute personne pouvait se porter accusateur.

La négligence des parties et la poursuite d'office eurent pour effet de supprimer les formes de l'accusation ; on se passait d'un accusateur, le juge supposait remplies les formes de la procédure. Là se borna toute innovation (1).

Quelle fut donc la cause qui amena l'intervention des procureurs du roi dans les procès criminels ? Et en dernier lieu, quelle est l'origine du ministère public, de cette belle institution qui a fait dire à Montesquieu (2) : « Nous avons aujourd'hui une loi admirable ; c'est celle qui veut que le prince, établi pour faire exécuter les lois, prépose un officier dans chaque tribunal pour poursuivre en son nom tous les crimes. »

La loi des Douze Tables avait créé des magistrats chargés de poursuivre les coupables devant les tribunaux ou le peuple. Ces questeurs ou *judices quæstionis* avaient cela de commun avec les officiers du ministère public, qu'ils ne jugeaient pas, mais ils étaient seulement chargés d'informer. Vers la fin de l'Empire on voit s'établir encore d'autres magistrats, des irénarques qui avaient pour mission de poursuivre les coupables, de recueillir la preuve ; ils avaient sous leurs ordres d'autres magistrats inférieurs, les *curiosi*, les *stationari*, une sorte d'inspecteurs de haute police ayant

1. Faustin-Hélie, *Tr. d'instr. crim.*, t. I, p. 255.
2. *Esprit des lois*, liv. VI, ch. viii.

au nombre de ses attributions, celle de dénoncer aux tribunaux les crimes qui parvenaient à leur connaissance (1).

Sous le pouvoir impérial il existait deux autres institutions : les *procuratores Cæsaris* qui étaient ses agents d'affaires et les défenseurs des cités : magistrats préposés à la
défense des provinciaux contre l'insolence des juges (2).

Faut-il voir dans ces magistrats l'origine des procureurs
du roi ? Nullement, car à part les *procuratores Cæsaris*,
dont la seule analogie résidait dans le nom, les autres n'é-
taient que de simples officiers municipaux n'ayant pas le
caractère de notre ministère public.

Selon la loi des Visigoths, des magistrats sous le nom de
saions étaient chargés de surveiller au prélèvement des
fredum et *bannum* réservés au fisc. Ils durent donc nécessairement en s'occupant du recouvrement de l'amende provoquer la poursuite des coupables. MM. Garat (3) et Dalloz (4) rattachent à ces magistrats l'origine que nous
cherchons. Meyer et après lui M. Faustin-Hélie (5) par-
tagent la même opinion ; dans son *Histoire sur les Institutions judiciaires* (6), Meyer s'exprime ainsi : « Les amendes
faisaient une partie considérable des peines ; et comme ces
amendes formaient en même temps une des branches du
revenu royal ou seigneurial, les procureurs du roi ou des

1. L. I et VIII, C. th., *De curiosis.*
2. Code de Justinien, liv. 1, tit. LV, l. IV.
3. Merlin, *Répert.*, V. *Minist. public.*
4. T. XXII, *Minist. public.* Art. 1, n° 4.
5. T. II, p. 573.
6. *Traité d'instr. crim.*, p. 303.

seigneurs étaient chargés non-seulement du recouvrement de ce revenu, mais encore de la poursuite des délinquants pour les faire condamner. Et le ministère public fut mis en possession de la poursuite des affaires criminelles, de la recherche des malfaiteurs et du maintien des lois pénales tendant à protéger l'ordre social et la tranquillité publique. »

M. *d'Aguesseau* (1) pense que ce qui a peut-être donné la première idée du ministère des officiers, pour requérir, au nom du Roi, la mort et la punition des coupables, c'était le mauvais usage qu'avaient autrefois les rois de se rendre eux-mêmes accusateurs des évêques qui avaient commis le crime de lèse-majesté.

Henrion de Pansey, qui invoque l'autorité de d'Aguesseau dans son *Autorité judiciaire* (2), dit : « L'usage de confier, dans certains cas, la poursuite des criminels à un membre du tribunal, peut avoir conduit à l'idée de charger un magistrat de toutes les accusations publiques. »

Nous pensons, nous, que la véritable origine du ministère public est celle qui est donnée par notre savant et vénéré maître M. Ortolan. L'établissement du ministère public repose sur cette pensée, que celui qui juge ne doit pas accuser. Le développement graduel de cette institution vient à l'appui de notre assertion ; en effet, nous voyons dans le principe, dit M. Ortolan (3), que chaque suzerain rendait lui-même la jus-

1. T. V, p. 232.
2. T. I, p. 284 en note.
3. *Le Ministère public en France :* Introduction.

tice, mais il cessa de juger, une fois admise la règle que
« nul ne peut être condamné, si ce n'est par jugement de ses
pairs. » Le rôle du roi grand justicier fut donc borné à celui
de convoquer le parlement des pairs par des lettres patentes,
et une fois la Cour réunie, de veiller comme tous les autres
suzerains, à ses propres intérêts comme à ceux de son
royaume. Dans les crimes de lèse-majesté commis par les
évêques, il se portait lui-même accusateur comme nous le
dit d'Aguesseau. Lorsque les tribunaux devinrent permanents
les rois cessèrent d'exercer personnellement les fonctions
judiciaires. Ils furent alors remplacés par un procureur
chargé de surveiller la punition des coupables. En même
temps, le roi pour la défense de ses propres intérêts avait
préposé des procureurs et avocats agissant en son nom. Ces
procureurs du roi furent insensiblement amenés à défendre
avec les intérêts privés du roi ceux des simples particuliers;
confondant dans leur personne ces différentes attributions, ils
devinrent par la succession des temps les défenseurs des
intérêts généraux de l'État. L'institution des procureurs du
roi prit un caractère de véritable magistrature lorsque
Philippe le Bel par son ordonnance de 1302 institua les parlements de Paris, Rouen et Toulouse, car l'art. 15 impose
aux procureurs l'obligation de prêter serment, et de ne
défendre d'autres personnes si ce n'est ses parents. Les avocats n'étaient pas soumis à la même obligation, car l'ordonnance n'en parle pas.

De même que près de chaque parlement, il y avait un
procureur général et deux ou trois avocats généraux, près

de chaque bailliage ou sénéchaussée se trouvaient aussi des procureurs et des avocats du roi. Le procureur général du parlement pouvait, si le besoin se faisait sentir, prendre des substituts en les payant lui-même (1). Entre tous ces magistrat n'existait aucun rapport hiérarchique et ils n'étaient unis par aucun lien qui les attachât les uns aux autres.

Les procureurs généraux étaient chargés de poursuivre les crimes et faire tous les actes de procédure, intenter une action, faire des significatious, etc. Les avocats généraux seuls avaient le droit de porter la parole à l'audience. On distinguait donc partout entre *la plume* et *la plaidoirie* (2).

La nomination des procureurs et avocats appartenait au Roi, mais plus tard le désir de se procurer de l'argent fit de cette magistrature un office dont les officiers du ministère public étaient les maîtres. Cette vente, bien qu'honteuse en soi, eut un heureux résultat, car elle donna une complète indépendance à tous ces magistrats.

Les fonctions des officiers du ministère public étaient d'une grande importance ; ainsi ils défendaient les prérogatives de la couronne, requéraient l'enregistrement des lois et édits, et dans la lutte entre la royauté et les papes ils s'opposèrent énergiquement à la cour de Rome, en se constituant défenseurs des droits des princes et des libertés de l'Église gallicane.

1. Ordonn. de Philippe IV, dit le Bel, du 25 mars 1302, art. 20
2. M. Ortolan, *Minist. public* : Introduction.

Au xvi⁰ siècle, l'institution du ministère public, réglée par différentes ordonnances (1522, 1553 et 1586), exerça une grande influence et brilla du plus grand éclat ; inspirée par un grand sentiment de justice, elle pratiquait la maxime proclamée plus tard par le cardinal de Richelieu, que le bien et le mal sont deux ennemis irréconciliables entre lesquels il ne doit y avoir ni *quartier* ni *échange*.

Ce n'est qu'au xvii⁰ siècle que les attributions du ministère furent fixées par deux célèbres ordonnances de 1667 et 1670. L'ordonnance de 1667 consacra les usages antérieurs en faisant intervenir le ministère public pour ceux dont différentes circonstances l'empêchaient d'agir, et de plus elle décida, par l'art. 34, titre V, que le jugement rendu sans avoir entendu les conclusions du ministère public sera susceptible d'être attaqué par la requête civile.

Par l'ordonnance de 1670, les procureurs généraux furent reconnus comme les premiers agents de la police judiciaire ; c'est à eux de poursuivre les crimes, de veiller à la punition des coupables, d'assigner les témoins. Aucune peine ne pouvait être prononcée sans la réquisition du ministère public ; c'est par application de ce principe, qu'un parlement décida qu'il y avait abus dans le jugement de l'official de Poitiers qui avait prononcé une condamnation corporelle dans l'intérêt public (1).

A l'Assemblée nationale on agita la question de savoir si l'accusation serait populaire ou déléguée, et en cas de délé-

____

1. Dalloz, t. 32. *Minist. public*, art. 1.

gation à qui serait-elle confiée ? A la nation ou au pouvoir exécutif ?

« L'accusation populaire, disait Thouret, le rapporteur de la loi, à la séance du 4 août 1790, a de grands inconvénients. Quand tout le monde est chargé de veiller, il arrive un moment où personne ne veille, et quand chacun peut accuser l'esprit de parti, les préventions vulgaires, les préjugés et les ressentiments individuels, peuvent trop aisément troubler la tranquillité publique, sous prétexte de l'assurer. Conservons donc le sage établissement d'un officier public chargé d'accuser. »

M. Brevet, qui était en principe de l'avis contraire, avait pourtant reconnu que, dans l'état de nos mœurs, la liberté des accusations serait impraticable. « J'avoue avec douleur, avait-il dit, que nous sommes indignes d'exercer ce premier droit du citoyen. Nous touchons de trop près encore à ces déplorables jours où l'égoïsme avait changé la société en une solitude affreuse, où chacun ne voyait que sa famille dans l'État et que soi dans sa famille, pour qu'il puisse être sage de confier à chacun cette inspection mutuelle, cette censure active et inflexible qui exige tout le désintéressement, toute l'énergie, toute l'intrépidité de la vertu. »

La délégation de l'accusation fut donc reconnue et adoptée. Mais à qui confierait-on le pouvoir de la déléguer ? au Roi ou au peuple ? L'Assemblée nationale par son vote du 7 mai 1790 (1) décréta que les officiers chargés des fonctions

1. *Moniteur* du 9 mai 1790.

du ministère public seront nommés par le Roi ; mais elle revint sur sa décision à la suite d'une motion proposée par M. Thouret à la séance du 4 août. Après de bien longues discussions, elle adopta la proposition du Comité de législation, qui divisait les fonctions du ministère entre deux agents : un *commissaire du roi* et un *accusateur public*, le premier chargé de requérir l'application des lois, d'assister aux débats et de faire exécuter les jugements. Le second, chargé de soutenir l'accusation, était nommé par le peuple, il n'exerçait pas à proprement parler l'action publique, mais il la soutenait seulement, car l'art. 1 du titre IV de la loi du 16-29 septembre 1791 portait : « L'accusateur public est chargé de poursuivre les délits sur les actes d'accusation admis par les premiers jurés, et il ne peut porter au tribunal aucune autre accusation à peine de forfaiture. »

A côté de ces deux fonctionnaires on chargea de la poursuite des crimes et délits, les *juges de paix*. Par la loi du 16-29 septembre 1791 (titre I, art. 1 et 3) ils étaient chargés des fonctions de la police de sûreté, ils avaient la recherche et l'instruction des affaires, recevaient les plaintes, entendaient les témoins.

Les *parties lésées* et même les *simples citoyens* participaient aussi à un certain degré à l'exercice de l'action publique par la dénonciation et plainte, et par la faculté qu'ils avaient de présenter leurs accusations directement au jury de district (1).

---

1. L. XVI, 29 sept. 1791. 2ᵉ part., t. I, art. 12.

Ainsi l'accusation publique déléguée par le peuple appartenait à la fois aux *commissaires du roi*, aux *accusateurs publics*, aux *juges de paix*, aux *parties lésées* et aux citoyens témoins du crime.

La Convention nationale, qui avait donné le nom de *commissaires nationaux* aux anciens commissaires du roi, par un décret du 20 octobre 1792 les supprima à cause de l'entrave qu'ils apportaient à l'expédition des affaires, en attribuant leurs fonctions aux accusateurs publics. Mais ils furent de nouveau rétablis sous le Directoire, par la constitution du 5 fructidor an III, sous le nom de *commissaires du pouvoir exécutif*.

Le Code de délits et de peines du 3 brumaire an IV distingua avec soin l'action publique de l'action civile. La partie civile avait le droit de s'associer à l'exercice de l'action publique, mais non de l'exercer directement. Sous l'empire de ce Code la recherche des infractions pénales est donnée aux commissaires de police, gardes champêtres, gardes forestiers, officiers de gendarmerie (art. 20 et 21). Les juges de paix et les directeurs de jury sont chargés de la poursuite de certains délits (art. 140, 141, 142) et de l'instruction des affaires. Devant les tribunaux de police et correctionnels l'accusation est portée par les commissaires du pouvoir exécutif et devant les tribunaux criminels par l'accusateur public.

Le Consulat qui succéda au Directoire rendit l'action publique au pouvoir exécutif qui l'exerça par l'organe de ses agents, et la fonction d'accusateur près du tribunal criminel fut remplacée par les commissaires du gouver-

nement. Enfin le sénatusconsulte du 28 floréal an XII organique de l'Empire, par son art. 1 qui dispose : « La justice se
rend, au nom de l'Empereur, par les officiers qu'il institue »
réagit contre la doctrine de l'Assemblée nationale en proclamant implicitement le principe que toute délégation émane
du gouvernement et non pas du peuple. Le droit de déléguer
l'exercice de l'action publique fut donc considéré comme un
attribut du pouvoir executif (F.-Hélie, t. 1, p. 532).

Par cet exposé succinct nous voyons en tenant compte des
transformations politiques des sociétés les différentes variations qu'a subies le principe de l'accusation A Rome -
laissé au commencement à chaque citoyen pour l'exercer
comme représentant l'intérêt de tous, sous l'empire il devient un instrument de despotisme. En passant dans l'ancien
droit, il suit le mouvement politique de chaque époque. Aban-
donnée à l'origine à la vengeance privée, au treizième siècle
la justice parvient à connaître exceptionnellement dans des
cas rares et sans le concours des parties. Deux siècles plus
tard l'accusation appartient aux juges, la partie ayant seulement la faculté dela mettre en mouvement par des plaintes.
Enfin, dans les temps modernes, l'accusation se trouve dans
les mains des fonctionnaires chargés exclusivement de
l'exercer au nom de la société et dans l'intérêt social.

Cette belle conception du ministère public qui constitue un
instrument si puissant d'ordre et de justice a été adoptée par
tous les peuples qui ont pris pour modèle de leur législation
les Codes français.

A notre connaissance l'Italie, la Belgique, les États alle-

mands (où surtout depuis 1848 il fut apporté beaucoup
d'améliorations dues à la législation criminelle française)
et la Roumanie depuis 1864, époque d'un remaniement
général dans sa législation, se ressentent de l'efficacité de
cette institution qui par son caractère d'unité et d'indivisibilité imprime tant d'énergie et de célérité à l'initiative et la direction de la poursuite.

En Angleterre (1) les vœux généraux de la nation
appellent la création d'une pareille institution. Il existe
bien des fonctionnaires pour poursuivre les crimes, mais
ils ne peuvent le faire que sur la plainte des parties ou
à la suite d'une dénonciation ; ainsi les juges de paix ou
le magistrat de police sous le titre de *conservatores pacis*
assurent la découverte des crimes ou en préviennent la perpétration. L'avocat de la couronne ou *l'attorney general*,
seul, n'a pas besoin d'être provoqué pour poursuivre les
crimes ou délits qui portent atteinte au gouvernement. Il
existe encore des sociétés, des corporations, des établissements publics, qui préposent des avocats spéciaux pour
poursuivre les délits qui compromettent leurs intérêts, mais
dans les mains de toutes ces personnes l'action publique est
loin d'avoir cette force et d'exercer l'influence si efficace du
ministère public en France. Ainsi par suite de l'indifférence,
la peur ou l'ignorance, il arrive souvent que des crimes graves
restent impunis.

1. Voyez Mittermaier, traduction Chauffard : introduction, et p. 260
et suiv.

Si nous nous demandons quels motifs ont empêché l'introduction d'une semblable institution en Angleterre nous verrons qu'ils sont multiples.

D'une part on craint d'établir l'inégalité qui, selon les juristes anglais, existe en France entre l'organe de l'accusation et celui de l'accusé, car, disent-ils, le ministère public en Francejoue un double rôle : celui d'organe impartial de la loi et de représentant influent du pouvoir, tandisque le défenseur est placé dans des conditions bien peu favorables. D'autre part, on ne s'oppose pas à l'institution des accusateurs pour poursuivre à défaut de la partie lésée et en la choisissant seulement dans le corps des avocats ; mais on veut conserver des prérogatives qui seraient peut-être compromises par la création du ministère public. Ainsi la publicité, l'interrogatoire du témoin après sa déposition, l'assistance du défenseur dans l'information préparatoire sont des garanties auxquelles on ne voudrait renoncer pour rien au monde.

Ce qui a surtout empêché en Angleterre la création du ministère public c'est la crainte de fortifier trop le pouvoir en concentrant entre ses mains la direction publique. C'est à ce sujet que M. Rey dans son traité sur les institutions anglaises s'exprime ainsi : « La poursuite des crimes, foit heureusement pour le peuple anglais, a toujours été considérée, même par ses plus grands tyrans, sous le rapport du fardeau qu'elle impose aux citoyens, plutôt que sous celui de la force terrible qu'elle donnerait au gouvernement, et c'est ce qui fait que les citoyens sont restés en possession d'une grande partie du pouvoir judiciaire. »

Après cette courte étude comparative reprenons l'examen des différents caractères de l'action publique.

Une fois admis le principe de la séparation des pouvoirs, il faut reconnaître comme une conséquence juste et nécessaire l'exercice de l'action publique confié à des fonction-naires qui agissent au nom du pouvoir exécutif et qu'il peut révoquer à volonté. Une délégation absolue serait contraire au but de l'institution ; d'ailleurs, comment concevoir l'existence d'un-pouvoir exécutif dépouillé de son principal attribut, le droit de provoquer l'application des lois pénales ? C'est donc les officiers du ministère public qui sont chargés de l'action publique et ils l'exercent par une délégation du pouvoir exécutif auquel ils appartiennent comme ses agents immédiats.

En vertu de cette délégation, il requiert au nom de la société, dont le pouvoir exécutif n'est qu'une émanation, l'instruction des infractions punissables, il rend des conclusions pour l'application des peines et il surveille leur exécution (1).

En outre de cette attribution les officiers du ministère public sont chargés de la police judiciaire c'est-à-dire de la recherche et de la poursuite des faits punissables (2), et en cas de flagrant délit ils ont même le droit d'instruire (3).

L'article 1 Code d'instruction criminelle ainsi conçu :

1. *Cod. d'instr. crim.*, 61, 94, 165, 197, etc.
2. Art. 22 et suiv., *Cod. d'instr. crim.*
3. Art. 22, 23 et suiv.

« L'action pour l'application des peines n'appartient qu'aux fonctionnaires auxquels elle est confiée par la loi » concentre dans les mains du procureur de la République l'exercice de l'action publique. Cet exercice est indépendant de tous les intérêts privés. Ainsi se trouve abrogée la distinction faite par les Romains entre les *crimina publica* et *crimina privata*, les premiers qui, étant d'une nature plus grave, appartenaient à chaque citoyen : « *Publica autem dicta sunt, quod cuivis ex populo executio eorum plerumque datur* (1) », et les autres dont la poursuite était laissée à la partie lésée.

A l'occasion de l'art. 4 du Code d'instruction criminelle, dans le projet soumis au Conseil d'État on avait proposé une pareille distinction. On voulait accorder à la partie civile le pouvoir d'arrêter ou suspendre la poursuite d'une contravention ou délits qui ne sont pas de nature à blesser l'ordre public. Mais dans la crainte d'affaiblir le principe établi par l'art. 1 et pour rendre l'action publique complétement indépendante des intérêts privés, on rejeta une pareille distinction (2).

Notre art. 1 abroge aussi indirectement la disposition de l'ordonnance de 1670 qui n'accordait aux magistrats du ministère public que le droit de requérir l'application des peines et non de provoquer l'action même ; en même temps elle abroge celle de la loi de brumaire qui permettait à la

1. *De publ. judiciis* : Instit. de Justin., § 1.
2. V. Mangin, *Traité de l'act. p.*, t. I, p. 20 et suiv.

partie civile de participer à la rédaction de l'acte d'accusation (1).

La loi donc, voulant rendre l'exercice de l'action publique exempt de toute animosité et la soustraire à la vengeance privée, a remis la poursuite entre les mains des magistrats, afin qu'elle ait le caractère d'impartialité de la loi dont ils sont les organes (2).

L'indépendance de l'action publique est un des traits principaux de son caractère et forme une des bases fondamentales de notre législation criminelle. Elle est la garantie que la loi a consacrée pour protéger le repos et l'honneur des citoyens contre des poursuites téméraires ou injustes. Mais ce principe de l'indépendance du ministère public est-il absolu ? Peut-il refuser d'exercer l'action publique si une plainte ou une dénonciation lui est adressée ? M. Mangin le pense, car, dit-il, le ministère public de même qu'il peut agir d'office (3), étant seul juge de la gravité et opportunité des faits, il peut refuser aussi d'obtempérer aux réclamations des parties ; l'action publique a été réservée aux magistrats, dit ce criminaliste, pour empêcher que la vengeance privée ne s'introduise dans le sanctuaire de la justice instituée pour la désarmer et la prévenir. De plus, on ne peut objecter de l'intérêt de la partie civile de porter son action devant le

1. Art. 241, *C. d'inst. crim.*
2. M. Siméon, rapporteur du projet au Conseil d'État. Procès-verbal du 17 fructidor an xii.
3. Art. 4, *C. d'inst. cr.* : « La renonciation à l'action civile ne peut arrêter l'action de l'autorité publique. »

tribunal de répression à cause de la simplicité et de la rapidité de la procédure, car cette faculté n'est qu'une exception aux règles qui déterminent l'ordre des juridictions (1).

Plusieurs auteurs (2) pensent au contraire que le ministère public est obligé de mettre en mouvement l'exercice de l'action publique si une dénonciation ou une plainte lui est adressée.

La question n'était pas douteuse sous l'empire de la loi du 29 septembre 1791 et du Code de brumaire de l'an IV. Le droit d'agir était imposé d'une manière expresse aux officiers du ministère public (3). Le Code d'instruction criminelle a-t-il reproduit la même obligation ? L'art. 48 paraît l'admettre, car il est dit que « le procureur de la république instruit, soit par une dénonciation, soit par toute autre voie, qu'il a été commis dans son arrondissement un crime ou un délit..... *sera tenu* de requérir le juge d'instruction d'ordonner qu'il en soit informé. » Mais aucune sanction, aucun ordre impératif n'étant établi, l'interprétation donnée par M. Mangin a été adoptée et a passé comme un usage dominant, presque comme un aphorisme, dans les parquets (4).

Quant à nous, nous partageons l'avis de notre éminent maître M. Ortolan (5) qui pense que pour la solution de la

---

1. Mangin, *Traité de l'act. publique*, t. I, p. 34 et suiv.

2. Carnot, *De l'instr. crim.*, tom. I, p. 295, 303 et 306 ; Legraverend, *Législat. crim.*, t. I, p. 7 ; Bourguignon, *Jurisp. du Cod. crim.*, t. I, p. 166.

3. V. art. 5, tit. V de la loi du 29 sep. 1791 ; art. 3, tit. VI. — V. art. 4, Code du 3 brumaire an IV , art. 90 et 97 du même Code.

4. M Ortolan, *Éléments du dr. pén.*, t. II, p. 488.

5. T. II, p. 489 et suiv.

question il faut user de distinction. En effet, le ministère public peut refuser de mettre en mouvement l'action publique s'il se trouve seulement en présence d'une plainte ou d'une dénonciation, si personne ne se constitue partie civile, car le but de l'institution du ministère public a été de suppléer le pouvoir social aux demandes isolées des particuliers, d'empêcher que l'action publique au lieu d'avoir la belle mission de défendre les intérêts généraux de la société ne devienne un moyen de satisfaire ses passions personnelles. « Le législateur, disait M. Mourre dans son réquisitoire, devant la Cour de cassation, n'a pu vouloir astreindre les officiers du ministère public à diriger les poursuites d'office et sans l'intervention des parties civiles, sur toutes les plaintes, même les plus légères et les plus insignifiantes, sur des plaintes qui n'intéressent point directement l'ordre public, et qui souvent n'ont d'autre but que de satisfaire des passions ou des haines particulières, des intérêts de vanité ou d'amourpropre, ou de procurer, aux dépens de l'État, et sans aucune espèce d'utilité pour l'ordre social, la réparation de quelques torts légers éprouvés par des particuliers (1). » Mais lorsque la partie ne se contente pas d'une simple plainte et se constitue partie civile, elle demande réparation du dommage éprouvé, fournit des preuves et tous les éléments nécessaires au procès, le procureur de la République est obligé d'obtempérer à sa demande. Il doit mettre en mouvement l'action publique et transmettre au

1. Arr. Cass., 8 déc. 1826 (Dev. et Carr., t. VIII, p. 479).

juge d'instruction la demande accompagnée de son réquisitoire, autrement il empiéterait sur les droits de ce magistrat seul juge de la suffisance ou l'insuffisance des charges
présentées par les parties.

Les paroles prononcées par Cambacérès dans la séance du
Conseil d'État du 11 juin 1808 paraissent décisives. « La
plainte ne peut être confondue avec la dénonciation. On doit
sans doute laisser le procureur impérial libre de poursuivre
ou de ne pas poursuivre un délit qui lui est dénoncé par un
homme, qui n'en étant pas blessé n'a pas le droit d'en demander la réparation ; mais lorsque un offensé se plaint,
lorsqu'il se porte partie civile, il ne faut pas que le procureur impérial puisse le paralyser par un refus de poursuivre.
La justice veut que, dans ce cas, on permette à la partie
plaignante de recourir au juge instructeur (1). » M. Faustin-
Hélie paraît adopter la même opinion (2).

Les officiers du ministère public sont-ils seuls investis du
droit d'exercer l'action publique? Le principe de l'indépendance de l'action publique ne reçoit-il pas aucune exception ? La question fut posée au Conseil d'État par Napoléon.
Il proposa de remettre à la Cour criminelle le droit de mander
et ordonner au ministère public d'agir en cas de négligence
de sa part. Treilhard combattit vivement cette proposition :
« Dans tous les temps, dit-il, on avait distingué le ministère de
celui qui poursuit du ministère de celui qui juge, parce qu'il

1. Locré, t. XXV, p. 147.
2. T. I, n°ˢ 516, 522, 523, 624, 626.

eût été contre la justice de rendre le même individu juge et partie (1). » Et plus tard dans la séance du 22 frimaire an XIII, il ajouta : « Le procureur général peut être convaincu de l'innocence de l'homme, qu'un dénonciateur accuse ; il peut avoir des raisons valables de ne pas poursuivre même celui qu'il croit coupable... Il y aura toujours quelque danger à mettre en conflit la Cour et le procureur général. Cet officier doit être laissé en entier sous la main du gouvernement et n'être stimulé que par lui. » L'Empereur persista dans sa proposition et il dit : « Le gouvernement d'un grand État ne pouvant voir lui-même ce qui se passe sur tous les points du vaste territoire qu'il régit, il paraissait nécessaire de donner à des autorités locales le pouvoir de stimuler la partie publique lorsqu'elle sommeille ; mais, pour remplir cet objet il n'était pas besoin d'un acte direct de la part des Cours impériales. On pourrait opérer ainsi : le membre de la Cour impériale qui croirait qu'un délit demeure impuni remettrait sa dénonciation au président ; celui-ci la communiquerait au procureur, qui déduirait les motifs qui l'empêchent de poursuivre. La dénonciation et les motifs seraient envoyés au grand juge ; dès lors le gouvernement serait saisi et pourrait stimuler le procureur général s'il était négligent, l'encourager s'il était faible. » La question fut ajournée, elle fut reprise bien plus tard et décidée définitivement par l'art. 11 de la loi du 20 avril 1810 sur l'organisation judiciaire : « La Cour d'appel pourra, toutes les Chambres assemblées, entendre les dénon-

---

1. Locré, t. XXIV, p. 419.

7

ciâtions qui lui seraient faites par un de ses membres, de crimes et de délits ; elle pourra mander le procureur général pour lui enjoindre de poursuivre à raison de ces faits, ou pour entendre le compte que le procureur général lui ren_ dra des poursuites qui seraient commencées. »

Ainsi l'action publique peut être mise en mouvement non-seulement par les officiers du ministère public mais encore par les Cours d'appel, que l'art. 5 du Code d'Instr. cr. avait déjà chargées d'en surveiller l'exercice. Il faut pourtant remarquer que pour prévenir tout abus possible la loi a subordonné cet exercice à plusieurs conditions : il faut que l'injonction de poursuivre émane de la Cour en Chambres réunies et qu'elle soit provoquée par une dénonciation de la part de l'un de ses membres.

A côté de ce pouvoir, la Chambre d'accusation de la Cour d'appel peut évoquer l'instruction d'une affaire dans le but de lui donner plus de développement en faisant par exemple poursuivre des personnes qui ne figurent pas dans la première instruction. Cette attribution, l'art. 235 C. Instr. cr. l'accorde nettement à la Chambre d'accusation.

L'action publique peut encore être mise en mouvement par la partie lésée. Ce concours de la personne qui a souffert un dommage a été reconnu de tout temps. Les rédacteurs du Code l'admirent sans discussion. Cependant ils ont distingué entre la matière criminelle et la matière correctionnelle et de simple police. Dans la première, la partie lésée ne peut que porter plainte (1), se constituer partie civile, et par son

1 *Cod. instr. crim.*, art. 63.

puissant concours exercer une grande influence sur la décision. Ainsi elle peut former opposition à l'ordonnance du
juge d'instruction qui ordonne la mise en liberté du prévenu (1), faire entendre ses témoins (2), prendre part aux
délibérations, à l'interrogatoire de l'accusé.

En matière correctionnelle et de simple police, c'est la
partie civile, — ainsi appelée par opposition à la partie publique représentée par l'officier du ministère public, — qui
met en mouvement l'action par une citation directe (3). Les
juges peuvent décider et infliger une peine lors même que le
ministère public ne l'aurait pas requise.

L'action du ministère public, le droit des juges de provoquer et d'en surveiller l'exercice, enfin l'action de la partie
lésée, tels sont les trois principes qui forment la base de
l'action publique. Nous voyons trois intérêts s'y rattacher :
l'intérêt social de la répression, l'intérêt moral de la justice
et l'intérêt privé (4).

Le ministère public seul a l'exercice de l'action publique,
quant aux juges et à la partie civile ils n'ont que le droit de
la provoquer et de la mettre en mouvement.

La loi a multiplié les personnes qui peuvent concourir à
l'action publique pour assurer mieux l'accomplissement de
ses desseins, ainsi elle a chargé les juges de surveiller dans
l'intérêt de la justice, l'exercice de l'action et même de la

---

1. *Cod. instr. crim.*, art. 129 et 135.
2. *Cod. instr. crim.*, art. 315.
3. *Cod. instr. crim.*, art. 182.
4. Faustin-Hélie, *Traité d'instr. crim.*, t. 1, p. 550.

provoquer. Mais le pouvoir des juges, de même que celui du ministère public, bien qu'indépendants, n'agissent que dans le même but et ne représentent que le même intérêt, celui de l'État.

Toute poursuite criminelle peut donc donner lieu à deux actions qui, bien qu'elles aient une source commune, nous savons qu'elles sont différentes par la nature et le but qu'elles poursuivent. L'action publique exercée au nom de la société poursuit le châtiment du coupable; l'action civile par la partie lésée poursuit la réparation du dommage causé.

La société, pour se défendre contre toute atteinte portée à ses droits, délègue l'exercice de l'action publique à des officiers chargés d'une fonction spéciale et permanente. Mais cette délégation n'est pas directe comme chez les Romains, où chaque citoyen pouvait faire usage de l'action publique, mais indirecte. Elle remet le droit de la délégation au pouvoir exécutif qui, à son tour, la délègue à des agents nommés directement par lui. C'est une conséquence logique et nécessaire de la division des pouvoirs. En effet, le pouvoir exécutif est appelé à maintenir l'ordre et la sécurité publique, c'est lui qui est chargé de garantir le respect des lois et d'en opérer leur complète exécution. C'est donc au pouvoir exécutif qu'il devait appartenir ce droit de nommer des agents qui, bien qu'ils s'associent au pouvoir judiciaire dont ils constituent un élément nécessaire, participent principalement au pouvoir administratif; ils sont les instruments de ce pouvoir pour faire régner l'ordre dans la société.

Le système de la délégation directe de l'action publique

aurait de bien grands inconvénients, « car, dit M. F.-Hélie,
les membres du ministère public, élus dans chaque cité par
la cité elle-même, sont nécessairement privés et d'indépendance et d'unité. Liés aux citoyens qui les ont élus, comment
peuvent-ils secouer le poids de cette chaîne? Issus du vote
de la foule, où puiseront-ils l'autorité qui doit la contenir?
Comment exerceront-ils avec impartialité leur rigoureuse
mission quand, en sévissant contre leurs justiciables, ils
compromettront leur prochaine élection ? Attachés à chaque
localité par le lien de cette élection, ils n'en prendront pas
d'autre ; isolés du pouvoir central, ils n'en accepteront qu'a-
vec peine une domination incertaine; ils ne subiront aucune
direction absolue, aucune règle inflexible. Or, la grandeur
du ministère public est tout entière dans la puissante unité
de ses règles, dans l'impulsion suprême qui surveille ses
actes, dans la hiérarchie qui, d'une simple fonction, a fait
une merveilleuse institution. Que si l'on ôte au ministère
public cette direction centrale, si son indépendance et son
impartialité sont suspectées, la liberté individuelle et la
sûreté publique sont à la fois menacées ; car il ne resterait
plus qu'un magistrat impuissant et passionné, qui n'aurait
d'autorité que pour s'immiscer dans les intérêts privés, et
qui n'en aurait plus pour sauvegarder l'intérêt général (1). »

L'action publique appartient donc à la société, être collec-
tif, de même qu'à elle seule appartient le droit de punir. Mais
elle ne l'exerce pas d'une manière directe, elle la délègue au

1. Faustin-Hélie, *op. cit.*, t. 1, p. 557.

pouvoir exécutif pour qu'elle soit exercée en son nom par un corps judiciaire *ad hoc*, nommé collectivement le ministère public (1).

L'art. 1 Code instruction criminelle consacre notre principe : « L'action pour l'application des peines n'appartient qu'aux fonctionnaires auxquels elle est confiée par la loi. »

L'art. 22 du même Code porte de même que : « Les procureurs de la république sont chargés de la recherche et de la poursuite de tous les délits. »

L'art. 45 de la loi du 10 avril 1810 le consacre de nouveau : « Les procureurs généraux exerceront l'action de la justice criminelle dans toute l'étendue de leur ressort ; ils veilleront au maintien de l'ordre, etc. »

L'action publique n'est pas complétement laissée à la volonté des agents ministériels ; la loi n'a pas voulu qu'un intérêt aussi sacré puisse être compromis par leur inertie ou leur négligence ; elle l'a placée d'un côté sous la direction et la surveillance des supérieurs dans l'ordre hiérarchique , ce qui résulte des art. 27, 274 et 279 Code instruction criminelle, et par l'art. 47 de la loi du 10 avril 1810 sur l'organisation judiciaire : « Les procureurs généraux exerceront l'action de la justice criminelle dans toute l'étendue de leur ressort ; ils veilleront au maintien de l'ordre dans tous les tribunaux ; ils auront la surveillance de tous les officiers de police judiciaire et officiers ministériels de leur ressort. »

D'un autre côté, nous savons que l'art. 11 de la même loi a

1. M. Ortolan, *Éléments du dr. pén.*, t. II, p. 233.

chargé la Cour d'appel de donner une certaine impulsion à l'action publique en la mettant en mouvement en cas de négligence de la part des agents du ministère public.

L'action publique, une fois mise en mouvement, ne peut être empêchée de suivre son cours ordinaire par suite d'une transaction, d'un désistement ou par une renonciation aux voies de recours que la loi a ouvertes contre les jugements intervenus.

Quant à la transaction, la question n'offre aucun doute, car nous savons que l'action publique, quoique exercée par le ministère public, ne lui appartient pas. Une fois mise en mouvement, la société seule peut l'arrêter par une loi ou ordonnance d'amnistie. Cependant ce principe a été longtemps contesté. Aussi Ulpien nous dit que seulement les infractions *quæ non ad publicam læsionem sed ad rem familiarem respiciunt* peuvent être l'objet d'une transaction. Dans l'ancien droit, les transactions étaient permises, car nous savons que la composition n'était qu'une transaction entre l'accusateur et l'accusé. Les juges même pouvaient éteindre une action criminelle au moyen d'une composition. C'est l'ordonnance de 1670 qui, par son art. 17, tit. XXV, défendit les transactions. Les parties lésées pouvaient encore transiger, mais cela ne fut point un obstacle à l'exercice de l'action publique.

On comprend très-bien pourquoi le droit de transaction, admis dans l'ancien droit, n'est plus possible aujourd'hui relativement à l'action publique : tant que le système pénal n'a été que l'organisation de la vengeance privée, la transaction empêchait toute action; aujourd'hui que l'action publique est intentée en vue de la justice absolue et non dans un but de vengeance, on ne comprendrait pas le droit de transaction.

Cependant, dans certains cas, et par rapport à certaines matières, le droit de transaction gêne et arrête l'exercice de l'action publique.

L'administration des contributions indirectes des douanes et des forêts qui, ainsi que nous le verrons, a le droit d'exercer l'action publique pour quelques délits fiscaux, a aussi celui de transiger. Du reste, l'action publique dont est investie l'administration, n'est, au fond, qu'une action civile, car elle n'a pour objet que la réparation d'un dommage causé à l'État.

Le ministère public ne peut se désister de l'action publique une fois intentée. Le même motif qui l'empêche de transiger s'oppose à ce qu'il puisse s'en désister. Une fois l'action introduite, il n'est plus maître d'en disposer. Le ministère public peut bien reconnaître que les charges produites contre l'accusé sont insuffisantes, il peut même croire à son innocence, mais ce n'est pas à lui de décider s'il était bien ou mal fondé en mettant en mouvement l'action publique.

La Cour de cassation a rendu un arrêt dans ce sens; ses motifs conservent leur autorité sous la législation actuelle, bien qu'ils soient inspirés sous l'empire du Code du 3 brumaire an IV (1). « Attendu que les jugements soumis à la

---

1. Mangin, *Traité d'act. publ.*, t. I, n° 32.

censure du tribunal ont fait évidemment une application
fausse et abusive du principe consacré, l'art. 5 du Code des
délits et des peines, que l'action publique, à laquelle donne
nécessairement lieu toute espèce de délits, ne peut être exercée que par des fonctionnaires spécialement établis à cet
effet; qu'il résulte de ce principe que les officiers du ministère public ont seuls qualité pour intenter, au nom de la
société, une action pénale contre le délinquant; mais qu'il ne
suit pas de là que l'action pénale, une fois intentée, qu'une
fois les tribunaux saisis légalement par là de cette action, il
dépende de l'officier du ministère public de la rendre illusoire
par des conclusions qu'il croit devoir donner à décharge.
Que si les prévenus lui paraissent innocents, ou s'il pense
qu'aucune disposition du Code pénal ne leur est applicable,
alors, organe de la loi, il propose en cette qualité le rejet
de la demande qu'il a formée, comme agent de la société; mais la demande qu'il a formée n'en subsiste pas
moins; le tribunal qu'il en a constitué juge n'en demeure
pas moins saisi, et c'est à la conscience des magistrats à
décider. S'il en était autrement, après que le ministère public
aurait, à la suite des débats, donné ses conclusions en faveur
des prévenus, il deviendrait impossible au tribunal de rendre
même un jugement d'absolution ; ces conclusions emportant,
en effet, désistement de l'action publique, l'action publique
serait éteinte de plein droit, il ne resterait plus rien à juger,
les juges ne pourraient plus délibérer. »

Dans un arrêt plus récent, la Cour de cassation a jugé
dans le même sens : « L'action publique qui résulte d'un

pourvoi en cassation appartient à la société et non au fonctionnaire public chargé par la loi de l'exercer ; que par conséquent un procureur général n'a pas le droit de se désister
d'un pourvoi qu'il a formé; que ce pourvoi est acquis à toutes
les parties ; que, s'il est formé dans l'intérêt public, le prévenu ou l'accusé peut et doit également profiter des chances
favorables qu'il peut lui ouvrir ; que, dès lors, toutes les fois
que la Cour de cassation est légalement et régulièrement
saisie par un pourvoi déclaré dans la forme et dans les délais prescrits par la loi, il ne dépend point du procureur
général de se désister arbitrairement de ce pourvoi et de
l'anéantir de sa propre autorité (1). »

Le ministère public ne peut non plus renoncer aux voies
de recours qui lui sont ouvertes contre un jugement intervenu
sur sa poursuite, car il ne peut se refuser d'employer les garanties que la loi a établies dans l'intérêt de la justice et de
l'intérêt social. Par application de ce principe, les procureurs généraux peuvent appeler d'un jugement auquel les
procureurs de la République auront acquiescé (2).

Nous avons vu que l'action publique et l'action civile bien
que nées du même fait sont distinctes par leur nature et
poursuivent un but différent. Il en résulte qu'elles ont chacune
une existence indépendante et des règles qui lui sont propres.
Ainsi, elles peuvent n'être pas intentées simultanément.
C'est ce que nous dit l'alinéa 2, art. 3, C. Inst. cr. : « L'action

1. **Arr. Cass.**, 2 mars 1827 (Dev. et Car., t. VIII, p. 539).
2. Art. 205, *C. instr. crim.*

civile peut être poursuivie en même temps et devant les mêmes juges que l'action publique. — *Elle peut aussi l'être séparément.* » L'action civile n'est pas exercée par cela même que le ministère public exerce son action. La Cour de cassation (1) a décidé, en conséquence, que le prévenu ne peut contraindre la partie lésée d'intervenir afin qu'il soit statué en même temps sur l'action publique et civile.

Réciproquement la partie lésée peut intenter son action quoique le ministère public n'ait dirigé aucune poursuite criminelle. Art. 3, C. d'Instr. cr., 2ᵉ alinéa : « Elle (l'action civile) peut aussi l'être séparément : dans ce cas, l'exercice en est suspendu tant qu'il n'a pas été prononcé définitivement sur l'action publique intentée avant ou pendant la poursuite de l'action civile. » La Cour de cassation a consacré cette jurisprudence par plusieurs arrêts (2).

Comme conséquence de l'indépendance de ces deux actions, il peut arriver que le ministère public ne fut plus recevable à exercer son action et pourtant que l'action civile subsistât. Art. 2, C. Instr. cr. : « L'action publique pour l'application de la peine s'éteint par la mort du prévenu. L'action civile pour la réparation du dommage peut être exercée contre le prévenu et contre ses représentants. » De même en cas d'amnistie, l'action publique est éteinte, tandis que l'action civile subsiste.

Il peut arriver que le ministère public puisse exercer son

1. Arr. Cass., 30 juil. 1817 (S. P., p. 449) ; 21 juil. 1859 (Bull., n° 185).
2. Dalloz, t. 1, p. 205.

action, tandis que la partie civile fût non recevable à demander réparation du dommage éprouvé. Ainsi, malgré la renonciation, transaction ou désistement de la partie lésée, le ministère public conserve toujours le droit de poursuivre d'office l'application de la peine.

Lorsque l'accusation était dans les mains des parties lésées, la société était intéressée à surveiller leur négligence, mais depuis l'établissement d'un fonctionnaire chargé spécialement d'une telle mission, l'intérêt de la société a complétement disparu ; chacun est libre de poursuivre ou non ceux qui l'ont offensé : *Nemo agere vel accusare cogitur*. Ce principe est consacré par l'art. 4 du C. d'Instr. cr. : « La renonciation à l'action civile ne peut arrêter ni suspendre l'exercice de l'action publique. »

Le droit de la partie lésée de renoncer à son action emporte celui de transiger. Le droit de la partie lésée de transiger sur le montant des dommages-intérêts est consacré d'une manière formelle par l'art. 2046 du C. Nap. : « On peut transiger sur l'intérêt civil qui résulte d'un délit. La transaction n'empêche pas la poursuite du ministère public. » L'art. 246 C. Pr. civile soumet la transaction des parties en ce qui concerne le faux incident a l'homologation du tribunal. « Aucune transaction sur la poursuite du faux incident, dit l'article, ne pourra être exécutée, si elle n'a été homologuée en justice, après avoir été communiquée au ministère public, lequel pourra faire à ce sujet telles réquisitions qu'il jugera à propos. » Quel est le sens de cette disposition ? dans quel bu- exige-t-on une homologation ? Les auteurs ne sont pas d'ac-

cord sur la question. Suivant Carré (1), le tribunal a tout
pouvoir de refuser ou accorder homologation et la transaction n'est valable que par cette formalité. Suivant
Pigeau (2), la transaction pour être exécutée entre les
parties n'a pas besoin d'être homologuée par la justice.
Mais elle ne peut être exécutée en ce qui concerne l'intérêt
public si elle n'a pas été homologuée par le tribunal. Cette
opinion est partagée aussi par Boncenne (3). Mangin (4)
et M. Faustin-Hélie (5). Dans ce système qui est aussi le
nôtre, le but de l'homologation est de mettre à même le ministère public, en cas d'un faux incident civil, de requérir
le dépôt des pièces arguées de faux, en découvrir et poursuivre les auteurs. L'article donc n'apporte aucune entrave
au droit de transaction des parties.

Le droit de la partie civile de se désister de sa demande lui
a été toujours reconnu dans l'ancienne jurisprudence : « Il
est permis à la partie civile, dit Imbert, sans attendre le
consentement des gens du Roy, de se départir de quelque
accusation, attendu la règle générale de droit qui est que nul
ne peut estre contraint de poursuivre un autre en jugement (6). » L'art. 66 C. Instr. cr. qui n'est que la reproduction de l'art. 5 du titre III de l'ordonnance de 1670 accorde
le même droit à la partie lésée. L'art. 66 porte : « Les plai-

1. *L. de la Procéd.*, questions 958 et 959.
2. *Proc. civ.*, t. I, p. 344.
3. Boncenne, t. IV, p. 142.
4. Mangin, *op. cit.*, t. I, p. 57.
5. *Traité d'instr. crim.*, t. II, p. 57.
6. *Enchiridion*, V. Accusés ; Ayrault, liv. II, 4e part., n° 78 et 5.

gnants ne seront réputés parties civiles s'ils ne le déclarent
formellement, soit par la plainte, soit par acte subséquent,
ou s'ils ne prennent, par l'une ou par l'autre, les conclusions
en dommages-intérêts; ils pourront se départir dans les
vingt-quatre heures ; dans le cas de désistement, ils ne sont
pas tenus des frais depuis qu'il aura été signifié, sans préjudice néanmoins des dommages-intérêts, s'il y a lieu. » Le
désistement peut donc être fait vingt-quatre heures après
que la partie lésée s'est constituée partie civile. Mais ce désistement ne porte que sur sa qualité de partie civile et non
sur celle de plaignant. Il cesse donc d'être partie civile, et
par conséquent d'être tenu des frais ; il ne cesse pas d'être
plaignant, et par conséquent exposé à être poursuivi comme
coupable d'une dénonciation calomnieuse. Il n'en était pas de
même sous la loi du 3 brumaire an IV. Le désistement, sous
l'empire de cette loi, produisait un effet tout différent. La
partie avait toujours vingt-quatre heures pour se désister à
partir de la plainte, mais le désistement avait pour effet
d'effacer complétement la plainte et la considérer comme
non avenue. Le plaignant était à l'abri de toute poursuite. Il
ne pouvait être exposé à payer les frais de l'instance en cas
de l'acquittement du prévenu, de même qu'il ne pouvait être
obligé à payer des dommages-intérêts pour dénonciation calomnieuse, car par le désistement il renonçait non-seulement
à la qualité de partie civile, mais même à la qualité de plaignant (1). L'action civile est donc aux mains de la partie

---

1. Boitard, *Lecons d'instr. crim.*, p. 529 et 530.

lésée une arme, qu'il lui appartient de manier ou de laisser de côté : cependant, il est quelques cas où la partie voit ses pouvoirs restreints : par exemple dans l'hypothèse prévue par l'article 199 C. N., l'action civile est intentée par l'office du ministère public. Cette dérogation aux règles générales s'explique par des raisons spéciales et par la nature du fait criminel relevé.

Une des principales différences qui existe entre l'action publique et l'action civile est encore celle relative aux règles de compétence établies pour ces deux actions.

L'action publique en général ne peut être portée que devant une juridiction criminelle. Cependant dans quelques cas particuliers, l'action publique est exercée devant des tribunaux non compétents en matière criminelle : ainsi en matière de contravention à la grande voirie, les poursuites sont portées devant le conseil de préfecture ; — de même le Code Nap. en cas de séparation de corps fait une exception à cette règle. L'art. 308 reconnaît au tribunal civil le droit de prononcer contre la femme pour cause d'adultère et sur la réquisition du ministère public un emprisonnement de trois mois à deux ans. Le même droit lui était déféré par l'art. 298 C. N. avant la loi du 8 mai 1816 qui a aboli le divorce.

Pour l'action civile il en est différemment. Elle peut être portée devant les tribunaux criminels, conjointement avec l'action publique ou séparément devant la juridiction civile.

La faculté d'option, laissée à la partie lésée, est soumise à certaines règles. Ainsi l'action civile ne peut être intentée devant une juridiction criminelle qu'autant qu'elle est saisie de l'action publique. « L'action civile, dit l'art. 3 C. Instr. cr., peut être poursuivie en même temps et devant les mêmes juges que l'action publique. » Le juge criminel ne peut connaître de l'action civile qu'accessoirement à l'action publique, car, d'après les règles de sa compétence, il ne peut statuer sur la responsabilité civile, tant que le prévenu n'est pas traduit devant le tribunal de répression. Quelquefois le tribunal criminel compétent pour connaître de l'action publique ne peut pas connaître de l'action civile, même accessoirement : par exemple les conseils de guerre.

Comme conséquence de la même règle il faut décider que lorsque par une cause quelconque, comme le décès du prévenu, l'amnistie ou la prescription, l'action publique est éteinte, l'action civile ne peut plus être intentée devant la juridiction criminelle (1).

L'incompétence des tribunaux de répression, pour statuer sur les intérêts privés, est d'ordre publique, elle peut par conséquent être proposée en tout état de cause, en première instance comme en appel. « Attendu que, dans l'état de séparation des actions publique et civile, l'incompétence du tribunal de police pour statuer sur l'action civile, est matérielle et absolue ; qu'elle a donc pu être proposée en tout état de cause, et conséquemment être accueillie comme moyen valable d'appel » (2).

La partie civile, après avoir porté son action des dom-

---

1. Arr. Cass., 9 mai 1812 (Bull., n° 118); Cass.. 2 août 1856 (Bull., n° 276).
2. Arr Cass., 11 sept. 1818 (Lir. 1819, I, 118).

mages-intérêts devant la juridiction civile, ne peut plus y renoncer pour se présenter de nouveau devant la juridiction criminelle, car en optant pour l'une, elle est censée avoir renoncé à l'autre. C'est l'application d'un ancien adage : « *Electa una via, non datur recursus ad alteram.* » M. le président Barris (1) prétend que cette règle, née sous la législation ancienne et que la jurisprudence a consacrée dans la nouvelle, est fondée sur l'humanité et même la justice, car il n'est pas permis qu'on traîne ainsi un accusé d'une juridiction devant une autre, et qu'on décline, à son préjudice, celle qu'on a volontairement saisie, parce qu'on ne la croira peut être pas favorable aux demandes qu'on a formées devant elle.

Cette règle, toute d'équité et de justice, ne résulte nullement de l'art. 3, C. Instr. cr., ainsi que l'a prétendu M. Mangin (2). « Il faut la considérer, dit fort judicieusement M. Faustin-Hélie (3), comme une maxime commune qui puise toute sa force dans la raison qui l'a fondée. » Comme application de cette règle, la Cour de cassation a décidé que celui qui a réclamé, par la voie civile, la restitution d'un dépôt volontaire, ne peut ensuite rendre plainte devant le tribunal correctionnel en violation d'un dépôt (4). Dans une autre hypothèse, la Cour de cassation a jugé que celui qui a saisi le juge de paix d'une action résultant de l'enlèvement

1. *Rép. de Jurispr.*, V. *Délit*, § 1, t. IV, p. 264.
2. *Op. cit.*, t. I, p. 67.
3. *Op. cit.*, t. I, p. 65.
4. Arr. Cass., 11 févr. 1832 (*J. du dr. crim.*, t. IV, p. 46).

8

d'une récolte, ne peut porter devant le tribunal correctionnel une plainte en soustraction frauduleuse de cette même
récolte (1). Notre règle reçoit pourtant quelques exceptions.
Ainsi l'art. 250, C. Pr. civile, consacre une première exception : « Le demandeur en faux pourra toujours se pourvoir
par la voie criminelle en faux principal, et dans ce cas, il
sera sursis au jugement de la cause, à moins que les juges
n'estiment que le procès ne puisse être jugé indépendamment de la pièce arguée de faux. »

Une autre exception est indiquée par le président Barris (2) : « Lorsque les tribunaux civils, dit-il, ont été saisis
sur une demande dont les éléments paraissent absolument
civils. Si, depuis l'introduction de cette demande, il se dé-
couvre des faits qu'on avait dû ignorer et qui puissent donner
à l'affaire un caractère criminel, on doit être, dans ce cas
admis à intenter une action criminelle. Pour que la voie
civile puisse exclure la voie criminelle, il faut qu'elle ait été
prise avec choix et en connaissance de cause. »

Nous trouvons dans le Code de Justinien un exemple
(loi 22, *de Furtis et servo corrupto*) d'une pareille faculté.
La personne qui a abandonné une action peut en former une
nouvelle en cas que de nouvelles circonstances modifient le
fait contesté.

La partie lésée qui a pris la voie criminelle peut-elle l'a-
bandonner pour prendre la voie civile ? L'affirmative n'est

1. Arr. Cass., 9 mai 1828 (Bull., n° 140).
2. *Rép. de Jurispr.*, V. *Délit*, § 1.

pas douteuse en cas que la juridiction criminelle se déclare incompétente, car, pour que la partie civile ne soit pas recevable, à abandonner la voie criminelle pour prendre la voie civile, il faut que la juridiction criminelle soit compétente pour en connaître. On ne peut lui défendre de se porter devant les tribunaux civils que dans le cas seulement où les tribunaux de répression ont été saisis et peuvent statuer sur son action. Il résulte, qu'en cas de déclaration d'incompétence du tribunal criminel la partie lésée conserve intact son droit d'option. Elle peut donc se porter soit devant la juridiction civile ou saisir de nouveau la juridiction criminelle lorsqu'elle serasaisie aussi de l'action publique.

Cette règle a été consacrée par la Cour de cassation. Dans une espèce où un individu ayant saisi le tribunal de police pour un fait d'injures, le tribunal se déclarait incompétent parce que les injures avaient un caractère diffamatoire qui les rendaient de la compétence du tribunal correctionnel. Le plaignant se porte de nouveau devant le même juge de paix comme juge civil, il se déclare de nouveau incompétent à raison que le plaignant avait pris la voie criminelle et qu'il ne pouvait plus l'abandonner. La Cour de cassation a cassé le dernier jugement : « Attendu que le tribunal de police n'est point saisi réellement de l'action lorsque, au lieu de recevoir la plainte il s'est déclaré incompétent pour en connaître ; que, par suite, en ce cas, le juge de paix demeure compétent pour en connaître ; qu'il est de principe certain que, tant que le tribunal de police n'a pas prononcé sur la plainte au fond, la partie a le droit d'abandonner cette voie de poursuite et de se pourvoir par action civile devant le juge de paix, toujours compétent ponr en connaître, etc. (1). »

La même solution doit être admise en cas que le tribunal de répression s'est déclaré incompétent, soit parce que le fait de la plainte ne constitue ni délit ni contravention, soit qu'il y a chose jugée sur la poursuite.

La question devient plus délicate lorsque la partie lésée, qui a pris la voie criminelle, veut se désister, avant qu'il y ait été statué, pour saisir le tribunal civil. Que faut-il décider dans ce cas ? Les auteurs ne sont pas d'accord sur la question. M. Merlin, qui professe la même doctrine que la Cour de cassation (2), se prononce en faveur de la partie lésée qui veut user d'un pareil droit, attendu, dit-il, que le prévenu ne peut se plaindre que la partie lésée préfère une voie douce à la voie rigoureuse qu'elle avait prise antérieurement. « Comme il m'est permis, dit-il, de renoncer à mon propre avantage, et que mon adversaire ne serait pas recevable à se plaindre de ce que je n'use pas contre lui de toute la rigueur de mon droit, je peux, après avoir rendu plainte d'un délit qui m'a causé un dommage et avant qu'il y ait été statué, prendre la voie civile, comme je peux, après avoir intenté l'action possessoire, m'en désister et revenir à l'action pétitoire » (3). M. Mangin (4) pense, au contraire, que dans

1. Arr. Cass., 21 nov. 1825 (Sir., t. XXVI, p. 86).
2. Arr. Cass., 21 nov. 1825 (Sir., t. XXII, p. 86).
3. Merlin, *Questions de droit*, V. *Option*, § 1.
4. *Act. publique et civile*, t. I, p. 71 et 72.

l'état actuel de la législation le prévenu ne peut avoir aucun avantage de la renonciation de la partie civile, car le ministère public instruit du fait par la plainte ou la citation, retiendra l'affaire pour la poursuivre d'office et exposera de cette manière le prévenu à subir deux procès au lieu d'un.

Nous croyons, avec M. Faustin-Hélie (1), que la partie lésée peut se désister de la plainte et revenir à la juridiction civile. Il faut en premier lieu écarter la règle : *una via electa, non datur recursus ad alterum*, car ne reposant sur aucun texte de droit ne peut être invoquée que comme une raison d'équité et de justice. Le prévenu, selon nous, peut avoir grand intérêt que la partie lésée désiste, car si l'action publique n'est pas exercée, il lui sera épargnée cette flétrissure qui accompagne, en général, toute poursuite criminelle. Même dans le cas d'une poursuite d'office, le prévenu aura encore l'avantage de voir la partie lésée se désister de son action, car l'action du ministère publique sera bien moins redoutable, n'étant pas animée par l'accession de l'action civile.

Nous avons vu que l'action civile peut être portée simultanément avec l'action publique devant la juridiction criminelle. L'art. 67, C. inst. cr., permet à la partie lésée en cas qu'elle ne s'est pas constituée au même moment à intervenir, même dans le cours de l'instruction. Art. 67 : « Les plaignants pourront se porter partie civile en tout état de cause jusqu'à la clôture des débats. »

1. *Op. cit.*, t. II, p. 70.

Mais ces deux actions, quoique portées devant le même tribunal, n'en demeurent pas moins distinctes ; ainsi le ministère public ne peut demander des dommages-intérêts au profit de la partie lésée, si elle n'intervient pas pour les réclamer (1), de même, il ne peut interjeter appel d'un jugement qui a refusé des dommages-intérêts à la partie civile qui en avait demandé.

Réciproquement, en vertu de l'art. 202 C. inst. cr., l'appel interjeté par la partie civile n'a aucune influence sur le jugement intervenu sur l'action publique ; ainsi, il peut acquérir l'autorité de la chose jugée nonobstant l'appel de la partie lésée ; de plus, le tribunal supérieur saisi sur l'appel ne peut alléger ou aggraver la peine qui a été infligée au prévenu, de même qu'il ne peut le condamner s'il a été acquitté. Enfin, par application des mêmes principes, l'opposition faite par la partie lésée au jugement par défaut qui l'a condamnée ne peut autoriser le tribunal à revenir sur sa décision en ce qui concerne l'action publique (2).

1. Arr. Cass , 16 nov. 1821 (Bull., p. 502, *Ann.*, 1821).
2. Dalloz, t. IX. p. 763.

SECTION II.

DE L'ÉTENDUE DE L'ACTION PUBLIQUE ET DE L'ACTION CIVILE.

Dans l'ancien droit français on distinguait, les *délits publics* des *délits privés*. Les premiers punis par des peines afflictives et infamantes étaient les seuls qui pouvaient être poursuivis par les agents du ministère public. Les autres, qui n'entraînaient pas de peines aussi graves, ne pouvaient être poursuivis que par les parties lésées. En conséquence, les délits publics ne pouvaient être l'objet d'une transaction entre les parties, tandis qu'on pouvait renoncer par un désistement ou une transaction à l'action qui donnait lieu à ces délits privés. En effet, l'art. 19, titre xxv, de l'ordonnance de 1670, porte : « Enjoignons à nos procureurs et à ceux des seigneurs de poursuivre incessamment ceux qui sont prévenus de crimes capitaux, ou auxquels il écherra peine afflictive ; nonobstant toutes transactions et cessions de droits faites par les parties ; et à l'égard de tous les autres, seront les transactions exécutées, sans que nos procureurs puissent en faire aucune poursuite. »

Aujourd'hui, toute distinction entre les délits publics et délits privés a complétement disparue (1). L'infraction

1. Mangin, t. I, n° 7.

aux lois pénales qui entraînent des peines afflictives et infamantes, porte une grave atteinte à la société; mais celle-ci n'en est pas moins offensé par des faits qui entraînent des peines moindres. Ainsi , aujourd'hui toute infraction aux lois qui garantissent la liberté et la propriété des personnes , crime , délit ou contravention de simple police, donne indistinctement lieu à l'action publique et à l'action civile. De même que, la loi pénale est applicable à tous les membres de la société, sans distinction de rang et de titre ; l'action publique résultant d'un fait délictueux peut aussi être exercée contre tous les crimes, délits et contraventions commis sur le territoire, sans avoir égard à la nationalité des personnes qui en sont les auteurs. Ce principe résulte de l'art. 3, C. N. qui décide que « les lois de police et de sûreté obligent tous ceux qui habitent le territoire ». La société, dans un but de conservation et pour empêcher, par l'exemple, le renouvellement des infractions aux lois pénales, n'a pu permettre à un étranger de violer impunément la loi du territoire sur lequel il se trouve. M. Portalis disait dans l'exposé des motifs : « Il est des lois sans lesquelles un État ne saurait subsister , ces lois sont toutes celles qui maintiennent la police de l'État et qui veillent à sa sûreté. Nous déclarons que les lois de cet importance obligent indistinctement tous ceux qui habitent le territoire. Il ne peut à cet égard exister aucune différence entre les citoyens et les étrangers. Un étranger devient le sujet casuel de la loi du pays dans lequel il passe ou dans lequel il réside. Dans le cours de son voyage, ou pendant le temps plus ou moins long de sa résidence, il est protégé par cette loi, il doit donc la respecter à son tour ; l'hospitalité qu'on lui donne appelle et force cette reconnaissance. D'autre part, chaque État a le droit de veiller à sa conservation, et c'est dans ce droit que réside sa souveraineté. Or, comment un État pourrait-il se conserver et se maintenir s'il existait dans son sein des hommes qui pussent impunément enfreindre la police et troubler sa tranquillité ? Le pouvoir souverain ne pourrait remplir la fin pour laquelle il est établi, si des hommes étrangers ou nationaux étaient indépendants de ce pouvoir. Il ne peut être limité, ni quant aux choses, ni quant aux personnes. Il n'est rien, s'il n'est tout. La qualité d'étranger ne saurait être une exception légitime pour celui qui s'en prévaut contre la puissance publique, qui régit le pays dans lequel il réside. Habiter le territoire, c'est se soumettre à la souveraineté. Tel est le droit politique de toutes les nations. »

Ainsi le principe est que c'est au lieu où le délit a été commis qu'il faut s'attacher pour le punir. Peu importe qu'il l'ait été par un étranger contre un autre étranger ou par un français contre un étranger et réciproquement, cette compétence du juge du lieu est fondée non-seulement dans la souveraineté de la nation dont parle M. Portalis, mais encore dans l'ordre et la justice elle-même (1). Par application de ce principe la Cour de cassation a rejeté le pourvoi d'un Espagnol contre un arrêt qui l'avait condam-

1. Faustin-Hélie, *Op. cit.*, t. II, p. 78.

né à la peine des travaux forcés à perpétuité, pour crime de meurtre sur la personne d'un autre Espagnol qui se trouvait en France comme lui (1). La Cour de cassation par deux arrêts (2) elle a donné à ce principe une extension plus grande en accordant même aux étrangers qui ne résident pas sur le territoire, la protection des lois françaises.

Nous avons déduit comme un corollaire nécessaire de l'art. 3 du Code Napoléon, le principe que l'action publique s'exerce contre tous les crimes, délits ou contraventions qui sont commis sur le territoire français. Pour déterminer donc l'étendue de l'action publique et de l'action civile, il faut examiner ce qu'on entend en législation par *territoire*.

En langage juridique, le territoire n'est pas seulement les contrées où un pays peut exercer sa souveraineté et qui s'étendent jusqu'à ses frontières, mais par suite des circonstances nées des différents rapports internationaux il peut s'étendre même au-delà de ses limites naturelles ou conventionnelles (3). Ainsi, par suite d'une fiction de droit, le territoire comprend : 1° Les lieux étrangers où flotte le drapeau français ; 2° la partie de la mer sur laquelle l'État peut, de la côte, faire respecter son pouvoir, et 3° les navires en mer ou dans les ports étrangers qui sont regardés comme

1. Mangin, t. 1, p. 57, 104.
2. Arr. Cass., 31 janv. 1822 (J. P., t. XVII, p. 50). Arr. Cass., 22 juin 1826 (J. P., t. XX, p. 603).
3. Faustin-Hélie, t. II, p. 81.

une partie flottante du territoire de l'État dont ils dépendent.

Le *premier cas* n'est que l'application de la maxime : là où est le drapeau, là est la France. En conséquence, tous les délits commis par les militaires faisant partie d'un corps d'armée, dans un pays neutre ou ami, sont justiciables des lois françaises. La loi du 22 septembre et du 15 octobre 1790 ; la loi du 13 Brumaire an v et enfin la loi de justice militaire de 1857 confirment notre principe.

La loi du 28 mai 1836, sur les crimes commis dans les échelles du Levant et de Barbarie, fait une autre application de même principe. L'art. 82 porte : « Dans tous les cas qui intéressent la politique ou la sûreté du commerce de nos sujets dans les pays étrangers, pourront nos consuls faire arrêter et renvoyer en France, par le premier navire de la nation, tout Français qui, par sa mauvaise conduite et par ses intrigues, pourrait être nuisible au bien général. » Suivant les dispositions de cette loi, le consul est chargé de l'instruction de chaque affaire. En cas qu'elle ne constitue qu'un délit ou contravention, elle est portée devant le tribunal consulaire composé du consul et deux notables sauf appel à la Cour d'Aix: Si le fait constitue un crime, le consul est obligé de renvoyer l'affaire au procureur général près la même Cour pour suivre son cours ordinaire.

Le *deuxième cas* de l'extension du territoire a pour objet la partie de la mer sur laquelle l'État peut faire respecter son pouvoir. Tous les délits commis sur cette partie de la mer que les publicistes ont appelée *territoriale*, sont réputés être commis sur le territoire même, et par conséquent justiciables des tribunaux français établis sur le territoire.

Quelle est l'étendue de la mer territoriale ? L'opinion générale des publicistes est, comme nous l'avons dit plus haut, d'étendre la souveraineté de l'État, dont la mer forme une de ses frontières, jusqu'au point où l'État peut respecter son pouvoir, c'est-à-dire une bande de mer s'étendant jusqu'à une portée de canon du rivage (1). M. Th. Ortolan dit à cet égard : « Puisque, d'une part, le pouvoir de chaque nation sur la mer adjacente à ses côtes est fondé sur son droit de défense, et ne doit s'étendre que jusqu'au point d'où peuvent commencer les craintes sérieuses d'attaque et de danger ; et puisque, d'autre part, ce pouvoir comprend la législation, la surveillance, la juridiction et même l'emploi de la force publique, il ne doit pas aller au-delà du point que cette force peut atteindre..... La plus forte portée du canon, selon le progrès de l'art à chaque époque, est donc la meilleure mesure universelle à adopter (2). » La portée pratique de cette souveraineté sur la mer, voisine des côtes, dit M. Bluntschli (3), s'est notablement accrue depuis l'invention des canons à longue portée : « l'origine elle s'étendait à la distance d'un jet de pierre de la côte ; elle

1. Grotius, liv. II, ch. III, § 13, n° 2. Vattel, liv. I, ch. XXIII, § 289. M. Bluntschli, *Droit international codifié*, traduction Landy, p. 175.

2. M. Th. Ortolan, *Règles internationales et diplomatie de la mer*, t. I, p. 175.

3. *Op. cit.*, p. 176.

s'étendit plus tard jusqu'à portée de flèche ; les armes à feu furent inventées, et par des progrès rapides on est arrivé aux canons à longue portée. Mais on a conservé le principe :
« *Terræ dominium finitur, ubi finitur armorem vis.* »

Le *troisième* cas de l'extension du territoire consiste à regar·der les navires comme les parties flottantes du territoire de l'État dont ils dépendent. Ce principe a été reconnu depuis longtemps. « Il existe, en effet, dit M. Bluntschli, un lien naturel et patriotique entre le navire et la terre qu'il quitte ; le pavillon en est le symbole (1). » Ce principe, universellement reconnu (2), a eu principalement pour but d'étendre la puissance de la nation et ses ressources commerciales, par le moyen, de la marine de guerre et de la marine marchande.

Lorsque les navires se trouvent en pleine mer, la souveraineté de l'État dont ils portent le pavillon est absolue. En conséquence, tous les crimes et délits commis pendant la traversée appartiennent exclusivement aux juridictions de cet État. Mais quant aux crimes et délits commis à bord des bâtiments de guerre ou de commerce mouillés dans les eaux d'un autre État, il faut distinguer : ceux commis à bord d'un bâtiment de guerre par les gens de l'équipage ou par des étrangers sont soumis aux juridictions nationales en vertu du principe de l'exterritorialité. Quant aux bâtiments de commerce, la compétence nationale est reconnue seulement pour

1. *Droit intern. codifié*, trad. Lardy, p. 182.
2. Vattel, liv. I, ch. xix, § 216. Wheaton, *Éléments de droit interna·tional*, t. I, part. 2, ch. ii, § 10. Th. Ortolan, t. I, p. 222.

les conflits entre les gens de l'équipage, mais la juridiction locale est souveraine pour tous les crimes et délits commis contre un étranger ou même par les gens de l'équipage entre eux si l'ordre public et la tranquillité du port sont compromis (1).

Le conflit de ces deux juridictions nationale et locale nous amène à examiner le caractère et les prérogatives dont jouissent en France les agents diplomatiques.

Une règle établie sur d'anciens usages reconnaît aux différentes classes de représentants : ambassadeurs envoyés ou ministres plénipotentiaires, ministres résidents et chargés d'affaires, une protection spéciale qui les rend indépendants de la juridiction de l'État auprès duquel ils sont accrédités. Cette prérogative, nommée privilége de l'exterritorialité, est une exception au principe général de l'art. 3 Code Napoléon, qui soumet tous les habitants du territoire aux lois de police et de sûreté. L'inviolabilité des agents diplomatiques est un des principes du droit des gens qui a été reconnu le plus anciennement, non pas seulement par les nations civilisées, mais même par les barbares. « Dans l'antiquité, dit M. Bluns-schli (2), les envoyés étaient placés sous la protection des dieux, et comme tels étaient des *personæ sanctæ* ; la crainte des dieux suppléait à l'impuissance du droit international. Le monde moderne les met sous la protection du droit, c'est-à-dire de la loi humaine et non plus de la loi divine. »

1. V. Faustin-Hélie, *Op. cit.*, t. II, p. 92-93. Décret du 24 mars 1852 relatif à la discipline de la marine marchande.
2. *Op. cit.*, p. 133.

Quelle est au juste la situation des agents diplomatiques ?
Ces personnes, qui ont pour mission de représenter un État
auprès d'un autre, jouissent-elles d'une complète inviolabilité ? Le privilége d'exterritorialité peut-il empêcher qu'on
les poursuive à raison des infractions qu'ils ont pu commettre
sur le territoire français ? Chez les Romains, la personne
des ministres étrangers était sacrée : *sancti habentur legati* (L. 17 *De legationibus*, Dig.). Le droit des gens était
violé même par une insulte portée à un ministre d'une
puissance ennemie : « *Si quis legatum hostium pulsasset,
contra jus gentium id commissum esse existimatur.* »

Dans les temps modernes, différentes opinions ont été
émises sur ce point. Des publicistes comme Huber (1), Byn-
kerskock (2), Vattel (3) et Montesquieu (4) prétendent qu'il
faut accorder aux ministres étrangers une entière indépendance de la juridiction et de l'autorité de l'État où ils résident. Grotius (5), dont Huber dit que son opinion a prévalu,
s'exprime ainsi : « Selon le droit des gens, comme un ambassadeur représente, par une espèce de fiction, la personne
même de son maître, il est aussi regardé, par une fiction
semblable, comme étant hors de la puissance auprès de qui
il exerce ses fonctions. . Si donc il vient à commettre quelque
crime, dont on croit pouvoir ne pas se formaliser, il faut ou

1. *Prælectiones juris civilis*, titre, *de in jus vocando*. Sect., *de arrest.
personarum*, n° 6.
2. *De foro competendi legatorum*, ch. VIII, § 2.
3. *Le droit de gens*. L. IV, ch. VII.
4. *Esprit des lois*. L. XXVI, ch. XXI.
5. Trad. de Barbeyrac, l. II, ch. XVIII, § 4, n° 8.

faire semblant de l'ignorer, ou ordonner à l'ambassadeur de sortir de nos États. » Une autre opinion (1) leur conteste toute immunité de juridiction en leur reconnaissant cependant l'inviolabilité.

Nous partageons l'avis de M. Merlin (2) qui accorde aux ministres étrangers une complète indépendance en les soumettant à la juridiction locale lorsqu'ils se livrent à des manœuvres qui peuvent être considérées comme crime d'État, ou qui troublent la sécurité publique ; car, à côté du principe d'inviolabilité, il en existe un autre qui est bien supérieur, celui de la justice, à côté de l'intérêt d'un privilége se trouve l'intérêt de la conservation de l'État. Ainsi, l'immunité des envoyés est un principe qui n'est pas absolu : « La justice territoriale peut admettre, comme une exception, l'indépendance des ministres étrangers, mais cette indépendance, sollicitée par des rapports internationaux, est subordonnée à un intérêt plus grave, la répression des attentats qui menaceraient l'ordre et l'existence même de l'État. » Il est clair que l'État n'a pas le même intérêt à la répression d'une infraction légère ou d'une infraction grave, d'un attentat qui n'atteint qu'un intérêt privé ou d'un attentat qui menace un intérêt public ; on peut donc admettre que, lorsqu'il s'agit d'infractions secondaires ou purement privées, la juridiction locale peut être suspendue sans un péril imminent pour la sécurité sociale. Mais si le ministre étranger a

____

1. Antonio do Vera : *Le parfait ambassadeur*, n° 45.
2. *Minist. publ.*, s. v, § 4, art. 111.

pris part à des crimes graves, si il a fomenté des révoltes et
ourdi des complots contre l'État sur les terres duquel il réside,
s'il s'est livré à des actes de violence, à des attentats contre
les personnes, est-ce que la justice peut demeurer oisive (1) ?»
M. Bluntschli (2) a déterminé d'une manière saisissante
le caractère de leurs attributions : « L'immunité des envoyés,
dit-il, est un droit purement négatif : elle empêche l'application des lois contre la personne jouissant de l'exterritorialité,
mais elle n'est pas un droit positif de cette personne d'attaquer de son côté l'État qui lui accorde cette faveur. L'État,
en respectant l'envoyé étranger, rend hommage à sa propre
souveraineté ; mais il n'est nullement tenu de tolérer sur son
territoire un ennemi déclaré. »

La famille des agents diplomatiques, leurs employés, ses
serviteurs, jouissent des mêmes immunités que lui. Il
faut pourtant faire exception pour les employés attachés
à sa personne et les domestiques qui sont sujets du pays
où réside le ministre étranger ; dans quel cas ils sont
justiciables des tribunaux du pays (3). Le privilége de
l'exterritorialité s'étend aussi à l'habitation qu'occupe
le ministre étranger. On a reconnu le caractère exter-
ritorial à l'hôtel d'un ministre étranger |pour le pro-
téger contre toute perquisition des autorités locales, qui,
sous différents prétextes, voudraient connaître le secret

1. Faustin-Hélie, *Op. cit.*, t. II, p. 169.
2. *Op. cit.*, p. 113.
3. Vattel, *op. cit.*, l. IV, ch. ix, n° 123 et 124.

de ses papiers et exposer sa personne à des avanies (1).

Cependant il ne faut pas trop exagérer ce principe. A Rome et au moyen âge l'abus du droit d'asile s'expliquait par le besoin de soustraire les accusés à la vengeance privée et à la justice barbare de l'époque. Mais aujourd'hui qu'il est admis le principe qu'on ne peut se soustraire à la responsabilité de ses actes, cette coutume n'a plus sa raison d'être ; autrement, selon la judicieuse remarque de M. F. Hélie, l'indépendance des ambassadeurs absorberait complétement l'indépendance des gouvernements. La Cour de cassation a confirmé cette doctrine par l'arrêt du 13 octobre 1865. Un sujet russe, qui avait commis une tentative d'assassinat sur un secrétaire de l'ambassade, avait dans son pourvoi excipé de la nationalité étrangère pour faire déclarer l'incompétence de la jurisprudence française. La Cour a rejeté le pourvoi, attendu que la fiction qui qualifie l'hôtel d'un ambassadeur de terre étrangère a pour but la protection du caractère et de la personne du ministre ; qu'elle ne peut s'étendre au delà, et notamment à des actes qui compromett nt sa sûreté (2).

Les consuls jouissent-ils des mêmes immunités que les agents diplomatiques ? Non ; ils ne sont pas les représentants de leurs souverains, ils sont seulement chargés de protéger les intérêts de leurs nationaux et de veiller à leurs droits. Dans ce but et pour pouvoir exercer ses fonctions, il faut que

---

1. Vattel, n° 117; Bluntschli, p. 119, n° 150.
2. V. Faustin Hélie, *Traité d'instr. cr.*, t. II, p. 118, note 1.

le gouvernement où il siége lui accorde l'*exequatur*, qui consiste dans un ordre donné aux autorités locales d'entrer en relations officielles avec lui (1). Les consuls · n'ont aucun droit à l'exterritorialité ; par conséquent, ils sont soumis aux tribunaux du lieu où ils siégent pour tout crime, délit ou contravention ;· leur importance internationale exige néanmoins qu'on use à leur égard de ménagements, à raison de leur position officielle, qui les protégent et leur assurent le libre exercice de leurs fonctions (2).

Nous avons dit que la loi pénale est applicable à toutes les personnes qui résident en France, nationaux ou étrangers (art. 3 Code Napoléon). M. Portalis disait à ce sujet dans son exposé des motifs : « Il est des lois sans lesquelles un État ne saurait subsister. Ces lois sont toutes celles qui maintiennent la police de l'État et qui veillent à sa sûreté. Ces lois obligent indistinctement tous ceux qui habitent le territoire. » Mais, sauf ce caractère *territorial,* la loi pénale peut être aussi *personnelle,* car elle peut saisir les citoyens qui ont commis des crimes hors du territoire. Elle est donc *territoriale* et *personnelle* à la fois. Territoriale, parce qu'elle poursuit toutes les personnes qui se trouvent sur le territoire, et personnelle en ce sens qu'elle peut saisir les citoyens même sur le territoire étranger pour régler leur capacité morale, comme le statut personnel règle leur capacité civile.

1. V. Bluntschli, p. 151, n° 246.
2. V. Bluntschli, p. 159, n° 268.

Ce principe de la personnalité des lois pénales, nous le trouvons dans l'ancien droit français (1) aussi bien que dans le droit intermédiaire. L'art. 11 du Code du 3 brumaire an IV disait formellement : « Tout Français qui s'est rendu coupable, hors du territoire de la République, d'un délit auquel les lois françaises infligent une peine afflictive ou infamante, est jugé et puni en France lorsqu'il y est arrêté. »

Quelle est la raison de cette extension de la loi pénale ? Dans quel but attribuer le caractère du statut personnel à une loi qui paraît être essentiellement territoriale ? Il résulte des discussions qui eurent lieu en 1804 (2) et 1842 (3) à l'occasion des art. 5, 6 et 7 Code d'instruction criminelle, qu'on a voulu satisfaire à un besoin de justice et de dignité nationale en soumettant tout citoyen à une double juridiction : d'un côté, à une juridiction territoriale tant qu'il se trouve en France, et de l'autre côté à une juridiction personnelle qui le suit à l'étranger pour lui faire rendre compte des infractions par lui commises en dehors de son territoire. C'est un avertissement qu'on a voulu donner à tout Français, qu'il ne pourra à l'étranger commettre impunément un crime et infliger un déshonneur au nom de la France, sans que plus tard un compte sévère lui fût demandé

1. Jousse, t. I, p 424 et 428.

2. Séance du Conseil d'État du 17 fructidor an XII. Locré, t. XXIV, p. 112 et suiv.

3. A l'occasion d'un projet de loi pour modifier quelques articles du C. d'Instr. crim.. MM. Broglie, Frank-Carré, Rossi, soutinrent le principe de la territorialité. MM. Laplagne, Mérilhou, Portalis, firent triompher celui de la personnalité. *Moniteur*, Chambre des Pairs, séances des 16, 17 et 18 mai 1843.

par la justice du pays. D'ailleurs, la loi pénale n'est point
une simple énumération d'interdictions et de défenses, elle
pose les règles de conduite des citoyens, elle leur enseigne
quelles actions sont permises, quelles actions sont prohibées ;
elle trace leurs devoirs et leurs obligations. Or, comment
comprendre que les citoyens d'un pays changent de devoirs
et de principes de conduite parce qu'ils changent de
lieu (1) ?

On a opposé pourtant plusieurs objections. On a dit : Par
application de cette doctrine il arrivera que le citoyen français soit soumis à l'étranger à une double loi, la loi
de son pays et la loi du pays où il réside. Pour réfuter
cette objection il faut distinguer dans la législation pénale
les délits de police et les délits communs. Les premiers
ne peuvent être réprimés que par les lois du pays de la
résidence. Quant aux incriminations communes elles sont
presque les mêmes dans toutes les législations où ils
sont également réprimés. La procédure et les peines peuvent
différer, mais les incriminations résument en général les
mêmes faits, car la conscience humaine flétrit les mêmes
actes dans tous les pays. En conséquence, celui qui aura
commis un crime à l'étranger pourra être soumis à l'une ou
à l'autre des deux formes de procédure, mais il n'encourra
qu'une seule responsabilité (2).

On a dit encore : le gouvernement du pays expire à ses

1. Boitard, *Leçons de dr. crim.*, p. 408.
2. Faustin-Hélie, t. II, p. 134.

frontières, au delà il ne peut exercer aucun acte de souveraineté. Mais on peut répondre que le pays, en demandant compte à un de ses ressortissants d'un crime commis à l'étranger, n'empiète nullement sur la souveraineté du pays où le crime a eu lieu ; il ne substitue pas à la juridiction d'un pays étranger sa propre juridiction, il reconnaît le caractère de la chose jugée au jugement étranger, qui a condamné, absous ou acquitté le prévenu. Il veut étendre sa juridiction seulement dans le cas où l'individu, après avoir commis le crime à l'étranger, s'est réfugié sur son propre territoire. « Croit-on, disait l'archichancelier Cambacérès, qu'il n'y eût ni inconvénient ni danger à souffrir qu'un Français, qui aurait été dans l'étranger comploter contre la sûreté de l'État, rentrât paisiblement en France et y vécût tranquille, sous la protection de ce même gouvernement qu'il aurait voulu renverser (1) ? » La même raison donnée par Cambacérès peut être opposée à ceux qui prétendent que le lieu de l'origine et le lieu du refuge n'ont pas un intérêt assez puissant pour réprimer le crime commis à l'étranger. En effet, toute nation, dans un intérêt de défense et de conservation, doit réprimer toute offense dirigée contre elle par une personne qui se trouve hors de son territoire, surtout si elle était provenue d'un de ses sujets qui s'est réfugié ensuite dans son sein. C'est donc à raison de l'alarme que causerait la présence d'un pareil malfaiteur dans la société, à cause du mauvais exemple que

1. Procès-verbal du Cons. d'État, séance du 17 fruct. an XII.

l'impunité assurerait aux malintentionnés, que toute nation doit repousser l'attaque dirigée contre elle par une sévère application des lois (1).

Quelle application le législateur a-t-il faite de ces principes ? La loi pénale exerce-t-elle son autorité sur les *regnicoles* qui se trouvent dans un pays étranger ou expire-t-elle aux frontières ? Le Code d'Instr. cr. de 1810 n'avait admis que par exception le principe de l'exterritorialité des lois pénales ; la loi du 27 juin 1866 est venue modifier complétement les dispositions du Code en érigeant en règle ce qui ne formait qu'une simple exception. Les art. 5, 6 et 7 sont les textes sur lesquels porte notre examen.

L'art. 5 et 6 du Code prévoit des crimes qui affectent la sûreté de l'État ou son crédit, et qui sont commis hors du territoire, soit par des Français, soit par des étrangers. Les crimes attentatoires à la sûreté de l'État, ceux des contrefaçons du sceau de l'État, de monnaies nationales ayant cours, de papiers nationaux, de billets de banque, qui forment l'objet des art. 84, 85, 132, 133 et 139 du C. pénal, sont ceux que l'art. 5 du C. d'Instr. cr. avait pour but de réprimer. Ce texte ne demandait aucune condition spéciale pour pouvoir poursuivre le Français qui s'était rendu coupable de pareils crimes. Elle n'exigeait ni leur présence sur le territoire ni leur arrestation. L'affaire était instruite par contumace. Comme l'État était lésé directement, la poursuite devait

1. Boitard, p. 467.

avoir lieu d'office, sans attendre qu'elle soit provoquée par une plainte ou dénonciation. Seulement la poursuite n'était que facultative. « Il convient, disait M. Cambacérès, d'employer dans la rédaction l'expression *pourra*, afin de subordonner aux circonstances l'application de la loi. »

L'art. 6 appliquait la même disposition de l'art 5 aux étrangers, mais la poursuite était soumise à deux conditions: il fallait que les étrangers, auteurs ou complices des crimes mentionnés, soient arrêtés en France ou que le gouvernement eut obtenu l'autorisation. De plus, l'article ajoutait les mots : *pourra être étendue*, ce qui signifie que la poursuite devait être précédée d'une mûre délibération.

L'art. 7 du C. d'Instr. cr. prévoyait le cas où un Français se serait rendu coupable, hors du territoire, d'un crime contre un Français, et il décidait qu'à son retour en France il pouvait être poursuivi et jugé, s'il n'avait pas été poursuivi et jugé en pays étranger et si le Français offensé rendait plainte contre lui. Il fallait distinguer dans cet article deux choses : ce qui constituait la criminalité du fait et les conditions de la poursuite. Pour que le crime soit punissable, l'agent devait avoir la qualité de Français, que la partie offensée ait la même qualité et que le fait soit qualifié crime par la loi pénale. Une fois que le fait présentait ces différents caractères, la juridiction française devenait compétente. Mais pour que l'action publique soit mise en mouvement il fallait de plus trois conditions : 1° que le Français inculpé fût de retour en France ;

2° qu'il n'eut pas été poursuivi et jugé en pays étranger ; 3° que le Français offensé eût rendu plainte contre lui.

Cette dernière disposition du Code é t vivement combattue (1). Et en effet, comme nous l'avons dit, la poursuite en France du fait incriminé exigeait d'une part que le patient du délit ait eu la même qualité de Français que celui qui s'était rendu coupable du crime, et d'autre part, la loi ne punissait que les crimes, les délits que les Français pouvaient commettre à l'étranger restés impunis. C'était une lacune regrettable que la pratique avait déjà signalée. En effet, ainsi que disait le rapporteur de la nouvelle loi : « Un simple délit peut accuser dans son auteur une perversité égale et même supérieure à celle de certains crimes, qu'il peut surtout produire plus de ruines que les crimes les plus odieux. »

La loi du 27 juin 1866 est venue remédier à ces inconvénients. Suivant la nouvelle disposition des textes, l'art. 5 contient et remplace le cas prévu par l'ancien art. 7 du Code. L'art. 5 dispose : « Tout Français qui, hors du territoire de la France, se sera rendu coupable d'un crime puni par la loi française, peut être poursuivi et jugé en France. Tout Français qui, hors du territoire de France, s'est rendu coupable d'un fait qualifié délit par la loi française, peut être poursuivi et jugé en France, si le fait est puni par la législation du pays où il a été commis. Toutefois, qu'il s'agisse d'un

---

1. V. Faustin Hélie, *op. cit.*, t. II, p. 140 et 151.

crime ou d'un délit, aucune poursuite n'a lieu si l'inculpé prouve qu'il a été jugé définitivement à l'étranger. En cas de délit commis contre un particulier, Français ou étranger, la poursuite ne peut être intentée qu'à la requête du ministère public ; elle doit être précédée d'une plainte de la partie offensée ou d'une dénonciation officielle à l'autorité française par l'autorité du pays où le délit a été commis. Aucune poursuite n'a lieu avant le retour de l'inculpé en France, si ce n'est pour les crimes énoncés en l'art. 7 ci-après. »

Le premier paragraphe de notre article modifie en plusieurs points la disposition de l'ancien art. 7. En premier lieu, la loi n'exige plus que la victime ait la qualité de Français. L'ancienne distinction, qui ne pouvait s'expliquer que par un sentiment d'égoïsme national, a disparu. En second lieu, la poursuite peut avoir lieu d'office et sans aucune plainte de la partie lésée.

Cependant l'action publique est subordonnée à quelques conditions : 1° L'inculpé ne peut être saisi que s'il a la qualité de Français. « Tout Français » , dit l'article. En vertu du principe de l'exterritorialité de la loi pénale, on ne peut demander compte des infractions commises à l'étranger qu'aux Français seuls, les étrangers échappent à toute responsabilité devant les juridictions françaises. Le législateur ne pouvait élever une juridiction vengeresse de la morale universelle et punir tous les criminels quelle que soit leur origine, uniquement parce qu'ils blessent les lois de la morale (1). Le seul moyen dont le gouvernement peut user

envers l'étranger, qui après avoir commis un crime à l'é-
tranger même contre un Français, se réfugie en France, c'est
l'expulsion ou le moyen de l'extradition dans le cas qu'il se
trouve dans les conditions exigées par les lois ou conventions internationales.

2° Une autre condition mise à la poursuite de l'inculpé
est qu'il n'ait pas été jugé définitivement par les juridictions
étrangères. C'est la consécration de la maxime *non bis in
idem*. Peu importe la solution que la poursuite ait eu lieu
à l'étranger : acquittement, absolution ou condamnation.
Bien que dans le dernier cas le jugement ne puisse être
exécuté en France, la compétence des juridictions françaises
n'en est pas moins épuisée, car il répugne à la raison comme
à la justice, dit M. Faustin Hélie, qu'un prévenu soit
non-seulement puni, mais jugé deux fois pour le même
fait.

3° Une dernière condition exigée par notre art. et déjà
prévue par le Code dans l'ancien art. 7 est que l'inculpé soit
de retour en France. Ainsi on ne peut le poursuivre tant
qu'il réside à l'étranger et même s'il se trouve en France
accidentellement, par suite d'un naufrage sur les côtes ou à
la suite d'une arrestation faite à l'étranger. La loi le rend
justiciable des tribunaux français en cas de *retour* et non
en cas qu'il soit *arrêté*, ce qui suppose un acte volontaire
et spontané de sa, part. D'ailleurs dit M. Faustin-Hélie (2)'

1. Boitard, p. 467.
2. *Op. cit.*, t. II, p. 156 et 157.

la seule raison de la compétence de la juridiction française est la présence de l'agent sur le territoire ; or cette présence ne trouble l'ordre et ne donne à la cité un intérêt à la repression que parce qu'il revient y exercer ses droits de citoyen et jouir de la protections des lois qu'il a violées ; le droit de la juridiction suppose donc la présence volontaire.

Le second paragraphe de l'art. 5 introduit une importante innovation. Il accorde aux tribunaux français la compétence même des *délits* commis hors du territoire. Sous l'empire du Code on avait agité la question de savoir si l'ancien art. 7 pouvait autoriser la poursuite des simples délits. MM. Legraverend (1) et Bourguignon (2) avaient enseigné l'affirmative MM. Mangin (3) et Faustin-Hélie (4) étaient d'un avis contraire. Le Cour de cassation s'était prononcée dans le même sens (5). Aujourd'hui la question est résolue d'une manière formelle dans le sens affirmatif par la nouvelle rédaction de l'art. 5 § 2. Elle ne fut admise sans de sérieuses difficultés. On était d'accord pour étendre le principe de l'exterritorialité pénale aux délits qui présentent une certaine gravité mais on ne voulait pas que les juridictions françaises puissent juger les infractions les plus légères. Le rapporteur de la loi disait au Corps législatif : « Si dans la

1. *Législ. crim.*, t. 1, p. 98.
2. *Jur. des Cod. crim.*, t. 1, p. 70.
3. *Traité de l'act. publ.*, t. I, p. 127.
4. *Op. cit.*, t. I, p. 156.
5 Cass., 23 juil. 1863 (Bull., n° 203).

nomenclature de nos délits il en est qui, par la perversité qu'ils supposent et par l'inquiétude qu'ils produisent, peuvent être considérés équivalent comme à des crimes, il en est d'autres beaucoup moins graves dont l'impunité n'aurait pas de notables inconvénients. Le parti qui se présentait le premier à l'esprit, celui qui aurait le plus satisfait les jurisconsultes, était sans doute d'énumérer les délits dont l'impunité serait dangereuse. On l'a tenté, mais il paraît qu'on a reconnu qu'un tel triage présentait des difficultés à peu près insurmontables, sans parler de l'inconvénient qu'il y aurait à promettre ainsi législativement l'impunité à certaines classes de délits. On a pensé que le but pouvait être atteint par une voie autre qu'une énumération périlleuse, c'est-à-dire en subordonnant la poursuite des délits à certaines conditions. » On est convenu donc, pour parer d'un côté à l'inconvénient d'énumérer une série interminable de délits, et de l'autre, à celui de promettre législativement l'impunité à certaines classes de délits, d'exiger, outre les trois conditions pour la poursuite des crimes, encore trois outres : 1° que le fait soit puni par la législation du pays où il a été commis aussi bien que par la loi française ; 2° que la poursuite du ministère public soit précédée d'une plainte de la partie offensée, ou d'une dénonciation officielle à l'autorité française par l'autorité du pays où le délit a été commis; 3° que la poursuite ne pourra être intentée que par le ministère public qui sera libre de l'intenter ou non.

Relativement à la première condition, on avait objecté qu'en subordonnant la poursuite aux prescriptions de la loi étrangère, on abdiquait la souveraineté du pays ; mais on a répondu avec raison que, de même qu'en matière civile on applique les dispositions des lois étrangères comme en matière de statut personnel, pour les actes passés à l'étranger, en matière des successions mobilières délaissées par les étrangers, de même on peut pour l'application des peines s'assurer des textes et de l'esprit des législations étrangères sans que par cela on porte atteinte à la souveraineté française.

La seconde condition, la plainte préalable pour pouvoir poursuivre, n'est exigée que pour les délits commis contre les particuliers et non contre la chose publique. Dans ce dernier cas, la poursuite peut avoir lieu en France sans attendre une plainte ou une dénonciation. Le législateur qui a pris en considération, en attribuant aux tribunaux français la connaissance des délits commis à l'étranger, le dommage qu'on peut éprouver par suite d'un délit, a exigé une plainte comme garantie que l'action ne sera exercée que pour les délits réellement dommageables (1).

La troisième condition donne un pouvoir discrétionnaire au procureur de la République afin d'exercer l'action publique.

Le nouvel art. 6 traite des choses étrangères à notre matière.

L'art. 7, qui remplace l'ancien art. 5, dispose : « Tout étranger qui, hors du territoire de la France , se sera

____

1. Boitard, *op. cit.*, p. 476 et 477

rendu coupable, soit comme auteur, soit comme complice, d'un crime attentatoire à la sûreté de l'Etat, ou de contrefaçon du sceau de l'État, de monnaies nationales ayant cours, de papiers nationaux, de billets de banque autorisés par la loi, pourra être poursuivi et jugé d'après les dispositions des lois françaises, s'il est arrêté en France ou si le gouvernement obtient son extradition. »

Cet article contient les dispositions contenues dans les anciens art. 5 et 6. Il ne parle que de l'étranger coupable, car le Français est compris dans l'art. 5. La différence entre ces deux cas, c'est que l'étranger ne peut être poursuivi et jugé qu'autant qu'il est arrêté ou amené en France, tandis qu'un Français coupable d'un pareil crime, s'il n·e se trouve pas en France, peut être jugé par contumace. Le législateur, dans le but de repousser toute atteinte dirigée contre son existence et·pour conserver son crédit, a autorisé la poursuite des crimes prévus par notre article, car, bien qu'ils se préparent à l'étranger pour être exécutés en France, la préparation, quand elle est arrivée à la confection des effets ou des monnaies, peut être considérée comme un commencement d'exécution , puisque leur circulation même à l'étranger se ferait ressentir en France (1).

Nous avons examiné le cas où l'action publique peut être exercée contre les crimes commis dans l'étendue du territoire de même que les différentes hypothèses où l'action peut

____

1. Boitard, p. 473.

être exercée contre les crimes et délits (depuis la loi de 1866) commis hors du territoire français.

Examinons maintenant le cas d'un crime ou d'un délit commencé en France, mais qui ne s'est accompli que sur le territoire étranger, ou réciproquement, commencé sur ce dernier territoire, il ne s'est accompli qu'en France.

Le principe de la territorialité des lois pénales empêche-t-il que les tribunaux français pussent être saisis d'un pareil crime ou délit? L'ordre public est-il assez gravement compromis pour que l'action publique soit mise en mouvement? Écartons d'abord l'hypothèse d'un délit qui, commis sur le territoire ou hors du territoire, est également puni par la législation française comme le crime attentatoire à la sûreté de l'État, ou de contrefaçon des monnaies ; car au point de vue de la compétence et de l'incrimination du fait, ces deux territoires, bien qu'appartenant à des souverainetés distinctes, n'en forment qu'un seul (1).

La discussion qui donna lieu à la première rédaction des art. 5, 6 et 7 du Code d'instruction criminelle ne présente rien de positif et de bien clair. Cependant M. Treilhard, dans son rapport au Corps législatif, disait : « Que le droit de poursuivre le crime n'appartient qu'au magistrat du territoire sur lequel il a été commis, ou du territoire sur lequel il s'est prolongé. » Il résulte que, suivant M. Treilhard, les tribunaux français sont compétents pour connaître d'un crime commis sur le territoire ou qui s'y est prolongé ; mais il ne détermine pas

1. Faustin-Hélie, t. II, p. 163.

quels actes constituent un commencement ou une prorogation d'un délit, suffisante pour déférer la compétence aux tribunaux français.

Pour résoudre la question de cette continuité d'un seul délit commis sur deux territoires différents, nous n'avons qu'à consulter les principes de la compétence territoriale. En effet, selon ces principes, la souveraineté d'un pays peut s'étendre pour punir un crime commis en dehors de son territoire, lorsque ce crime est inséparablement lié à un autre commis sur son propre territoire, et lequel constitue par lui-même un délit quelconque. De même les juridictions françaises sont compétentes pour connaître d'un crime préparé en France et exécuté sur le territoire étranger, lorsque la seule préparation constitue un crime qualifié tel par la loi pénale (1).

Ainsi que nous le voyons, la juridiction française n'est compétente que sous une double condition : 1° il faut que l'acte qui a été préparé ou exécuté sur le territoire constitue, par lui-même et isolément, un crime ou un délit ; 2° il faut que les faits commis sur les deux territoires soient connexes et liés de telle sorte qu'ils ne forment qu'un seul et même fait. Cette doctrine a été consacrée par plusieurs arrêts de la Cour de cassation (2). Par application des mêmes principes, M. Mangin reconnaît la compétence des tribu-

1. V. Mangin, t. 1, n° 72, p. 134 et s. ; Faustin-Hélie, t. II, p. 162 et suiv.

2. Arr. Cass., 21 nov. 1806 (J. P., t. V, p. 546) ; Arr. Cass., 1er sept. 1827 (J. P., t. XXI, p. 725) ; Arr. Cass., 5 fév. 1857 (Bull., n° 46).

10

naux français à un crime de meurtre commis par une personne qui tire un coup de fusil du territoire français sur une personne placée sur un territoire étranger ou réciproquement. Il décide de même pour le cas d'une détention arbitraire effectuée en pays étranger et suivie en France ou de tout autre crime successif (1).

L'action civile a plus d'étendue que l'action publique, car la loi qui a limité l'exercice de cette dernière n'a imposé aucune restriction à l'exercice de l'action en réparation d'un dommage. En effet, suivant l'art. 14 du Code civil, l'*étranger* pourra être traduit devant les tribunaux de France pour les *obligations* par lui contractées en pays étranger envers les Français. Or, aux termes de l'art. 1370, une obligation peut résulter aussi bien d'un délit ou quasi-délit que d'un contrat. Donc, un Français peut traduire un étranger devant une juridiction française pour obtenir réparation d'un délit commis par ce dernier ; d'ailleurs, un jugement étranger n'étant pas exécutoire en France, on ne peut contester aux Français le droit de traduire leurs débiteurs étrangers devant les juridictions françaises. La raison qui a fait introduire la disposition de l'art. 14 Code Napoléon milite en faveur de notre opinion. Par un motif de réciprocité, un Français pourra être traduit devant le tribunal de France, pour des obligations par lui contractées en pays étranger, même avec un étranger (art. 15 Code Napoléon) (2).

1. Mangin, t. I, p. 140.
2. Mangin, t. I, n° 73, p. 141 et s.

Nous avons vu que l'action publique ne peut être exercée contre un étranger pour les crimes prévus par l'art. 7 du Code d'instruction criminelle (crime attentatoire à la sûreté de l'État, contrefaçon du sceau de l'État, etc.) que s'il est arrêté en France ou si le gouvernement obtient son extradition. Ainsi la présence de l'étranger sur le territoire français est la condition de toute poursuite contre lui. La loi suppose que la circonstance de se trouver en France ne peut s'expliquer que par son intention de vouloir consommer son crime conçu et préparé à l'étranger. La cause de sa présence ne peut donc être que le résultat d'une volonté libre de sa part ou d'une extradition obtenue par le gouvernement.

Nous connaissons les règles qui régissent l'action publique une fois que le coupable se trouve sur le territoire français ; examinons si après avoir commis un crime en France, et réussi à se dérober par la fuite en pays étranger à la souveraineté française, ce coupable peut être ramené en France pour rendre compte de son fait devant la juridicttion répressive du pays. Le moyen pour arriver à ce résultat porte le nom d'extradition.

Disons quelques mots de l'*extradition*.

Je crois pouvoir la définir : l'acte par lequel un État livre le prévenu d'un crime commis hors de son territoire à un autre État qui le réclame, afin de pouvoir le juger et le punir (1).

Quel est le principe et le fondement de l'extradition ? Quels sont les caractères et les conditions de cette ins-

1. MM. Mangin, t. I. p. 144 ; Faustin-Hélie, t. II, p. 170.

titution ? Voilà les questions que nous allons examiner.

Les publicistes ont été longtemps divisés sur l'obligation d'extrader et sur le droit d'asile. Puffendorf, Martens, Story ont soutenu que chaque pays a un droit d'asile illimité, que les gouvernements ne sont obligés de restreindre ce droit qu'en cas d'une convention ou d'un traité d'extradition, car, disent-ils, le droit pénal étant territorial, le pays où le criminel a trouvé un refuge ne se trouve lésé et l'ordre public n'est pas troublé. D'autres, tels que Grotius, Wattel, Kant, professent une opinion contraire. La nécessité que chaque nation éprouve à la répression des crimes, l'intérêt de l'ordre et de la morale outragée, exige, disent-ils, l'assistance mutuelle des nations pour l'administration de la justice pénale (1). En effet, dit Wattel (2) : « Si la justice de chaque État doit, en général, se borner à punir les crimes commis dans son territoire, il faut excepter de la règle ces scélérats qui, par la qualité ou la fréquence habituelle de leurs crimes, violent toute sûreté publique, et se déclarent les ennemis du genre humain ; les empoisonneurs, les incendiaires, les assassins de profession peuvent être exterminés partout où on les saisit ; car ils attaquent et outragent toutes les nations, en foulant aux pieds les fondements de leur sûreté commune. »

Un droit de protection absolu à celui qui s'est réfugié sur un territoire après avoir commis un crime dans un État

1. Bluntschli, p. 218.
2. Wattel, *Droit des gens*, liv. I, ch. XIX.

quelconque serait contraire à toute idée de justice et un danger pour la sûreté et l'intérêt général de toutes les nations.
Sa présence exciterait une juste défiance dans le pays de
refuge à cause de sa mauvaise conduite et des actes coupables
auxquels il s'est livré dans son propre pays. M. Rouher, dans
la séance du 4 mars 1866 du Corps législatif, a formulé d'une
manière bien précise le fondement et la légitimité du droit
d'extradition. « Le principe de cette institution, dit-il, est le
principe de la solidarité, de la sûreté réciproque des gouvernements et des peuples contre l'ubiquité du mal. »

Outre cet intérêt général, nous voyons que chaque État en particulier est vivement intéressé à déférer à une demande d'extradition faite par un autre État, car c'est dans ce bon office qu'il
puise à son tour le droit d'exiger qu'un concours pareil lui
soit accordé. D'ailleurs la crainte de ne pouvoir trouver aucun
territoire où il puisse se réfugier, la pensée d'une répression
universelle, est un puissant motif pour arrêter les coupables
desseins. Car, ainsi que l'a dit Beccaria, « la persuasion de ne
trouver aucun lieu sur la terre où le crime puisse demeurer
impuni serait le moyen le plus efficace de le prévenir (1). »

Mais est-ce à dire qu'un gouvernement doit céder sans aucun
examen à une demande d'extradition qui lui est faite ? Nullement. Il existe, en effet, bien des crimes qui ne portent aucune
atteinte à l'ordre public de la nation où le réfugié s'est expatrié,
son établissement sur le territoire n'est le sujet d'aucune inquiétude des citoyens, l'État seul de la perpétration du crime
est lésé et la société humaine n'est nullement atteinte. Dans

1. *Traité des délits et des peines*, ch. XXI.

ce cas l'humanité fait un devoir à tous les gouvernements de secourir les hommes qui se trouvent dans l'infortune : «parce qu'un individu est forcé de fuir sa patrie, il ne perd point sa qualité d'homme, ni le droit d'habiter quelque part sur la terre (1). » Mais si l'humanité blessée par l'obligation absolue d'extrader nous impose le devoir d'une assistance mutuelle, le malheur seul peut le justifier et non le crime : *eorum misereri oportere qui propter fortunam, non propter malitiam, in miseriis sunt* (2).

Ainsi le gouvernement, avant de prêter main forte aux actes d'un gouvernement étranger qui lui sollicite l'extradition d'un individu, doit scrupuleusement examiner la nature de l'accusation, les preuves qu'on lui fournit, afin de se décider sur les mesures qu'il aura à prendre : déférer à la demande si l'intérêt de la justice, de la morale sociale, l'exige ou s'y refuser si elle ne trouve un motif puissant pour l'accorder.

L'extradition peut-elle s'appliquer aux regnicoles qui, après avoir commis un crime sur un territoire étranger, se réfugient dans leur patrie? Si on envisage la question au point de vue du droit des gens, on devrait admettre l'affirmative, mais le droit public de chaque nation qui est tenu de garantir la liberté individuelle des citoyens s'oppose à une pareille décision. En effet, chaque gouvernement a le devoir de protéger ses ressortissants,

---

1. Mangin, t. I, p. 145.
2. Cicero, *De inventione*, lib. III, cap. XXXVI.

d'assurer l'exercice de leurs droits et de les défendre contre toute attaque extérieure. « Il répugne à la dignité nationale, dit M. Faustin-Hélie, non pas de reconnaître à une nation étrangère le droit de juger nos concitoyens, car si elle les saisit sur son territoire, ce droit est incontestable, mais de les lui livrer. » D'ailleurs, l'extradition n'a pas de raison d'être envers ses nationaux car en vertu du principe de la personnalité des lois pénales, les juridictions françaises sont compétentes de juger un citoyen qui aurait commis un crime à l'étranger s'il n'a pas été jugé définitivement à l'étranger (art. 5 C. Instr. cr.). Ce principe a été reconnu par le gouvernement français dans tous les traités d'extradition conclus avec les autres puissances. Le traité avec la Belgique du 22 novembre 1834 ; avec la Sardaigne du 23 mai 1838 ; avec la Prusse du 21 juin 1845, etc., en font mention.

Un individu, après avoir commis un crime sur un territoire, se réfugie dans un autre que celui auquel il appartient. Le gouvernement du lieu de la perpétration du crime a-t-il le droit de demander l'extradition du coupable ? En principe, l'affirmative n'est pas douteuse, si l'État qui la demande présente des garanties suffisantes d'impartialité et d'humanité. En effet, l'État du pays du refuge ne peut objecter aucune raison fondée en droit puisque l'expatrié n'est pas un de ses ressortissants, ensuite puisque le but de l'extradition est de rendre le coupable à une juridiction compétente de le juger et non à son pays d'origine (1).

---

1. Faustin-Hélie, t. II, p 191.

La même décision devrait être admise dans le cas où le pays dont il est ressortissant s'offre pour le juger, car le gouvernement du lieu de la perpétration du crime est plus intéressé à la punition du réfugié et plus à même de juger de sa culpabilité. En fait la question se décide selon les convenances politiques que chaque gouvernement tient envers celui qui lui adresse de pareilles réclamations.

Mais que faut-il décider si l'extradition d'un individu est demandée par le gouvernement de plusieurs pays où il a commis des crimes différents ? Le pays d'origine doit nécessairement primer les autres à raison des rapports étroits qui existent entre l'État et ses ressortissants, et du besoin qu'éprouve tout gouvernement de la punition du coupable au lieu de la perpétration du crime. Mais, abstraction faite du pays d'origine, la question se résout en prenant en considération plusieurs circonstances, par exemple la priorité de la demande qui a été faite par un gouvernement, ou en donnant la préférence au gouvernement sur le territoire duquel le crime le plus grave a été commis (1).

Nous avons vu que l'État doit scrupuleusement examiner les motifs sur lesquels s'appuie une demande d'extradition pour voir s'il est obligé par un traité de l'accorder ou non. Mais, à cause de la variété et multiplicité des crimes, souvent les gouvernements interviennent pour conclure par des traités particuliers l'extradition des individus coupables de nouveaux faits dont la répression se fait vivement sentir. Il

1. Faustin-Hélie, t. III, p. 193.

arrive même par suite de cette solidarité qui existe entre les divers gouvernements de céder à une sollicitation d'extradition qui n'est prévue par aucun traité. Mais dans tous les cas, l'individu extradé ne peut être jugé que pour le crime qui a motivé son extradition.

La plupart des criminalistes ont distingué, en matière d'extradition, les crimes politiques des crimes de droit commun. Tous les traités internationaux conclus par la France avec les autres puissances ont adopté cette distinction que la pratique du droit des gens a fait consacrer dans toutes les législations. En conséquence, chaque État a le droit d'accorder asile et protection aux accusés des crimes politiques, sans être obligé de les extrader. L'instruction ministérielle du 5 avril 1841 dispose : « Les crimes politiques s'accomplissent dans des circonstances si difficiles à apprécier, ils naissent de passions si ardentes, qui souvent sont leur excuse, que la France maintient le principe que l'extradition ne doit pas avoir lieu pour fait politique. C'est une règle qu'elle met son honneur à soutenir. Elle a toujours refusé depuis 1830 de pareilles extraditions, elle n'en demandera jamais. » Et en effet, les crimes politiques, comme les complots, les séditions contre la sûreté et la constitution d'un État, les faits de presse ne sont pas de nature à compromettre la tranquillité d'un autre État étranger, de porter atteinte à ses droits, ils sont dirigés exclusivement contre un État donné ; le plus souvent ils sont le résultat funeste de luttes et dissensions intestines.

M. Bluntschli a résumé admirablement le fondement de cette exception en matière d'extradition. « Celui qu'on punit dans un pays comme coupable d'un crime politique sera peut-être regardé ailleurs comme un martyr de la liberté ; les autorités qui le poursuivent au nom du droit seront peut-être considérées dans un autre État comme les ennemis du droit et de la justice. Sans même que les opinions soient aussi diamétralement opposées, on voit parfois les juges se laisser facilement influencer dans les procès politiques par la passion, l'ambition, la crainte du gouvernement ou d'un parti puissant. La justice, l'humanité, la bonne politique, se réunissent donc pour demander qu'on accorde asile et protection aux réfugiés politiques (1). »

Pour qu'une infraction puisse donner lieu à l'extradition il faut qu'elle soit prévue par la loi pénale et punie par une peine afflictive ou infamante. Le gouvernement français, dans tous les traités d'extradition, a conservé cette règle. Pour justifier cette restriction, on a dit : « Pour les crimes qui ne troublent gravement la société on n'a pas besoin d'avoir recours à l'extradition, car l'exil perpétuel de l'expatrié est une expiation assez forte et une suffisante réparation due à la société (2). » Mais aujourd'hui les infractions, qui ne constituent que des délits, ont un caractère tellement grave, à cause de la perversité des auteurs et des conséquences qu'elles entraînent, la rapidité des communications peut si facilement les soustraire à la responsabilité de leurs méfaits, que la distinction faite dans les traités, entre les crimes

____

1. *Droit international codifié*, trad. Lardy, art. 396, p. 218.
2. Merlin, *Quest. de droit*, v. Étranger, § 2, n° 3.

et les délits, distinction faite par le Code pénal plutôt dans le but de déterminer la compétence, n'est plus en harmonie avec les principes de l'extradition. « En effet, dit M. Faustin-Hélie, l'extradition ne peut avoir pour base que la gravité intrinsèque de l'infraction, elle ne peut s'attacher qu'à des faits que la justice universelle réprouve et punit, car elle appartient au droit des gens, et dès lors elle ne peut être appliquée que dans l'intérêt général des peuples. Or, la classification des infractions dans chaque législation est évidemment arbitraire, elle a pour principe, tantôt la compétence, tantôt le système de la pénalité, tantôt l'utilité que peut trouver le législateur aux qualifications différentes qu'il impose aux faits. La désignation du cas d'extradition ne saurait donc correspondre exactement aux classifications de la loi pénale, et cela est si vrai que, dans la classe même des crimes, le gouvernement n'a pas étendu l'extradition à tous les faits qualifiés crimes par la loi, mais seulement à un certain nombre de ces faits (1). »

En présence donc des rapports internationaux qui sont devenus si fréquents entre les peuples, des facilités de transport qui forment un obstacle si puissant à une prompte et efficace répression des lois pénales, on pourrait donner une plus grande extension aux principes de l'extradition en l'appliquant même aux délits qui présentent une certaine gravité comme le vol et l'escroquerie, dont l'immoralité est cause de tant de ruines !

1. T. II, p. 203.

CHAPITRE II

A QUI APPARTIENT L'EXERCICE DE L'ACTION PUBLIQUE ET DE L'ACTION CIVILE.

Occupons-nous d'abord des personnes qui sont chargées de l'exercice de l'action publique, des différentes catégories des fonctionnaires que la loi a placés auprès de chaque juridiction répressive pour l'exercer, du lien hiérarchique qui existe entre .eux, des différents pouvoirs qui peuvent mettre en mouvement l'action publique et en surveiller l'exercice. Nous parlerons ensuite des personnes auxquelles appartient l'exercice de l'action civile.

SECTION PREMIÈRE

A QUI APPARTIENT L'EXERCICE DE L'ACTION PUBLIQUE.

Aux termes de l'art. 1 Code instruction criminelle, l'action publique n'appartient qu'aux fonctionnaires auxquels elle est confiée par la loi. Quels sont ces fonctionnaires ?

1° Les procureurs généraux près les cours d'appel, les avocats généraux et les substituts (1).

2° Les procureurs de la République et leurs substituts près les tribunaux de première instance (2).

3° Les commissaires de police, les maires et leurs adjoints chargés des fonctions du ministère public près les tribunaux de police (3).

Nous n'avons pas mentionné parmi ces fonctionnaires le procureur général près la Cour de cassation, car il ne participe pas à l'exercice de l'action publique ; il est seulement chargé de la diriger et lui imprimer une direction active et scientifique (4).

En général, les officiers du ministère public sont chargés seulement de l'exercice de l'action publique sans pouvoir procéder à aucune information relative à un crime ou un délit. Le législateur n'a pas voulu attribuer les fonctions de la poursuite et de la recherche d'un crime ou délit et celles de l'instruction de ces crimes ou délits à une même personne ; il a exigé le concours de deux fon tionnaires, comme garantie de la liberté civile des citoyens, et parce que la partie poursuivante doit être et demeurer exclusivement partie poursuivante (5). Et, en effet, il serait dangereux d'abandonner l'instruction des délits à la même personne qui est chargée

---

1. Loi du 20 avril 1810, art. 6 et 45.
2. Art. 274, *C. instr. crim.*
3. *C. instr. crim.*, art. 144 et 145.
4. S. C. org., 16 therm. an x, art. 64.
5. Faustin-Hélie, t. II, p. 569.

de les poursuivre ; il sera bien difficile d'être impartial dans l'instruction après avoir poursuivi et recherché les preuves nécessaires ; comment la même personne qui est appelée à jouer le rôle de partie adverse pourra-t-elle en même temps examiner d'une manière impartiale la valeur de ces preuves? « Tous les citoyens devraient trembler, disait M. Bigot-Préameneu, s'ils voyaient dans le même homme le pouvoir de les accuser et celui de recueillir ce qui peut justifier son accusation (1). Cependant on a admis à cette règle deux exceptions qui ont été reconnues à toutes les époques de notre législation. 1° Les procureurs de la République et leurs substituts en cas d'un fait flagrant qualifié crime réunissent la double qualité de partie publique et juge instructeur (art. 32 et 40 Code instruction criminelle). La loi du 20 mai 1863 transporte au procureur de la République les fonctions de juge d'instruction, même dans le cas où le fait flagrant est un simple délit ; 2° les commissaires de police, les maires et les adjoints cumulent avec la qualité d'officier de police judiciaire celle de fonctionnaire du ministère public.

A côté des personnes qui sont chargées de l'exercice de l'action publique, la loi accorde, d'une part, à la partie civile, le droit de concourir à cet exercice, elle a investi d'autre part les Cours d'appel (2), le procureur général près la Cour de cassation et enfin le ministre de la

---

1. Locré, t. XXV, p. 129 et 131.
2. L. 20 avril 1810, art. 11.

justice (1) de l'attribution de surveillance et de direction de cette action. En même temps, elle a chargé d'une manière spéciale les cours d'appel de provoquer et mettre en mouvement l'exercice de cette action (2).

Les agents du ministère public ne concourent pas d'une manière égale à l'exercice de l'action publique. Les uns ont la plénitude de l'action, tandis que d'autres ne peuvent l'exercer que d'une manière limitée. Les procureurs généraux près des cours d'appel ont seuls la plénitude de l'action publique. Tous les autres officiers du ministère public sont ses subordonnés, soumis à ses ordres directs. C'est à lui de les surveiller et d'imprimer à l'action une direction uniforme et régulière. La loi du 20 avril 1810 sur l'organisation judiciaire, dans son art. 6, dispose : « Les fonctions du ministère public seront exercées à la cour d'appel par un procureur général. » L'art. 45 de la même loi ajoute : « Les procureurs généraux exerceront l'action de la justice criminelle dans toute l'étendue du ressort... Ils auront la surveillance de tous les officiers de police judiciaire du ressort. » L'art. 47 dit encore : « Les substituts du procureur général exercent la même action, d'après les mêmes règles, sous la surveillance et la direction du procureur général. »

Le décret du 6 juillet 1810, art. 42, en parlant des avocats généraux, s'exprime ainsi : « Les avocats généraux et les substituts ne participent à l'exercice des fonctions des pro-

1. L. 20 avril 1810, art. 60.
2. L. 20 avril 1810, art. 11 ; *C. instr. crim.*, art. 235.

cureurs généraux que sous la direction de ces derniers. »
Ainsi, le procureur général a le droit de poursuivre toutes
les infractions commises dans son ressort. Il a la surveillance et la direction suprême sur les officiers du ministère public et sur les officiers de police judiciaire.
Le Code d'instruction criminelle lui reconnaît plusieurs
attributions ; ainsi, c'est lui qui reçoit des procureurs de la
République avis de tous les délits aussitôt qu'ils parviennent
à leur connaissance (art. 27). Il donne aux mêmes magistrats
tous les ordres qu'il trouve convenable relativement à tous
les actes de police judiciaire (art. 27). Selon l'art. 275, c'est
lui qui reçoit la dénonciation et les plaintes qui lui sont
adressées directement, soit par la Cour d'appel, soit par un
fonctionnaire public, soit par un simple citoyen, et il en
tient registre. Il les transmet au procureur de la République.
Il peut charger, soit d'office, soit sur l'ordre du ministre de
la justice, le procureur de la République de poursuivre les
délits dont il a connaissance (art. 274). Il interjette appel
des jugements rendus en matière correctionnelle. Plusieurs
attributions leur sont données encore par les art. 178, 198,
249, 250, 271, 273 et 276.

Il résulte donc que les procureurs généraux sont investis
d'attributions d'une haute importance. Ils sont les dépositaires de l'ordre public et de l'exercice de l'action criminelle.
Le rapporteur du projet du Code instruction criminelle,
M. Treilhard, disait à ce propos au Corps législatif : « Le
procureur général est l'homme du gouvernement ; c'est son
agent immédiat ; c'est lui qui le représente dans toutes les

affaires où le domaine de l'État est intéressé. Investi de sa confiance, c'est de son concours avec les Cours d'appels qu'il attend le succès des nouvelles lois qu'il donne à la France, le repos et la sûreté de la grande famille ; ministre puissant et sévère, il doit être l'asile de l'innocence et la terreur des méchants ; il doit assurer le règne des lois, en signalant tous les abus qui pourraient les altérer. Les substituts du procureur général exercent les mêmes pouvoirs que lui, mais sous sa direction spéciale, car l'unité de ce ministère en fait la force et le principe, et son action, pour être bienfaisante et salutaire, doit être constamment la même. »

Le procureur général, comme on le voit, réunit deux qualités distinctes : Il est l'agent du gouvernement et le représentant de la société. Sous le premier rapport, il reçoit les ordres du gouvernement par l'organe du ministre de la justice auquel il doit rendre compte de tous ses actes. Comme représentant de la société, il exerce sous sa propre responsabilité l'action publique qui lui a été confiée par le pouvoir exécutif. Investi d'un caractère double, le procureur général ne rencontre aucune difficulté dans l'exercice de ses attributions, car les deux pouvoirs qu'ils représentent, quoiqu'ils soient opposés en apparence, ne poursuivent que le même but, celui de la justice.

Il résulte que le procureur général, en vertu de cette double délégation, est investi de la plus importante portion de la puissance publique, celle de l'application des peines contre les citoyens qui se mettent en révolte contre la loi ;

c'est à eux à réprimer les passions coupables en requérant la sévère application des lois; c'est à eux d'affermir la paix et de maintenir le bon ordre. « La paix et la tranquillité des citoyens, disait M. Treilhard, sont fondées sur leur courage et sur leur loyauté ; ils doivent veiller sans cesse, afin que les autres reposent. »

Un ancien auteur appelle le procureur général : l'asile des lois, le rempart de la justice et de l'innocence attaquée(1). M. Mangin, dans un admirable mouvement d'éloquence, dit à ce propos : « Cette belle et noble mission est encore la sienne aujourd'hui ; qu'un sentiment profond de la justice le soutienne et l'éclaire dans son accomplissement ! que, plus puissant que son intérêt personnel, il lui inspire ces résolutions fermes, ces généreuses résistances qui caractérisent le magistrat vertueux ! Elles n'appellent pas toujours sur lui la bienveillance du pouvoir et la reconnaissance des hommes, mais elles lui donneront du moins la paix de l'âme ; elles forceront à l'honorer ceux mêmes qui méconnaîtront ou calomnieront ses services (2) ! »

En qualité d'agent du gouvernement, le procureur général est sous la dépendance du ministre de la justice. Mais cette dépendance ne l'empêche pas de faire tous les actes qu'il croit nécessaires et qui n'excèdent pas sa compétence. Ainsi, il peut exercer l'action publique contrairement aux instructions qu'il a reçues ; de même il peut refuser d'obtem-

1. Budée, en ses *Forenses.*
2. Mangin, t. II, p. 215.

pérer aux injonctions du ministre de la justice pour poursuivre un individu ou faire tel acte de procédure. Son action est complétement indépendante, il a plein pouvoir pour la diriger ; il peut interjeter appel dans les matières correctionnelles, il peut faire évoquer par la Chambre de mise en accusation une affaire ; tous ces actes sont valables malgré la réprobation qu'il peut recevoir du ministre de la justice. Seulement sa responsabilité est engagée envers ce dernier; il peut encourir des reproches et même la révocation de sa part, mais cette faculté conférée à ce haut magistrat n'est qu'un droit de surveillance et de direction purement administratif qui ne peut agir sur la validité ni sur l'omission des actes que ses subordonnés ont exercés dans les limites de leur compétence.

Ainsi le législateur a accordé une complète indépendance aux officiers du ministère public, au procureur général aussi bien qu'au procureur de la République, quant à l'exercice de l'action publique. Le gouvernement peut la diriger et la surveiller comme pouvoir exécutif, mais il n'est pas le maître absolu de son exercice, autrement l'action publique ne serait qu'un instrument de haine et de vengeance. Le Gouvernement, en vertu d'un pareil pouvoir exorbitant, pourrait même paralyser l'effet des lois pénales en accordant l'impunité aux plus coupables.

Pour assurer donc une complète efficacité à l'exercice de l'action publique et pour se prémunir contre les abus qui pourraient résulter de son indépendance, la loi a accordé d'une part aux fonctionnaires du ministère public le droit de

l'exercer sans et même contre l'assentiment de leurs supérieurs, sauf leur responsabilité, et d'autre part elle a conféré
aux cours d'appel le droit de pouvoir mander au procureur
général pour lui enjoindre de poursuivre (1).

Relativement à ce sujet, on pourrait se demander si le procureur général qui a reçu du gouvernement l'ordre d'intenter
une poursuite est tenu de conclure à l'audience dans l'intérêt
de la poursuite. Il résulte de la discussion qui eût lieu au
Conseil d'État (2) que le procureur général, une fois la poursuite entamée, est le maître absolu de son opinion, que nul
ordre ne peut l'enchaîner. Il poursuit en sa qualité d'agent
du gouvernement, mais ensuite comme homme de la justice (3). Personne ne peut lui imposer ses conclusions à l'audience. Le vieil adage : *La plume est serve, la parole est
libre* résume ce principe. La *plume est serve* : c'est-à-dire
que le supérieur hiérarchique, le ministre de la justice, peut
lui imposer de faire tel acte, d'intenter une action, d'interjeter appel ou un pourvoi en cassation, mais quant à ses conclusions, la *parole est libre*, c'est-à-dire qu'elles ne peuvent
lui être imposées ; elles sont l'expression de sa conviction
intime et personnelle (4). « Le pouvoir exécutif, dit M. Faustin-Hélie (5), peut imposer au procureur général des actes,
mais il ne peut lui imposer une opinion ; il peut lui prescrire

1. L. du 20 avril 1810, art. 11.
2. Locré, t. XXIV, p. 405 et 406.
3. M. Treilhard, au Cons. d'État, séancé du 16 oct. 1804.
4. M. Ortolan, *Éléments du dr. pén.*, t. II, p. 416 et 417.
5. *Op. cit.*, t. I, p. 580.

une poursuite, un appel, un pourvoi, mais il ne peut enchaîner à l'avance une conviction qui puise ses éléments dans les débats et le contraindre à requérir une peine qu'il jugerait injuste. » Et, en effet, la condition essentielle d'une bonne justice distributive, c'est la conciliation de ce qu'exige l'intérêt du gouvernement avec le respect dû à la conscience et à la dignité des magistrats du ministère public.

D'autres officiers du ministère public participent, sous les ordres du procureur général, à l'exercice de l'action publique. Ces magistrats sont les *avocats généraux* et les *substituts du parquet*.

Les avocats généraux sont spécialement chargés de porter la parole aux audiences de la Cour. Mais ils n'ont pas d'autorité propre et personnelle, ils n'exercent l'action publique qu'en vertu d'une délégation expresse ou tacite du procureur général. Tous les actes faits par eux comme intenter l'action publique, interjeter appel ou faire un pourvoi en cassation, sont valables tant qu'ils ne sont pas désavoués par le procureur général, car ils sont censés faits par lui-même. C'est dans cette délégation donnée aux avocats généraux que réside la différence qui existe entre eux et les procureurs de la République. Ces derniers, comme nous verrons, peuvent exercer l'action publique en leur nom propre et personnel sans avoir besoin d'une délégation que celle qui leur est conférée directement par la loi (1).

1. Mangin, t. I, p. 183.

L'art. 6 de la loi du 20 avril 1810 dispose à ce sujet : « Le procureur général aura des substituts pour le service des audiences à la Cour d'appel... Les substituts créés pour le service des audiences des Cours d'appels portent le titre d'avocats généraux. » L'art. 44 du décret du 6 juillet 1810 détermine la nature de leurs attributions : « Les avocats généraux sont spécialement chargés de porter la parole au nom du procureur général, aux audiences civiles et criminelles de la Cour d'appel. Le procureur général les attache à la Chambre à laquelle il croit le service le plus utile. »

Dans l'ancien droit il était admis que le procureur général avait la plume et les avocats généraux la parole. En matière criminelle on dérogeait à ce principe, car les réquisitions étant faites par écrit il était d'usage de les porter à l'audience avant un examen préalable de tous les membres du parquet. Le principe d'unité du ministère public qui n'était admis que d'une manière exceptionnelle dans l'ancien droit, forme aujourd'hui la règle générale (1). Les art. 48 et 49 du décret du 6 juillet 1810 décident que dans les causes ardues et importantes, l'avocat général est obligé de soutenir l'opinion des membres de la majorité du parquet et en cas de partage celle du procureur général. Ces dispositions admises sans difficulté en matière civile ne peuvent être, selon M. Mangin (2), appliquées en matière criminelle,

1. Faustin-Hélie, t. I, p. 584.
2. T. I, p. 194.

car, dit-il, en matière criminelle il s'agit plutôt de points de fait que de points de doctrine. Ensuite, dit ce criminaliste par ces mots : *conclusions prises à l'audience ; conclusions qu'ils se proposent de donner*, employées par les rédacteurs du décret, on a voulu entendre le ministère public partie jointe. Nous croyons avec M. Faustin-Hélie (1), qu'il n'y a aucun motif de distinguer entre la matière civile et la matière criminelle. En effet, même en matière criminelle, il y a des affaires qui peuvent se compliquer d'incidents et de points de droit qui sollicitent un examen préalable et une direction unique, telles que les affaires de presse, de faux, de banqueroute. D'ailleurs, même dans les affaires qui ne renferment que des faits, l'officier du ministère public s'il ne prend ses conclusions que sur l'avis de ses collègues ou du procureur général mieux éclairé, sa voix aura plus de poids dans la conviction des juges et dans l'arrêt définitif qu'ils sont appelés à prononcer.

Les *substituts du parquet* sont spécialement chargés, sous la direction immédiate du procureur général, de l'examen et des rapports sur la mise en accusation ; ils rédigent les actes d'accusation et assistent le procureur général dans toutes les parties du service intérieur du parquet (2). En cas d'absence ou empêchements des avocats généraux, les substituts peuvent porter la parole aux audiences de la Cour (3). Leur principale attribution est de porter la parole aux

1. T. I, p. 584 et 585.
2. Art. 45, décret du 6 juillet 1810.
3. Art. 6, du même décret.

audiences de la Cour d'assises du chef-lieu de la Cour.

Près de chaque tribunal de première instance, la loi du 20 avril 1810 a institué par son art. 6 des substituts du procureur général sous le nom de procureurs de la République. L'art. 47 de la même loi dit : « Les fonctions de ministère public seront exercées dans chaque tribunal de première instance par un substitut du procureur général qui a le titre de procureur de la République. »

Les procureurs de la République sont donc comme les avocats généraux et les agents du parquet, les substituts du procureur général. Mais sauf la qualité d'agent du ministère public, le procureur de la République est aussi officier de police judiciaire (art. 9 et 22 C. instr. cr.). En cette qualité il est mis sous la surveillance et les ordres du procureur général (art. 279 C. instr. cr.). Il doit lui donner avis de tous les délits qui parviennent à sa connaissance et exécuter ses ordres relativement à tous actes de police judiciaire (art. 27). Il doit poursuivre toutes les fois que soit sur l'ordre du ministre de la justice, soit d'office, le procureur général le charge de poursuivre les délits dons il a connaissance (art. 274), de rendre compte au procureur général tous les trois mois de l'état de la justice du département, en matière criminelle, correctionnelle et de simple police. Enfin il est, suivant l'expression de M. Treilhard, l'œil du procureur général, comme le procureur général est l'œil du gouvernement. « C'est par le résultat d'une communication active et fidèle du procureur de la République avec le procureur général, disait-il dans l'exposé des motifs du Code, et du procureur général avec le ministre de la justice, que peuvent être connus les abus qui se glissent dans les institutions, la tiédeur qui s'empare des personnes, l'insouciance qu'on peut pardonner à un particulier, mais qui est un vice dans le magistrat. »

Bien que les procureurs de la République soient sous l'autorité immédiate du procureur général, s'ils sont obligés de suivre ses ordres ils n'exercent l'action publique qu'en vertu d'une délégation directe de la loi. Ils l'exercent non pas comme les avocats généraux au nom du procureur général, mais en leur nom propre et personnel. L'art. 22 du Code d'instruction criminelle dispose, en effet, que « les procureurs de la République sont chargés de la recherche et de la poursuite de tous les délits dont la connaissance appartient aux tribunaux de police correctionnelle au aux Cours d'assises. » Ce sont eux qui reçoivent l'avis des fonctionnaires ou d'un particulier qui aura connaissance d'un délit ou d'un crime (art. 29 et 30). Ils peuvent saisir le tribunal en matière correctionnelle par une citation donnée directement au prévenu (art. 182). Les art. 53, 61, 63, 167, 177, 192, 202 et 274 les investissent de plusieurs autres attributions.

Les *substituts du procureur* de la République sont les fonctionnaires placés près du tribunal qui, sous les ordres immédiats du procureur, sont chargés de remplir les fonctions d'officiers de police judiciaire, de porter la parole aux audiences des tribunaux correctionnels et assister le procureur de la République dans le service intérieur du parquet (1). Ils

1. Décret du 10 août, art. 17, 19, 23.

participent donc à l'exercice de l'action publique. Mais sont-
ils investis directement par la loi de cet action, ne peuvent-
ils l'exercer que sur la délégation du procureur de la République? La question est débattue. M. Faustin-Hélie (1) pense
que les substituts du procureur de la République sont aptes
à remplir les fonctions que la loi leur a assignées sans avoir
besoin d'une délégation du chef du parquet. En l'absence de
ce dernier ils peuvent exercer leurs fonctions en vertu d'un
pouvoir spécial conféré directement par la loi. A l'appui de
cette opinion, il cite l'art. 43 de la loi du 20 avril 1810 qui
déclare que : « Les fonctions du ministère public seront
exercées dans chaque tribunal de première instance, par
un substitut du procureur général qui a le titre de
procureur de la République et par des substituts du procureur de la République dans les lieux où il sera nécessaire
d'en établir. » L'art. 7 du Code d'instruction criminelle,
dit l'éminent criminaliste, leur délègue également d'une
manière directe les fonctions d'officier de police judiciaire.

M. Mangin (2) pense au contraire que les substituts du procureur de la République se trouvent placés à leur égard dans
la même situation que les avocats généraux et les substituts
du parquet se trouvent à l'égard du procureur général. Ils
ne participent à l'exercice de l'action publique que dans les
cas et dans les actes que le procureur de la République leur
désigne. Ceci résulte, d'une part, des discussions qui ont eu

1. T. I, p. 589 et 590.
2. T. I, p. 185 et s., n° 94.

lieu au conseil d'État sur l'organisation judiciaire (1), et d'autre part, des art. 22 et 26 du Code d'Instruction crimin.

En effet, lors de la discussion de la loi du 10 avril 1810, M. Cambacérès disait : « Le plan est de donner toute l'intensité possible au ministère public ; dans cette vue, le pouvoir de poursuivre les délits est confié au procureur de la République et au procureur général; les autres fonctionnaires ne l'exercent que sous leurs ordres ; et pour faire apercevoir cette subordination et mieux fixer le système, on a cru devoir employer la dénomination de substituts. » Les art. 22 et 26 Code Instr. crim. viennent encore à l'appui de ce système. L'art. 22 dispose : « Les procureurs de la République sont chargés de la recherche et de la poursuite de tous les délits » ; et l'art. 26 dit : « Le procureur de la République sera, en cas d'empêchement, remplacé par son substitut. » De plus, si la doctrine contraire serait admise il n'y aurait plus aucun ordre dans le parquet du tribunal, l'esprit de subordination serait affaibli, le lien hiérarchique des officiers du ministère public serait gravement compromis. Bien que le premier système soit admis même par la Cour de cassation (1), nous partageons néanmoins l'avis de M. Mangin. Le dernier argument nous paraît décisif.

Les procureurs de la République, aussi bien que leurs substituts, sont investis, comme les procureurs généraux,

1. Procès-verbal du 6 nov. 1804.
2. Arr. Cass., 29 mars 1822 et 14 mai 1825 (Dev. et Car., t. VII, p. 40 et t. VIII, p. 124). Arr. Cass., 19 févr. 1829 et 3 sept. 1829 (Dev. et Car., t. IX, p. 236 et 368).

d'un double caractère : ils sont, en qualité de substituts du procureur général, les agents du pouvoir exécutif, ils sont obligés d'exécuter, bien qu'ils soient d'un avis contraire, les ordres de leurs supérieurs, mais, comme délégués de la société, ils jouissent d'une complète indépendance d'opinion ; aussi leurs conclusions doivent être guidées par leur consciencieuse conviction.

Les officiers du ministère public près les tribunaux de simple police sont les commissaires de police, les maires et les adjoints. Près du tribunal de police tenu par le juge de paix, le commissaire de police remplit les fonctions du ministère public, en son absence, par le maire ou son adjoint. S'il y a plusieurs commissaires de police, le procureur général nommera celui qui fera le service (art. 144 C. Instr. cr.). Près du tribunal de police tenu par le maire, c'est l'adjoint qui exerce les attributions du ministère public, et lorsque l'adjoint remplace le maire, par un conseiller municipal désigné par le procureur de la République pour une année entière (art. 107). C'est à eux que sont adressées toutes les plaintes et dénonciations en matière de simple police (art. 11), ils se pourvoient en appel contre les jugements (art. 172).

Les officiers du ministère public, près les tribunaux de police, ne sont pas considérés comme substituts du procureur de la République ; ils exercent leurs fonctions en vertu d'une délégation directe de la loi. Il n'existe aucun rapport hiérarchique et de subordination entre ces officiers et les procureurs de la République. De même ils ne sont pas plus les substituts du procureur général, car l'art. 144, qui confère à ce dernier le droit de choisir entre plusieurs commissaires celui qui doit siéger comme officier du ministère public près le tribunal de police du juge de paix, n'établit aucun rapport d'autorité entre eux et le procureur général.

La loi du 20 avril 1810 avait créé des juges auditeurs pour remplacer les officiers du ministère public près du tribunal, en cas que ces derniers étaient retenus par le besoin du service. La loi du 10 décembre 1830 a supprimé ces magistrats et les a remplacés par les juges suppléants du tribunal (art. 3). Le choix est fait par le procureur de la République, de concert avec le président du tribunal (1).

Le procureur général, en cas d'absence, est remplacé par le plus ancien des avocats généraux, et à défaut de ceux-ci par le plus ancien des substituts du parquet (2). Le procureur de la République est remplacé par le plus ancien des substituts (3). En cas d'empêchement des substituts eux-mêmes, le procureur de la République est remplacé par les juges du tribunal désigné par le tribunal (4).

Relativement à ce sujet, on peut se demander quel était le sens de l'ancienne maxime : *tout juge est officier du ministère public*. Quelle application peut-elle recevoir aujourd'hui ?

---

1. Arr. Cass., 31 juillet 1837 (J. P. 1837, t. II, p. 111).
2. L. du 20 avr. 1810, art. 47.
3. *C. instr. cr.*, art. 26 ; décret 10 août 1810, art. 21 et 22.
4. Art. 18, décret du 10 août 1810.

Dans l'ancien droit elle était susceptible de plusieurs acceptions. Le chancelier d'Aguesseau avait démontré qu'on pouvait l'entendre en deux sens : 1° quand les gens du roi refusaient de donner leurs conclusions, les juges pouvaient, après les avoir avertis, commettre un d'eux pour les remplacer ; 2° que les juges n'étaient pas tenus de se conformer aux conclusions des gens du roi ; on l'entendait aussi dans le sens que les juges pouvaient prendre, sans avis préalable du ministère public, des réquisitions en son nom. Le premier et le troisième sens ne peuvent s'appliquer dans notre législation, car nul texte de loi ne confère un pareil droit aux juges. Nulle disposition ne leur permet de suppléer les officiers du ministère public. Quant à la deuxième acception elle peut encore trouver son application. En effet, les juges ne sont pas astreints à se conformer aux conclusions du ministère public ; ils jouissent d'une complète indépendance, ils peuvent les adopter comme les rejeter, de même qu'ils peuvent augmenter ou diminuer les peines requises suivant leur conviction personnelle.

La loi a reconnu une délégation spéciale quant au droit d'exercer l'action publique à certaines administrations publiques : à l'administration des *contributions indirectes*, des *douanes* et des *eaux et forêts*.

En général, les administrations n'ont dans les affaires criminelles que le rôle de partie civile. On a accordé, par exception, cette délégation partielle à ces trois administrations craignant peut-être que les contraventions multiples qu'elles peuvent faire naître et leur gravité relative soient la cause du peu de zèle que le ministère public apporterait à la protection de ses droits (1).

Le droit accordé à l'administration des contributions indirectes n'a été formulé par aucun texte précis, il s'induit des arrêtés et ordonnances (2). M. Mangin pense que l'administration des contributions indirectes a non-seulement le droit de transiger avec le prévenu des contraventions et d'éteindre ainsi la poursuite, mais que ce droit est exclusif de l'action du ministère public (3). Cette doctrine, qui n'est fondée sur aucun texte, nous semble peu fondée. Nous pensons, avec M. Faustin-Hélie (4), qu'on ne peut accorder ce droit exorbitant à l'administration des contributions indirectes. En effet, une transaction peut éteindre toute poursuite, mais tant qu'elle n'est pas intervenue on ne peut défendre au ministère public d'exercer son action. On objecte pourtant que les contraventions relatives à cette matière entraînent des peines qui n'ont aucun caractère pénal : les amendes et confiscations doivent participer de la nature des réparations civiles ; mais on peut répondre que ces peines punissent une infraction aux lois, la désobéissance ou la fraude, qu'elles ont un caractère fixe, et elles ne varient pas suivant le dommage éprouvé ; de plus elles saisissent le tribunal correctionnel ; ce qui ne pouvait arriver, si elles avaient

1. Faustin-Hélie, tom. 1, p. 575.
2. Arrêté du 5 germinal an XII ; ordonn. du 3 janv. 1821.
3. Mangin, t. 1, p. 77.
4. T. I, p. 598 et s.

seulement le caractère d'une simple réparation civile, car ce tribunal ne pourrait se prononcer qu'accessoirement. La jurisprudence, limite à la transaction le pouvoir accordé à l'administration des contributions indirectes, mais le ministère public reprend sa compétence s'il s'agit d'un emprisonnement. Pour les contraventions aux lois qui concernent la garantie des matières d'or et d'ar-gent (décret du 28 floréal an XIII) la régie n'a pas le droit de transiger.

L'*administration des douanes* est investie du même droit que la régie des contributions indirectes. Ce qui résulte d'un arrêté des Consuls, 14 fructidor an X; de l'ordonnance du 27 novembre 1816 et celle du 30 janvier 1822. Mais ce droit n'est pas exclusif de l'action du ministère public. La Cour de cassation a consacré ce principe en déclarant : « Que le ministère public est toujours partie principale et a qualité pour procéder, par voie d'action, dans toutes les affaires de douanes de la compétence des tribunaux correctionnels L'administration des douanes est partie principale dans les affaires qui ne donnent lieu qu'à des amendes et confiscations ; elle devient civile lorsque la contravention donne lieu à la peine de l'emprisonnement (1). »

L'administration des *eaux et forêts* est investie d'un pouvoir plus grand que les deux autres administrations, car son droit n'est pas restreint aux faits passibles d'amendes ou con-

---

1. Arr. Cass., 21 nov. 1828 (Dev. et Carr., t. IX, p. 188). Arr. Cass., 8 déc. 1838 (*J. du dr. crim.*, t. II, p. 292).

fiscations, elle peut requérir aussi la peine de l'emprisonnement. Ceci résulte des art. 17-18 du Code d'Instr. crim. et
des art. 159 et 183 du Code forestier.

Après avoir énuméré les différentes personnes qui sont
chargées de l'exercice de l'action publique nous devons nous
demander comment peut-elle être mise en mouvement. En
matière criminelle nous avons vu dans le chapitre 1 de notre
travail, que c'est tantôt le ministère public d'office (art. 22
C. d'Instr. cr.), tantôt la partie lésée si elle se constitue partie civile (art. 63 C. Instr. cr.).

En matière correctionnelle l'action publique peut être mise
en mouvement par le ministère public (art. 22 C. Instr.
cr.) et par la partie civile (art. 182 C. Instr. cr.). Le tribunal
est donc saisi de l'action publique par une citation donnée directement au prévenu ou aux personnes civilement
responsables par le délit. On a objecté pourtant que ce
n'est pas la citation de la partie civile qui met en mouvement l'action publique, mais les conclusions du ministère
public (1). On fait une confusion. Les conclusions du ministère public constituent un acte d'exercice de l'action
publique, mais ceci n'empêche pas la partie civile de saisir le tribunal et de mettre en mouvement l'action publique
avant les conclusions prises à l'audience par le procureur
de la République.

On peut donc dire que la partie civile fait naître l'action
civile mais ne l'exerce pas. Par application de ce principe on

1. M. Lescyllier, *Traité des actions publ. et privées*, t. I, p. 600.
607   12

doit refuser à la partie civile d'interjeter appel de l'action publique, car s'il a saisi les juges de première instance de cette action, une fois mis en mouvement, le ministère public devient le seul maître de la poursuivre. C'est lui donc seulement qui peut saisir les juges d'appel de l'action publique (1).

En matière de simple police, l'action publique est mise en mouvement par la partie civile ou par le ministère public (art. 145 C. Instr. cr.).

Ainsi nous voyons la partie civile apporter un puissant concours à l'exercice de l'action publique. Elle ne peut exercer directement, mais elle peut la mettre en mouvement. Le législateur n'a reconnu qu'aux agents spéciaux le droit de l'exercer ; il a écarté les parties lésées, voulant substituer aux passions et à la vengeance des particuliers le principe d'une autorité représentant l'intérêt général de la société. Mais en confiant l'exercice de l'action aux officiers du ministère public seulement, il a voulu en même temps multiplier les moyens d'investigation, et puisque la partie lésée est intéressée dans la poursuite il l'a choisie comme l'élément le plus actif, l'auxiliaire le plus puissant, pour atteindre son but : la répression des faits punissables.

A côté du droit reconnu à la partie civile nous savons que l'action publique peut encore être mise en mouvement par la Cour d'appel qui est en même temps chargée d'en surveiller l'exercice (art. 9 C. Instr. cr., et art. 11 de la loi du

1. Faustin-Hélie, t. I, n° 518.

20 avril 1810). Dans l'ancien droit, les corps judiciaires pouvaient exercer directement l'action publique, dans notre législation moderne la Cour d'appel ne l'exerce plus, elle a seulement le droit de la mettre en mouvement. La loi a voulu conférer un droit de suprême direction à une autorité judiciaire, car par sa position elle est en dehors des influences que le pouvoir exécutif peut facilement exercer sur les agents du ministère public. De plus c'est une garantie de la liberté civile des citoyens et un moyen d'assurer à l'action publique un exercice impartial et plus efficace.

En parlant des caractères de l'action publique nous avons dit que l'art. 235 conférait à la Chambre d'accusation le droit d'évocation, c'est-à-dire qu'elle peut « d'office, soit qu'il y ait ou non une instruction commencée par les premiers juges, ordonner des poursuites, se faire apporter les pièces, informer ou faire informer, et statuer ensuite ce qu'il appartiendra. » Cette prérogative ne pourrait être exercée par la Chambre correctionnelle de la Cour d'appel car les attributions de compétence sont de droit strict et ne peuvent être étendues à des cas non prévus par la loi.

Les officiers du ministre sont soumis à une surveillance plus directe : celle du procureur général de la Cour de cassation et du ministère de la justice.

L'art. 84 du sénatus-consulte organique du 16 thermidor an x dispose que « le procureur général près la Cour de cassation surveille les commissaires près les tribunaux d'appel et les tribunaux criminels. » Ce droit de surveillance ne constitue pas une participation à l'exercice de l'action pu-

blique, il a un caractère purement judiciaire et scientifique ;
le législateur a eu pour but d'investir un magistrat supérieur
du droit d'apporter remède à tous les mauvais usages, les
traditions surannées qui peuvent s'introduire dans le parquet (1). « Au moyen de cette attribution, dit M. Faustin-
Hélie (2), il peut, par ses avis et ses observations, éclairer
l'exécution de la loi, réformer des habitudes inutiles et dan-
gereuses, propager les règles que la Cour de cassation a
sagement élaborées, et ramener tous les parquets au joug
d'une salutaire unité. »

Le ministre de la justice, en qualité de chef hiérarchique,
exerce une grande autorité sur les officiers du ministère public qui peut se résumer dans le droit de surveillance et de
discipline ; il peut même provoquer l'exercice de l'action
publique (art. 274, 441, 443, 486 Code Instr. crim.).
Ainsi bien qu'il ne participe pas à l'exercice de l'action il
peut lui donner l'impulsion et concourir pour la diriger ; il
peut donc ordonner à un procureur général, ou à un procureur de la République de prendre telle mesure qu'il croit
nécessaire pour l'administration de la justice, former un
appel ou un pourvoi. Enfin, il a la direction administrative et
une autorité puissante sur tous les magistrats du ministère
public. Mais il serait faux de croire que le ministre de la justice a la suprême direction de l'action publique ; cette direction est expressément confiée aux Cours d'appel par l'art. 9

_____

1. *Lois et Règlements de la Cour de cass*. Introd, p. 100.
2. T. 1, p. 638

du Code d'Instr. cr. L'art. 11 de la loi du 20 avril 1810 donne encore à ces Cours le droit de mander les procureurs généraux et de leur enjoindre de poursuivre les crimes et les délits (1).

Mais, outre ces droits accordés à la Cour d'appel, l'art. 61 de la loi sur l'organisation judiciaire attribue à la Cour et au tribunal le droit de rappeler à leur devoir les officiers du ministère public par l'intermédiaire du ministre de la justice : « Les Cours impériales ou d'assises, dit l'article, sont tenues d'instruire le grand juge, ministre de la justice, toutes les fois que les officiers du ministère public, exerçant leurs fonctions près de ces Cours, s'écartent du devoir de leur état, et qu'ils en compromettent l'honneur, la délicatesse et la dignité. Les tribunaux de première instance instruisent le premier président et le procureur général de la Cour impériale, des reproches qu'ils se croient en droit de faire aux officiers du ministère public exerçant dans l'étendue de l'arrondissement, soit auprès de ces tribunaux, soit auprès des tribunaux de police. » Hors ce droit de surveillance que les autorités judiciaires peuvent exercer indirectement sur les officiers du ministère public, elles doivent s'abstenir de toute improbation directe, elles n'ont aucun pouvoir pour leur adresser des injonctions, et ne peuvent jamais les suppléer dans les réquisitions en cas de négligence de leur part (2.

1. Arr. Cass., 22 déc. 1827 (Dev. et Car., t. VIII, p. 731).
2. Arr. Cass., 7 août 1818 (J. P., t. XIV, p. 970) ; Arr. Cass., 8 mars 1821 (J. P., t. XVI, p. 431) ; Arr. Cass., 24 sept. 1824 (J. P., t. XVIII, p. 1044) ; Arr. Cass., 8 déc. 1826 (J. P., t. XX, p. 1016).

Comme conséquence de cette règle, le ministre public n'est
pas obligé, avant d'exercer l'action publique, d'obtenir l'autorisation du tribunal, de même qu'il n'a besoin de cette autorisation pour poursuivre, s'il vient à découvrir pendant
l'instance un nouveau délit (1).

Nous venons d'examiner tous les éléments qui concourent
à former les bases de l'institution du ministère public. Ces
éléments sont, dans chaque canton, les commissaires de police, les maires et les adjoints près les tribunaux de police.
Ensuite les procureurs de la République et ses substituts dans
chaque arrondissement près les tribunaux correctionnels, et
si le tribunal se trouve à un chef-lieu d'un département, auprès des cours d'assises. Au dessus nous trouvons les procureurs généraux près de chaque cour d'appel, qui a la suprême
direction de l'action et exerce une surveillance et un pouvoir
disciplinaire sur tous les officiers du ministère qui se trouvent
dans le ressort de la cour, de même sur les officiers de police
judiciaire. Ces magistrats, dont nous venons de donner l'é-
numération, ont le droit d'exercer l'action publique. Les
cours d'appel, qui ont aussi un pouvoir de direction et de
discipline, la partie civile et dans une certaine mesure le
ministre de la justice, sont appelés seulement d'en provoquer
l'exercice. Ce dernier, en qualité de chef hiérarchique, a
de plus la direction générale de l'action et une autorité disciplinaire sur tous les magistrats du ministère public. Quant
au procureur général près la Cour de cassation, il n'a qu'une
surveillance purement doctrinaire.

1. Faustin-Hélie, t. II, p. 14 et 15.

Ainsi tous ces éléments, dans une mesure différente, gravitent autour de l'action publique pour lui donner cette force d'impulsion, lui imprimer ce caractère d'unité que d'une simple fonction elle est devenue une merveilleuse institution.

Mais qu'entend-on par l'unité et l'indivisibilité du ministère public ? L'unité consiste dans cette idée que tous les membres qui le composent sont confondus dans une même institution et ils n'obéissent qu'à une direction unique. Que tous les magistrats du ministère public forment un seul corps, régi par une discipline uniforme, et soumis à l'impulsion du ministre de la justice, qui est le chef et le directeur de ce corps. Le rapporteur de la loi du 10 avril 1810 s'exprimait ainsi au Corps législatif relativement à ce sujet : « Il ne peut jamais perdre de vue le but principal du système du Code d'instruction criminelle, dont la base est l'unité des fonctions du ministère public. » Et plus tard il ajoutait : « Les substituts du procureur général exercent les mêmes pouvoirs que lui, mais sous sa direction spéciale : car *l'unité de ce ministère en fait la force et le principe;* son action, pour être bienfaisante et salutaire, doit être constamment la même. »

Le ministère public, devant toutes les juridictions, représente toujours une seule et même partie : la société. Ce n'est pas l'agent qui exerce sa fonction auprès du tribunal qui parle ou requiert l'application de la loi, mais c'est la société elle-même par son organe. On dit du ministère public qu'il est indivisible dans le sens qu'il agit par des agents multiples qui ne sont que des individualités d'une personne morale

unique, de telle sorte que tout acte, fait par une individua-
lité, est réputé fait par le ministère public.

Sous l'empire des idées du temps, on disait autrefois
que les agents du ministère public représentaient le roi ;
aujourd'hui on dit qu'ils représentent la société ou la nation (1).

Comme conséquence du principe de l'indivisibilité du ministère public, la jurisprudence a décidé qu'il n'est pas né-
saire : que le même membre du parquet qui a porté la parole
à l'audience, en requiert l'application de la peine (2); que l'acte
fait par un substitut dans la mesure de sa compétence a la
même autorité que s'il émanait du procureur de la République (3) ; que le même magistrat qui donne ses conclusions
dans une affaire civile ait assisté à toutes les audiences où
l'affaire a été plaidée (4).

Malgré tous les avantages que l'institution du ministère
public peut présenter, elle n'est pas pourtant à l'abri
de toute critique. Ainsi nous avons vu dans le premier
chapitre qu'un des principaux motifs qui a empêché son
introduction en Angleterre, où le sentiment national est
si susceptible pour les garanties de la procédure criminelle, c'est l'inégalité qui existe dans la législation française
entre l'accusateur et l'accusé. Et, en effet, la situation de ce
dernier est bien inférieure à celle de l'accusateur ; au lieu

1. Ortolan, t. II, p. 418 ; Faustin-Hélie, t. II, p. 25 et s.
2. Arr. Cass., 6 avr. 1817 (J. P., t. XVI, p. 327).
3. Arr., 3 sept. 1829 (J. P., t. XXII, p. 1437).
4. Arr. Cass., 18 août 1836 (Dev. et Car., 36, I, 481).

d'avoir comme en procédure civile deux parties armées des mêmes droits, ayant les mêmes moyens de défense, nous trouvons pendant l'instruction l'inculpé isolé devant l'autorité imposante du ministère public; ensuite, à l'audience, une magistrature puissante, par sa position et son influence, inspire plutôt la crainte que le respect. Pour obvier à ces inconvénients, il faudrait que dans les actes de procédure qui ne peuvent se partager également entre l'accusateur et la défense, donner la préférence au dernier. « Le correctif doit être, dit notre éminent maître (1), dans les mœurs du ministère public lui-même, proclamant le premier ce qui est dû au droit de défense, faisant tourner la magistrature à protéger l'exercice de ce droit, non à l'intimider ni à l'amoindrir.» On doit ajouter que réduire la partie civile à une simple action en dommages-intérêts est contraire à toute idée de justice ; on devrait la faire participer dans une certaine mesure à l'action publique, car le préjudice qu'elle a éprouvé constitue un intérêt assez légitime pour lui accorder un tel droit qui d'ailleurs serait aussi une satisfaction de morale et de justice pénale (2).

Les magistrats du ministère public exercent une grande autorité par l'importance de leur position et des prérogatives dont ils sont investis par la loi. Mais ne sont-ils pas tenus de répondre de leurs actes, ou plutôt des fautes qu'ils commettent dans l'exercice de leurs fonctions? L'affirmative n'est

1. M. Ortolan, t. II, n° 2038.
2. M. Ortolan, t. I, n° 2039.

pas douteuse quant aux crimes et délits résultant d'un dol, d'une fraude ou concussion, mais nous verrons que quant aux erreurs qu'ils peuvent commettre, ils sont à l'abri de toute poursuite.

Examinons d'abord la question de savoir si les magistrats du ministère public peuvent être récusés. Le Code d'instruction criminelle n'en parle pas, mais le Code de procédure civile la résout d'une manière implicite. Dans l'art. 381 il est dit, en effet, que « les causes de récusations relatives aux juges sont applicables au ministère public lorsqu'il est partie jointe, mais il n'est pas récusable quand il est partie principale. » Or, le ministère public, dans les matières criminelles, correctionnelles et de simple police, est partie principale, et par conséquent il ne peut être récusé. C'est l'opinion générale des criminalistes (1). La Cour de cassation l'a adoptée aussi dans l'espèce suivante : un individu traduit devant un tribunal de police avait récusé l'adjoint du maire qui exerçait les fonctions du ministère public. Le tribunal accepta la récusation en renvoyant les parties devant les juges compétents. La Cour de cassation annula le jugement comme entaché d'excès de pouvoir : « Attendu qu'aucune loi n'autorise la récusation contre le ministère public agissant d'office ; qu'ainsi une pareille récusation doit être réputée comme ne pouvant exister (2). »

Cette doctrine est l'objet d'une vive critique de la part de

____

1. Legraverend, *Législ. crim.*, t. II, p. 47 ; Mangin, t. I, n° 117, Faustin-Hélie, t. II, n° 573, p. 37.
2. Arr., 14 févr. 1811 (J. P., t. IX, p. 105).

MM. Garat (1) et Mangin (2). Quant à nous, nous pensons que
la raison qui a fait admettre la récusation du ministère public
en matière civile devrait être admise par *a fortiori* en notre
matière. Le législateur de la Procédure civile a craint que l'o-
pinion du ministère public qui exerce une si grande influence
sur la détermination du juge, inspirée peut-être par une passion ou un intérêt personnel, ne soit suspectée d'impartialité.
Mais cette influence est encore plus grande en matière pénale, à cause des prérogatives dues à son rang et de la position si peu égale que la loi a établie entre lui et l'accusé. Or,
plus l'influence qu'il peut exercer sur la décision des juges
sera grande, plus il sera nécessaire de se garantir contre
un soupçon d'impartialité. Si nous supposons, par conséquent, qu'il soit animé par un intérêt ou une affection
qui soit préjudiciable à l'accusé, l'obstacle mis par la
loi rendrait la position de ce dernier des plus effroyables.
On ne peut objecter que le principe de l'indépendance du
ministère public serait compromis par l'examen que le tribunal ferait de la récusation, car le rôle du tribunal se borne
à apprécier seulement la cause de la récusation personnelle
au magistrat sans mettre aucun obstacle à l'exercice régulier
de l'action publique. Pour le respect dû aux décisions de la
justice et pour ne donner lieu à aucun soupçon d'impartialité,
les magistrats du ministère public, s'ils trouvent les motifs
de récusation assez fondés, doivent s'abstenir de porter la

---

1. *Rép.*, v° *Minist. publ.* (article de M. Garat), § 5, n° 6.
2. T. I, p. 234 et 235.

parole à l'audience sans être obligés d'en rendre compte à personne (1).

Demandons-nous maintenant si les officiers du ministère public sont responsables des délits ou des erreurs qu'ils ont pn commettre dans l'exercice de leurs fonctions ? S'ils sont obligés de réparer les dommages causés par leurs fautes ou négligences ?

Les auteurs (2) sont d'accord pour affranchir les magistrats du ministère public des conséquences dommageables qui peuvent résulter de leurs actes. Ils ne doivent être poursuivis pour les erreurs ou fautes qu'ils commettent, car ce serait mettre un obstacle permanent à l'exercice de leurs fonctions. Ils ne pourraient s'acquitter d'une manière efficace de leurs devoirs si à chaque moment ils pouvaient craindre d'être poursuivis pour rendre compte des erreurs ou d'un excès de zèle auxquels ils sont exposés. « Le législateur a craint, dit M. Faustin-Hélie, qu'une protection plus complète donnée aux droits des citoyens n'enchaînât l'action du magistrat, que la menace de la responsabilité aurait retenue, et que trop de précautions n'eussent pour résultat l'impunité. »

Cette doctrine est adoptée aussi par la Cour de cassation (3), elle était de règle dans l'ancien droit criminel, elle ne résulte pas dans la législation moderne d'un texte précis de loi, mais de l'ensemble des dispositions sur les prises à partie et

---

1. Arr. Cass., 28 janv. 1850 (J. P., t. XXIII, p. 36).
2. Mangin, t. I, n° 118 ; Faustin-Hélie, t. II, p. 44 et s.
3. Cass., 27 fruct. an IV (Dev. et Car., t. I, p. 56) ; Arr. Cass., 17 sept. 1825 (Bull., p. 509).

sur la nature de l'action publique (1). Ainsi il faut admettre comme un principe constant que les magistrats du ministère public ne sont point responsables de leurs erreurs à moins, dit M. Garat, que ces erreurs n'aient un caractère d'inconsidération tel qu'on ne doit pas l'excuser dans un homme qui s'est chargé d'une fonction si redoutable. Le principe constamment suivi est que le ministère public ne peut être recherché que pour ses prévarications (2).

Mais si ils ne sont pas responsables des erreurs qu'ils commettent, ne doivent-ils pas l'être pour les crimes et délits qu'ils commettraient dans l'exercice de leurs fonctions ? Dans l'ancien droit criminel les causes des prises à partie contre les juges étaient applicables au ministère public (3). L'art. 565 du Code de brumaire an iv a déterminé les cas où les juges peuvent être pris à partie. Ces dispositions ont été reproduites par l'art. 505 du Code de procédure civile.

L'art. 112 du Code d'instruction criminelle porte que l'inobservation des formalités prescrites pour les mandats de comparution, de dépôt, d'amener et d'arrêt, sera punie, et s'il y a lieu d'injonction au juge d'instruction et au procureur de la République, *même de prise à partie, s'il y échet.* A ce texte il faut ajouter les deux art. 281 et 358 qui emploient des expressions analogues.

Ainsi, il résulte d'une manière évidente que les officiers du ministère public peuvent être aussi pris à partie.

1. Mangin, t. 1, p. 237.
2. *Rép.*, v° *Minist. publ.*, § 3, n° 3.
3. Mayart de Vauglans, *Lois crim. en France*. T. II, p. 555.

Quant aux cas qui peuvent déterminer une pareille action, le Code d'instruction ne les a pas énumérés, parce qu'ils étaient réglementés par le Code de procédure civile, promulgué lors de sa rédaction (1). Ainsi, tous les officiers du ministère public peuvent être pris à partie par les parties lésées non-seulement dans les trois cas particuliers prévus par l'art. 358 du Code d'instruction criminelle, d'accusation illégale, d'énonciation calomnieuse mais encore par les trois cas déterminés par l'art. 505 du Code de procédure civile, dans le cas de dol, fraude ou concussion.

Les parties lésées n'ont pas à examiner si le dol, la fraude ou la concussion constituent un crime ou un délit passible d'une peine ou simplement de dommages-intérêts ; c'est au tribunal saisi de la prise à partie de décider s'il faut la renvoyer à un tribunal criminel ou civil.

De même pour mettre en mouvement la prise à partie, il ne faut pas s'attacher à la qualification pénale du fait, mais au fait lui-même commis par le magistrat prévaricateur. Ainsi il peut être poursuivi, non-seulement pour un délit ou un crime qu'il commet dans l'exercice de ses fonctions mais encore lorsqu'il fait de son ministère l'instrument de ses haines ou de ses passions, par exemple en faisant prolonger une détention sous des prétextes mensongers (2).

1. Mangin, t. 1, p. 244.
2. Faustin-Hélie, t. II, p. 42 et 43.

SECTION II

A QUI APPARTIENT L'EXERCICE DE L'ACTION CIVILE.

Nous avons vu dans le chapitre premier que toute infraction à la loi pénale donne lieu à l'action publique et à l'action civile. L'action publique a pour but d'obtenir la réparation d'un préjudice social, tandis que l'action civile est donnée pour obtenir la réparation du préjudice privé ; c'est donc aux personnes qui ont éprouvé un préjudice, aux personnes lésées dans leurs droits qu'il appartient d'exercer l'action civile.

L'article 1 du Code d'instruction criminelle concerne ce principe. Il dit en effet : « .... L'action en réparation du dommage causé par un crime, par un délit ou par une contravention, peut être exercée par tous ceux qui ont souffert de ce dommage. » Et l'art. 63 dispose : « Toute personne qui se prétendra lésée par un crime ou un délit pourra en rendre plainte et se constituer partie civile. »

Ainsi c'est le dommage occasionné par le délit et éprouvé par la partie qui forme la base de l'action civile. Et en effet, pour qu'une personne puisse intervenir et joindre son action à celle du ministère public, il faut qu'elle ait été lésée dans ses droits, dans ses intérêts, il faut que le fait dont elle se plaint lui ait porté un préjudice quelconque. De plus son intervention aggrave la position de l'accusé : celui-ci au lieu d'un adversaire en aura deux ; il fallait donc un motif puissant pour permettre à la partie civile d'exercer son action à côté de celle du ministère public. Ce motif ne peut être que celui du dommage qu'elle a dû éprouver par suite du délit.

Mais pour que la partie civile soit investie de ce pouvoir il n'est pas suffisant d'une simple dénonciation de sa part il faut une plainte suivie d'une déclaration formelle de vouloir se constituer partie civile (art. 66 C. d'instr. cr.). Il faut donc distinguer la plainte de la dénonciation : tout citoyen peut se porter dénonciateur d'un attentat à l'ordre social ; mais le droit d'en rendre plainte n'appartient qu'à la partie dont cet attentat blesse les intérêts privés. Et en effet, la dénonciation peut être portée même par celui qui n'a pas été atteint par le délit, tandis que la plainte ne peut être portée que par la personne qui en était victime.

Le principe qui reconnaît comme fondement de l'action civile le préjudice ou une lésion était admis en droit romain et à toutes les époques de la législation française.

En droit romain ce principe était tellement absolu que dans les *judicia publica* pour lesquels on exigeait certaines conditions de capacité ou d'idonéité la partie lésée qui ne les possédait pas pouvait néanmoins exercer le droit d'accusation (1). *Omnes, si suam injuriam exsequantur, mortem propinquarum defendant, ab accusatione non excludantur* (2).

---

1. Legraverend, *Législ. crim.*, t. I, p. 195
2. L. II, Dig., *De accusationibus.*

L'ancien droit, comme nous l'avons vu, sous l'influence de la législation germanique ne reconnaissait que très-peu de crimes publics, presque tous les crimes étaient considérés comme crimes privés ; la répression de ceux-ci était placée seulement dans les mains des personnes qui avaient été lésées. Les auteurs exigeaient pour l'exercice de l'action que la partie civile ne poursuive que son intérêt pécuniaire ; qu'elle ait souffert à cause du délit commis en leurs personnes ou en leurs biens (1).

L'ordonnance de 1670 a maintenu le même principe. La jurisprudence des Parlements l'avait aussi adopté. Jousse nous le fait connaître d'une manière catégorique : « Pour pouvoir rendre plainte, il faut y être intéressé ; il est défendu aux juges de recevoir des plaintes pour raison des faits qui n'intéressent point les parties, sauf à recevoir ces parties pour dénonciateurs (2). »

Le même principe a passé dans le droit intermédiaire. L'art. 6 du Code de brumaire an IV disposait : « L'action civile a pour objet la réparation du dommage que le délit a causé ; elle appartient à ceux qui ont souffert de ce dommage. »

Ainsi dans toutes les législations la lésion éprouvée par un délit était l'élément constitutif de l'action civile.

Mais quelle doit être la nature de la lésion ? Suffit-il d'un simple dommage causé dans nos habitudes ou nos affections ?

1. Imbert, *Enchiridion,* p. 8 ; *Pratique civile et crim.,* liv. III, ch. I, n° 3 ; Koenigswarter, *Revue de législation,* 1849, t. II, p. 375 et s.
2. *Traité de just. crim.,* t. II, p. 47.

Nullement, car pour attribuer une action en justice, il faut nécessairement que la cause qui donne naissance à l'action soit sérieuse et appréciable (1).

Les auteurs reconnaissent que la partie qui veut exercer l'action civile doit avoir souffert un dommage dérivant d'un fait qualifié crime, délit ou contravention par la loi, que ce dommage lui soit *personnel*. De plus il faut qu'il ait un intérêt *direct* et *actuel* à l'exercice de son action.

La loi ne reconnaît pas un intérêt suffisant celui que tout citoyen aurait à la répression d'un délit: car si cet intérêt purement moral à raison d'un délit, qui n'intéresse que la société, pourrait donner naissance à une action civile, on ressusciterait d'une manière indirecte les actions populaires des Romains (2). Ainsi la première condition à l'exercice de l'action civile c'est que le fait dommageable soit passible d'une peine. La Cour de cassation a consacré cette règle par plusieurs arrêts. Par l'arrêt du 30 janvier 1829 elle a jugé que l'action civile ne peut être intentée devant le tribunal correctionnel contre un individu accusé de rétention frauduleuse d'effets mobiliers, après la rupture d'un projet de mariage. Elle a jugé : « que le fait de rétention imputé n'offrait aucun caractère de délit; qu'il suivait du système adopté par les premiers juges une confusion du dol civil et du dol criminel, essentiellement distincts, et une instruction par la voie cor-

1. Faustin-Hélie, t. I, p. 650.
2. Mangin, t. I, p. 252.

rectionnelle de la preuve par témoins contre et outre le contenu aux actes, et ce en contravention aux principes généraux de droit (1). »

L'action civile doit avoir pour fondement le préjudice personnel de celui qui l'exerce, il doit être atteint dans sa personne ou ses biens. On peut se demander si le dommage causé à son proches, à nos enfants, peut constituer un intérêt suffisant pour pouvoir exercer l'action civile. Dans l'ancien droit on admettait l'action civile lorsqu'elle était fondée sur un pareil intérêt. Ainsi, en cas d'une injure faite dans la personne, l'honneur ou les biens de nos proches, c'est-à-dire de ceux à qui l'on tient par les liens du sang ou par les alliances, ou de ceux que nous avons dans notre puissance, l'action civile pourrait être exercée (2).

— Aujourd'hui ce principe n'est plus admis ; l'art. 727 du Code civil impose à l'héritier qui est instruit du meurtre du défunt seulement l'obligation de dénoncer le crime à la justice et ne l'oblige pas de participer à l'action criminelle exercée contre le meurtrier (3).

Quant aux préjudices causés à ceux qui sont en notre puissance nous pouvons en demander réparation ; mais nous ne pouvons le faire qu'en leur nom propre. Ce n'est pas à raison de l'intérêt indirect que nous pouvons ressentir que l'action civile nous est accordée, mais comme représentant leurs in-

1. Bull., n° 25, p. 64. Voir encore Arr. Cass., 30 juil. 1829 (Bull., n° 165, p. 427) et Arr. Cass., 12 avr. 1834 (Bull., n° 108, p. 122).
2. Mayart de Vouglans, *Lois crim. de Fr.*, p. 589 ; Jousse, t. 1, p. 587.
3. Mangin, t. 1, p. 253.

térêts en justice. Ainsi un père, un mari, ou un tuteur peuvent en prenant cette qualité se constituer partie civile, à raison d'un dommage que le fils, la femme ou le pupille ont éprouvé par suite d'un délit. Cependant l'injure adressée à ces derniers peut être de nature à rejaillir sur le père, le mari ou le tuteur. En ce cas l'action civile pourrait être exercée directement par ceux-ci comme ayant été personnellement atteint par le délit. Nous trouvons dans le droit romain une solution analogue : *Item aut per semetipsum alicui fit injuria aut per alias personas ; per semet, cum directo ipsi cui patrifamilias vel matrifamilias fit injuria ; per alias, cum per consequentias fit, cum fit liberis nostris, vel servis nostris, vel uxori, hominive ; spectat enim ad nos injuria quæ ex his fit, qui vel potestati nostræ vel affectui subjecti sunt* (1).

Quant aux domestiques, la question n'offre pas de difficulté; ils ne sont pas en notre puissance, c'est à eux-mêmes de se porter partie civile. Dans l'ancien droit on faisait exception et on permettait au maître de demander réparation de l'injure adressée au domestique car cette injure réfléchissait nécessairement contre lui, comme si elle était faite dans les fonctions où il avait employé le domestique (2). Aujourd'hui on n'admet pas qu'un délit commis au préjudice d'un domestique dans les fonctions auxquelles le maître l'avait préposé puisse faire naître une action civile en faveur

<hr>

1. L. 1, § 3, Dig., *De injuriis.*
2. Muyart de Vauglans, *Lois crim. de Fr.*, t. II, p. 589.

de ce dernier, à moins qu'il n'ait éprouvé personnellement un dommage (1).

Ainsi pour l'exercice de l'action civile il faut avoir un intérêt *personnel* et *direct*. En conséquence de ce principe, un individu après avoir été détenu sous l'inculpation d'un crime est acquitté par la Cour d'assisses ; il ne peut se porter partie civile contre le véritable auteur du crime poursuivi ultérieurement (2). En effet, le dommage qu'il a éprouvé par suite de la détention n'est pas le résultat direct du crime, sa perpétration ne lui a causé aucun préjudice, l'auteur du crime est complètement étranger aux pertes qu'il a pu éprouver ; la justice seule pourrait en être responsable à cause de son erreur. De plus, on ne pourrait reprocher à l'auteur du crime de n'avoir empêché cette erreur en se présentant soi-même à la justice, car c'est un simple devoir de conscience dont la violation ne peut donner lieu à une action de dommages-intérêts (3).

Il faut, comme dernier élément constitutif de l'action civile, que la partie ait un intérêt *actuel* à son exercice. En effet, comment concevoir une action qui ne serait fondée que sur une simple crainte, si aucune lésion n'a été éprouvée, aucun droit violé ? M. Merlin a établi avec une grande précision cette condition à l'exercice de l'action civile. « Il ne suffit pas, dit-il, que le délit puisse un jour nous préjudicier pour

1. Legraverend, t. I, p. 176 ; Mangin, t. I, p. 157 ; Faustin-Hélie, t. I, p. 651.
2. Arr. Cass., 19 juil. 1832 (Bull., n° 271, p. 383).
3. Faustin-Hélie, t. I, p. 666.

que la justice recoive votre plainte ; il faut qu'il vous porte, dès ce moment même, un préjudice réel ; il faut que dès aujourd'hui vous en ressentiez les funestes effets ; il faut, en un mot, que dans l'instant précis où vous en parlez, votre fortune, votre honneur, votre vie en aient éprouvé les atteintes.

Sans cela de quoi vo s plaindriez-vous, si ce n'est d'une vaine terreur ? Mais la justice n'est point faite pour s'occuper de vos craintes peut-être puériles, ni pour suivre l'impulsion de votre inquiète prévoyance. En un mot, ce ne sont pas des visions, ce sont des choses qu'il lui faut (1). »

L'intervention de la partie civile ne peut être fondée sur une simple allégation d'une lésion. Bien que l'art. 63 du Code d'instruction criminelle s'exprime en disant : toute personne qui se prétendra lésée par un crime, etc., l'art. 1 du Code d'instruction criminelle exige pourtant que le dommage eut été causé par le délit, et l'action civile ne peut être exercée que par ceux qui ont souffert de ce dommage.

Ainsi il faut d'une part que la personne qui veut se constituer partie civile ait la capacité voulue pour pouvoir exercer une action, d'autre part qu'elle énonce d'une manière précise l'objet de sa demande en dommages-ntérêts, qu'elle fasse connaître d'une manière exacte *in limine litis* la nature et l'étendue de la lésion. Autrement toute personne dans un pur intérêt de vanité ou d'animosité interviendrait au procès pour aggraver la position de l'accusé en alléguant un dommage presque insigni-

---

1. *Questions de droit*, vᵒ *Question d'État*, § 1.

fiant. La Cour de cassation a consacré ce principe par l'article du 19 juillet 1832 (1). Malgré le sentiment contraire de cette haute juridiction je partage l'avis de M. Faustin Hélie qui pense que dans le cas où la partie civile serait intervenue d'une manière irrégulière le jugement serait entaché de nullité. En effet, bien que l'action publique et l'action civile soient complétement indépendantes, on ne peut contester l'influence que l'une peut exercer sur l'autre dans une certaine mesure. Ensuite peut-on nier que l'accusé ait un intérêt évident à l'annulation d'un jugement qui le condamne par suite peut-être d'une interdiction irrégulière de la partie qui se prétend lésée ? Le concours injuste donnée par celle-ci au ministère public eut pu avoir une grande influence sur la décision des juges ; aussi l'accusé doit être admis à juste titre à attaquer le jugement qui a violé le droit de la défense en faisant introduire un élément étranger aux débats. On ne pourrait objecter que la loi ne prononce point la nullité, car la loi n'en prononce la nullité non plus pour les formes les plus essentielles et la jurisprudence a néanmoins suppléé à cette lacune de la loi (2).

L'action civile résultant d'une infraction punie par la loi pénale est de la même nature que toute autre action ; elle est soumise aux règles de droit commun ; il faut par conséquent, pour être recevable à la former, jouir de ses droits, avoir la

1. *Journ. du dr. crim.*, t. IV, p. 167
1. Faustin-Hélie, t. I, p. 654.

capacité d'ester en justice. Parmi les personnes incapables, on peut citer le mineur, la femme mariée, les interdits et les étrangers.

En droit romain, le mineur ne pouvait, sans l'autorisation du tuteur, demander réparation de l'injure qui lui était faite (1). Dans l'ancien droit, le mineur ne pouvait ester en justice sans être autorisé et assisté. On admettait une exception en faveur du mari mineur en lui permettant d'accuser sa femme d'adultère. Cependant, suivant certaines coutumes, le mineur pouvait intenter une poursuite criminelle sans aucune autorisation (3). Aujourd'hui, sous l'empire du Code Nap., le mineur ne peut exercer personnellement une action en justice; il faut qu'il soit représenté par son père ou son tuteur (art. 389 et 450).

L'interdit, selon l'art. 509, est assimilé au mineur; par conséquent il ne peut non plus ester lui-même en justice, son tuteur le représente. De même les condamnés aux peines afflictives ou infamantes qui, à partir du jugement, étant en état d'interdiction légale, perdent l'exercice de leurs droits.

La femme, en droit romain, pouvait poursuivre sans aucune autorisation les causes qui lui étaient personnelles : *Certis ex causis concessa est mulieribus publica accusatio* (4). Dans

1. **Muyart de Vauglans**, t. II, p. 105 ; Jousse, t. III, p. 4.
2. L. IV, C., *De Auctor. præst.*
3. *Cout. de Berry*, tit. 1, art. 11 ; *de Bourbonnais*, art. 169 ; *de la Marche*, art. 344.
4. L. II, Dig., *De accusationibus.*

l'ancien droit la femme ne pouvait ester en jugement sans l'autorisation du mari (1). L'art. 215 du Code Napoléon consacre la même règle. Une seule exception est admise par l'art. 216. Aux termes de cet article, l'autorisation du mari n'est pas nécessaire lorsque la femme est poursuivie en matière criminelle ou de police. Ainsi, elle peut porter plainte ou faire une dénonciation, mais elle ne peut se constituer partie civile sans être autorisée par son mari. Et la raison est bien simple : La femme ne peut s'obliger sans le consentement du mari ; or, en se constituant partie civile, la femme s'oblige éventuellement à payer le montant des frais et dommages-intérêts auxquels elle pourrait être condamnée ; elle s'oblige en se constituant, l'autorisation du mari est donc nécessaire. La Cour de cassation a confirmé cette règle en infirmant un jugement qui avait autorisé une femme à poursuivre la réparation d'un délit commis à son préjudice (2).

Les étrangers, pour intenter une action en justice, sont obligés de fournir une caution nommée *judicatum solvi*. L'art. 16 du Code Napoléon dit à ce sujet : « En toutes matières, autres que celles du commerce, l'étranger qui sera demandeur sera tenu de donner caution pour le paiement des frais et des dommages-intérêts résultant du procès, à moins qu'il ne possède en France des immeubles d'une valeur suffisante pour assurer ce paiement. » Les art. 166 et 167 du Code de procédure civile disposent de

1. Jousse, t. III, p. 46.
2. Arr. Cass., 30 juin 1808 (Bull , n° 138, p. 299.

la même manière. L'origine de cette règle se trouve dans l'ancien droit français, où elle était généralement appliquée (1). Faut-il l'appliquer dans notre hypothèse? L'étranger qui veut se constituer partie civile est-il astreint à la caution *judicatum solvi?* La Cour de cassation a adopté l'affirmative (2). Et en effet, l'art. 116 Code Napoléon, par la généralité de ses termes, embrasse toutes les matières et n'a fait qu'ériger en disposition législative la jurisprudence des anciennes Cours et Tribunaux qui ne faisaient aucune distinction entre les matières civiles et criminelles.

Faut-il décider de même en cas que le défendeur à l'action civile est aussi un étranger. Dans cette hypothèse, le demandeur étranger est-il affranchi ou non de la caution *judicatum solvi?* La question est vivement débattue. Dans une opinion, on soutient que la caution *judicatum solvi* ayant un caractère purement privé, ce qui résulte de l'art. 166 Code de procédure civile, elle n'a plus sa raison d'être une fois que l'équilibre juridique est rétabli entre les parties. Que l'art. 16 se trouve placé dans le chapitre qui traite de la jouissance des droits civils des Français et d'où ressort que le législateur n'a eu pour objet que de prémunir le justiciable français contre le préjudice éventuel résultant de l'absence de toute garantie de la part de l'étranger demandeur; que le législateur n'a pu avoir la pensée de prendre

---

1. Rousseau de Lacombe, *Matières crimin.*, p. 164. — Jousse, *Traité des instr. crim.*, T. III, p. 961.

2. Arr. Cass., 3 févr. 1814 (Bull., n° 12, p. 24) ; Arr. Cass., 12 janv. 1846 (*Gaz. des trib.* du 13 janv. 1846).

une précaution en faveur des étrangers qui se trouvent dans des conditions semblables; de plus, ce serait rompre l'inégalité qui existe entre les parties en créant un avantage au profit seulement de l'un des deux. Enfin, que par respect du droit de défense, on ne peut accorder à un prévenu, qui d'ailleurs n'est poursuivi que d'une manière accessoire par la partie civile, le droit d'obliger cette dernière à fournir une une caution (1).

Dans une autre opinion, qui est aussi la nôtre, on prétend que les parties étant toutes les deux étrangères, le défendeur peut néanmoins obliger le demandeur de fournir la caution *judicatum solvi*. En effet, l'art. 16 du Code Napoléon ne fait aucune distinction, sa règle est générale : « En toutes matières, autres que celles du commerce, l'étranger qui sera demandeur » ; la loi, sans avoir égard pour la qualité du défendeur, a posé la règle sans la soumettre à une restriction quelconque ; elle a voulu embrasser, par la généralité de ses termes, tous les cas, en ne faisant aucune distinction, or : *ubi lex non distinguit, nec nos distinguere debemus.* Si on n'obligeait pas le demandeur à la caution, la décision de la justice pourrait devenir vaine et illusoire ; et, en effet, si nous supposons que le défendeur ait obtenu gain de cause, il lui serait impossible de la faire exécuter en France, car son adversaire pourrait lui échapper, ni à l'étranger, où les jugements des tribunaux français ne peuvent avoir aucun effet.

1. Duranton, t. I, n° 166 ; Arr. Cass , 15 avril 1842 (Dev. et Car., 411, 479).

La loi donc n'a pu vouloir compromettre l'autorité et la
dignité de la justice en lui faisant rendre des jugements sans
aucun effet efficace et sans en assurer leur complète exécution. On ne peut tirer une objection sérieuse de la rubrique
du chapitre où se trouve l'art. 16 ; en effet, ce chapitre n'a
pas traité seulement des droits civils des Français ; il a réglé
même la condition des étrangers dans l'art. 11. La loi, d'ailleurs, dans l'art. 16, a été plutôt préoccupée des restrictions qu'elle devait mettre à l'exercice de l'action par l'é-
tranger, et non à régler le droit civil du Français défendeur.

On nous dit encore que le législateur, par l'art. 166 du Code
de procédure civile, a voulu donner un caractère privé à la
caution; ainsi il est dit : Si le défendeur le requiert avant
toute exception. » On ne peut tirer une conséquence si absolue. Si la loi s'est servie de ces expressions, c'est pour faire
voir que c'est une disposition qui intéresse le défendeur, que
c'est une mesure de protection que la loi a voulu mettre à sa
disposition. Mais elle n'a pas voulu par cela enlever aux
tribunaux la garantie d'une justice efficace et sérieuse.
Enfin, on nous dit que dans notre hypothèse, le demandeur
se trouve dans la même position que le défendeur, que l'é-
quilibre juridique est rétabli par la condition identique des
parties, que le défendeur étant aussi étranger, la caution
pourrait l'avantager au détriment de son adversaire. L'hypothèse d'une égalité parfaite entre les parties est un cas
sinon impossible mais fort rare. En effet, c'est bien difficile
de supposer que les deux parties ne présentent aucune garantie de solvabilité. Puis on ne peut dire que l'égalité

soit parfaite, car tandis que le demandeur peut choisir le moment favorable pour exercer son action, obliger le défendeur de garder prison ou d'obtenir la liberté sous caution, le prévenu n'est garanti d'aucune manière contre une poursuite calomnieuse de la part d'une partie civile (1).

Nous avons vu que l'action civile pour être exercée par la partie lésée, il faut qu'elle ait été atteinte personnellement par le délit. Cependant l'injure ou un outrage fait à la femme, tout attentat de nature à blesser son honneur ou sa considération pourraient être considérés comme insulte pour le mari, de même un vol, ou un abus de confiance portant préjudice à la communauté peuvent être poursuivis par le mari comme chef de communauté. On peut ajouter qu'en cas d'outrage et d'injure fait à un membre d'un ordre, d'un collége, d'un corps ou d'une association quelconque, l'action civile peut être exercée par le représentant ou le chef de l'association (2).

L'action civile prend sa base dans le dommage causé et a pour objet d'obtenir réparation ; cette action fait donc partie du patrimoine et doit appartenir aux héritiers de la personne lésée, comme toutes les autres actions. Mais souvent il y a des difficultés, par exemple, que faut-il décider au cas où l'action publique ne peut être intentée que par une plainte ?

1. Merlin, *Rép.*, v° *Caution, judicat. solvi*, § 1 ; Legraverend, *Lég. crim.*, t. 1, p. 208 ; Carnot, *De l'instr. crim.*, t. I, p. 305 ; Faustin-Hélie, t. I, p. 661 et s.
2. L. XXVI, mai 1819, art. 4 ; 25 mars 1822, art. 15 et 16.

Les héritiers de la partie qui aurait pu se porter plaignante peuvent-ils intenter l'action civile ? En général, on fait la distinction suivante : la plainte faite, le droit passe aux héritiers dans son intégralité ; n'y a-t-il pas eu plainte, il faut faire une nouvelle distinction : si le délit a porté atteinte aux biens du défunt, les héritiers ont le droit d'intenter l'action. Si, au contraire, le délit s'est attaqué uniquement à la personne du défunt, la base de l'action publique fait défaut, et par suite les héritiers qui ne peuvent pas se plaindre, ne peuvent pas intenter l'action civile ? Cette distinction, suivie en droit romaine (Inst. Just., § 1 *De perpet. et temp. actionibus*) et dans l'ancienne jurisprudence (1), nous paraît consacrée par l'art. 957 C. N. sur la demande en révocation pour cause d'ingratitude d'une manière décisive.

Lorsque le crime ou le délit a entraîné la mort de la victime, en droit romain et dans l'ancienne jurisprudence française (2) on accordait l'action civile même aux héritiers qui ne pouvaient faire valoir qu'un simple intérêt d'affection, *causam doloris* ; et lorsqu'il y avait plusieurs aptes à exercer l'action, la loi romaine préférait celui qui était lié au défunt par les liens les plus étroits de la parenté ou qui avait le plus d'intérêt : *Ex pluribus desiderantibus hanc actionem, ei potissimum dari debere cujus interest vel qui adfinitate cognationeve defunctum contingit* (3). M. Faus-

---

1. *Coutume de Bretagne*, art. 180 ; Jousse, t. III, p. 633.
2. L. XVII et XXI, Dig., *De his quæ ut indignis auferuntur Julius Clarus, quæst. 15, n° 5.
3. L. V, § 5, Dig., *De his qui effuderint.*

tin-Hélie pense qu'on devrait appliquer encore les mêmes principes (1). Nous serions porté à penser, au contraire, qu'aujourd'hui la qualité de parent ne peut conférer aucun privilége à l'héritier, le seul titre qui peut servir de base à son action est un préjudice matériel, et nous croyons que M. Carette disait avec beaucoup de raison devant la Cour de cassation : « Est-ce la douleur d'un père, est-ce au désespoir d'une mère privée de leur enfant par une imprudence ou un crime, que les tribunaux, accordent quelquefois ces dommages-intérêts dont l'allocation serait tout à fois *dérisoire* et *immorale*, s'ils avaient pour but une compensation quelconque d'un malheur dont rien ne saurait alléger le poids ? Non, c'est uniquement en vue de l'assistance que ces parents pouvaient avoir l'espoir de trouver un jour dans leur enfant, qu'une indemnité leur est accordée. Ce fils qu'on a privé d'un père, d'une mère dont l'appui ne lui est plus indispensable, dont il est peut-être lui-même à son tour devenu l'appui, et auxquels il pourrait, pendant longues années encore, prodiguer ses soins et sa tendresse, où sont les millions qui pourront l'indemniser du mal qu'on lui a fait en les lui enlevant... (2). »

Enfin lorsqu'un fait offensant se réalise contre un mort par la violation du tombeau, l'injure faite à sa mémoire, le droit d'intenter l'action civile existe-t-il au profit des héritiers ? En droit romain, les jurisconsultes admettaient l'affirma-

1. Faustin-Hélié, t. 1, p. 671.
2. Sirey, 46, 1, 657.

tive (1), sur la raison qu'une telle injure touchait la personne même de l'héritier : *spectat ad existimationem nostram, si qua ei fit injuria*. La même doctrine était pratiquée dans l'ancien droit (F.-Hélie, II, p. 362).

La plupart des auteurs (2) ont adopté la distinction suivante : Si le fait n'a atteint que la mémoire du défunt sans causer aucun préjudice aux héritiers; si des faits diffamatoires se sont produits seulement vis-à-vis du défunt, l'action civile ne peut être exercée. En vain on alléguerait de l'estime qui a pu s'attacher à son nom, du respect dont son souvenir est entouré ; ces considérations de pure morale sont impuissantes pour déterminer le juge à les couvrir de sa protection, la loi exige un dommage plus appréciable, une plainte de la part de la personne offensée (3). Mais si les faits diffamatoires sont de nature à porter atteinte même aux droits des héritiers, les blesser dans leur honneur et leur considération ; lorsque l'imputation calomnieuse entache d'infamie le nom que les héritiers portent, lorsqu'elle suspecte la légitimité de leur filiation ou exprime un doute sur la source de leur fortune, pourquoi leur interdire le droit de se porter plaignants lorsqu'ils s'engagent à prouver la lésion personnelle qu'ils ont éprouvée ?

La jurisprudence n'offre pas de précédents bien formels

---

1. L. 1, § 4 et 6, Dig., *De injuriis*.

2. M. Chassan, *Traité des délits de la parole*, t. I, p. 350 ; Trébutien, *Cours de dr. crim.*, t. II, p. 30 ; Faustin-Hélie, t. I, p. 361 et s., (édition 1846) ; *Contra*, Carnot, *Comm.*, t. I, p. 309 ; Mangin, t. I, nº 127.

sur la question (1). Cependant la Cour de Bruxelles a jugé :
« qu'aucune disposition du Code pénal n'établissant d'une,
manière positive une action du chef d'outrage ou de calomnie envers la mémoire d'un mort, s'il peut naître une action
de ce chef, ce ne peut être qu'en faveur du tiers sur l'honneur duquel l'attaque contre la réputation du défunt a une
telle influence qu'il se trouve par là personnellement exposé
au mépris et à la haine de ses concitoyens, de sorte qu'on
doive le considérer comme étant personnellement attaqué et
comme ayant un intérêt immédiat à s'en plaindre (2). » La
Cour de cassation étant saisie de la question, sur le pourvoi
fait par le procureur général près de la Cour contre l'arrêt
de la Cour de Paris du 19 mars 1860 relatif à l'affaire Dupan-
loup a statué, d'une part, que la diffamation envers une
personne décédée constitue, comme la diffamation envers
une personne vivante, un délit tombant sous l'application de
l'art. 13 de la loi du 17 mai 1819 ; d'autre part, que l'art. 5
de la loi du 26 mai 1819 confère aux héritiers de la personne diffamée le droit de porter plainte ou action, à raison
d'une telle diffamation, bien qu'elle ne soit pas dirigée
contre eux personnellement (3).

Cependant, en thèse générale, nous serions porté à croire
que les héritiers n'ont pas droit à cette action. En effet, avant

1. Carr., *Cour de Paris*, 11 juillet 1836 (J. P., t. XXII, p. 1507) ;
Jug. Trib. Seine, 19 avril 1826 (A. H. Chalotan), (Dev. et Car., t. VIII,
2ᵉ partie, p. 223).

2. Arr., Bruxelles, 16 fév. 1827 (J. du P., t. XXI, p. 173).

3. Sirey, (*Jurispr. de la Cour de cass.*, an. 1860, 1ʳᵉ partie, p. 676
et 677).

les lois de 1819 sur la répression des faits d'injures ou de
diffamations, l'imputation à la mémoire d'une personne décédée n'était l'objet d'aucune disposition répressive ; cette
législation doit être encore appliquée, car les lois de 1819 ne
contiennent aucune nouvelle disposition à cet égard. En
outre, l'art. 13 de la loi du 17 mai 1819 emploie le mot personne dans le sens de personne, sujet du droit, c'est-à-dire
d'être vivant, et ce qui le prouve c'est que pendant les débats qui ont donné lieu sur sa rédaction on n'a jamais parlé
de la diffamation envers les morts. D'ailleurs, à quel héritier
appartiendra l'action civile ? et pourquoi lui permettre de
porter plainte, quand le défunt peut-être eût pardonné ?
Enfin, le système contraire anéantit le droit de l'histoire
car qui pourra l'écrire en présence d'une crainte permanente
d'être poursuivi ? Mais dit-on, l'historien n'a rien à craindre
puisque la diffamation peut avoir lieu même pour les faits
vrais. Mais en disant la vérité, l'historien n'a pu causer aucun préjudice, il n'a pas eu l'intention de nuire, donc il n'y
a pas eu de délit. Nous pensons donc que le langage du
législateur, son silence, sont significatifs en présence des
textes du droit romain qui punissaient la diffamation envers
les morts. Mais faut-il induire que les héritiers ne seront
jamais protégés ? Non, il faut distinguer la calomnie de la
diffamation; sur ce dernier cas pas d'action mais lorsqu'il y a
calomnie c'est-à-dire imputation des faits faux et de mauvaise
foi, les héritiers atteints par la calomnie peuvent invoquer
l'article 1382 C. N. pour demander des dommages-intérêts.

L'action civile peut faire l'objet d'une cession ? Dans l'ancien droit ces cessions étaient très-fréquentes ; elles avaient pour but soit de faciliter l'exercice de l'action, soit quand elles étaient faites à des tiers compère du coupable ou l'ami de l'accusé elles facilitaient son acquittement (1). Le droit à l'action civile aujourd'hui peut être cédé en vertu de l'article 1689 C. N. et le cessionnaire est recevable à exercer l'action civile en réparation du dommage causé par le délit. Mais les dommages-intérêts accordés par les juges ne devraient jamais dépasser le prix de la cession, autrement ce serait autoriser la spéculation sur les crimes, acte aussi immoral que dangereux (2).

En ce qui concerne les créanciers de la personne lésée nous leur accorderons l'action civile si le crime frappe les biens de leur débiteur, en leur refusant l'action s'il s'agit d'un délit qui s'attaque seulement à sa personne (3).

Le plaignant qui s'est constitué partie civile encourt comme conséquence de son action une triple responsabilité la responsabilité des faits exposés, la responsabilité des frais et des dommages vis-à-vis du prévenu acquitté. Dans cette situation et pour éviter cette responsabilité la partie lésée peut elle se désister ? Oui, pourvu qu'il reproduise son désistement dans les vingt-quatre heures de l'acte constitutif de partie civile. Dans ce cas elle n'aura plus la responsabilité des frais, mais elle restera exposé à l'action en

---

1. Ayrault, *Inst. jud.*, liv. II, art. 4, n° 81 et s.
2. Mangin, t. I, p. 269.
3. Trébutien, t. I, p. 31.

dommages-intérêts du prévenu (art. 66 Code Inst. criminelle).

Nous avons vu que l'exercice de l'action civile appartient à toute personne qui ressentirait un préjudice *personnel* et *actuel*, résultant *directement* d'un fait incriminé par la loi pénale. Le préjudice personnel peut consister dans un manque d'acquérir ou dans une perte : *lucrum cessans damnum emergens*. On peut même avoir à se plaindre parl'action civile, d'une infraction dont le résultat est un enrichissement, par exemple pour obtenir des dommages-intérêts en cas de meurtre d'une personne à qui on fait une rente viagère.

Il faut donc pour l'exercice de l'action civile un préjudice personnel actuel et direct. A ce sujet on peut se demander si l'exercice illégal d'une profession par une personne peut constituer un préjudice suffisant pour autoriser les autres personnes exerçant la même profession d'intenter l'action en dommages-intérêts ? La question s'est élevée à propos d'un pharmacien qui a voulu se porter partie civile contre un individu accusé de débit illégal de médicaments. La Cour de cassation, après avoir cassé l'arrêt de la Cour de Paris et celui de la Cour de Rouen, décida en chambres réunies « que l'exercice illégal de la pharmacie porte nécessairement un dommage aux pharmaciens, puisqu'il constate une usurpation des droits qui leur sont garantis par la loi ; que la difficulté d'apprécier un dommage ne rend pas non-recevable l'action en réparation de ce dommage (1).

1 Arr. Cass., Ch. réun., 15 juin 1833 (*J. du dr. crim.*, t. V, p. 169).

Cette décision de la Cour suprême n'est pas à l'abri de toute critique. En effet, la partie civile doit prouver la lésion d'un intérêt personnel et direct à la réparation du délit. En quoi consistait ce préjudice ? Dans la vente des médicaments qui constitue une concurrence illicite. Mais le pharmacien pouvait-il se plaindre en alléguant que les acheteurs se seraient adressés à lui ? Et même en le supposant, comment arriver à connaître la perte que le plaignant a pu éprouver. De quelle manière apprécier le préjudice et déterminer avec certitude la réparation du dommage ? Nous croyons, avec M. Faustin-Hélie (1), que l'espérance trompeuse que le pharmacien a pu concevoir, cette chance purement illusoire de remplacer le prévenu auprès des personnes dont il usurpait peut-être la confiance, ne présentait pas un intérêt direct et personnel pour autoriser le plaignant à exercer l'action civile. « Nous pensons, dit le savant criminaliste, que la lésion incertaine que peut produire une concurrence illicite ne suffit pas pour ouvrir l'action civile. La Cour de cassation nous paraît avoir confondu l'intérêt général que les membres d'un corps, d'une communauté, d'une profession, peuvent avoir à la répression d'un délit et l'intérêt spécial, fondé sur une lésion personnelle, dont tout plaignant doit justifier et qui est le titre de son action. C'est dans cette distinction, qu'elle n'a pas faite, que réside la règle de la matière. »

La Cour de cassation par un autre arrêt du 29 août 1834 (2)

1. T. I, p. 684-686.
2. *J. du dr. crim.*, t. VII, p. 27.

a confirmé le principe qu'un intérêt direct et un droit 'actuel peuvent seuls servir de base à une intervention civile. La chambre syndicale porta plainte et se constitua partie civile contre plusieurs courtiers de commerce poursuivis pour immixtion dans des actes illicites. La Cour de cassation confirmant l'arrêt du 6 mai 1834 de la chambre d'accusation de la Cour de Paris, jugea que la chambre syndicale, en tant qu'elle représente les intérêts généraux de la communauté des courtiers de commerce n'a pu être lésée par les infractions reprochées aux contre-venants et en la déclarant non-recevable dans sa demande à fin d'action civile.

CHAPITRE III

DES CAUSES QUI SUSPENDENT L'EXERCICE DE L'ACTION PUBLIQUE ET CIVILE.

———

Les causes qui peuvent suspendre l'exercice de l'action publique et de l'action civile proviennent ou de la *nature des faits* ou de la *qualité des prévenus*.

L'action publique peut être suspendue par des causes qui proviennent de la nature des faits en cas : de délits qui ne peuvent être poursuivis que sur la plainte de la partie lésée.

De l'existence d'une question préjudicielle qui subordonne l'action publique à la décision à intervenir sur la question préjudicielle.

L'action civile peut être suspendue lorsqu'elle a été portée devant la juridiction ordinaire.

Nous diviserons donc notre chapitre en deux sections : la première, relative aux causes de suspension provenant de la nature des faits, et la deuxième relative aux causes de suspension provenant de la qualité des prévenus.

SECTION PREMIÈRE

CAUSES DE SUSPENSION PROVENANT DE LA NATURE DES FAITS.

Dans cette section nous examinerons en trois paragraphes distincts : l'action publique qui est subordonnée à la plainte de la partie lésée, les questions préjudicielles et enfin le cas où l'action civile est suspendue.

§ I. — Suspension de l'action publique par défaut de plainte de la partie lésée.

Parmi les délits dont la poursuite est subordonnée à la plainte de la partie lésée, nous pouvons énumérer en premier lieu le *délit d'adultère*. Ce délit peut avoir lieu, soit du côté de la femme, soit du côté du mari ; comme les règles qui régissent les deux cas sont différentes, nous les examinerons séparément. Parlons d'abord du délit d'adultère commis par la femme. Les textes relatifs à ce délit sont les art. 308 et 309 du Code civil et les art. 336 et 337 du Code pénal.

L'art. 336 du Code pénal dispose que : « L'adultère de la femme ne pourra être dénoncé que par le mari. » L'art. 309 Code Napoléon ajoute que « le mari restera le maître d'arrêter l'effet de cette condamnation (il s'agit d'adultère), en consentant à reprendre sa femme. » Quelle est la raison de cette dérogation au droit commun? Le législateur a pensé que le mari, gardien des intérêts de la famille, de la paix et de la tranquillité du ménage, est le meilleur juge pour apprécier les écarts de la conduite de sa femme ; dans cette situation, il l'a investi du droit d'agir selon ses intérêts, ou de provoquer par une plainte l'exercice de l'action publique, ou bien de garder le silence et même de faire cesser l'effet du jugement en consentaut à reprendre sa femme. « Il y a là, dit M. Ortolan (1), une situation intime, l'intérêt de la vie conjugale, celui des enfants et des autres membres de la famille, celui des relations sociales et de la considération du ménage. »

Le rôle du mari consiste dans le droit de porter plainte sans avoir besoin de se constituer partie civile et dans celui de se désister. Il n'a pas l'exercice de l'action publique.

1. *Éléments du dr. pénal*, t. II, n° 1694.

Cependant, certains criminalistes (1) ont pensé que le mari a non-seulement le droit de dénoncer ou porter plainte, mais encore toutes les prérogatives du ministère public dans l'exercice de l'action publique. On ne peut, je crois, accorder un droit si exorbitant au mari sans un texte formel de la loi. Or, les articles qui se rapportent à notre question ne parlent que d'une dénonciation (art. 336 Code pénal) ou d'un désistement (art. 337 Code pénal et 306 Code Napoléon). Le législateur a voulu, dans un intérêt supérieur à celui de la répression d'un délit, restreindre le pouvoir du ministère public en subordonnant la poursuite à deux conditions : celle d'une plainte préalable du mari et l'impossibilité de conti-nuer la poursuite après le désistement, mais sans vouloir par cela substituer le mari dans le complet exercice de l'action publique. En effet, la loi, pour donner une juste réparation au mari, a fait fléchir les règles qui régissent en général l'action publique ; mais cette faveur spéciale, qui a plutôt pour but de protéger l'honneur de la famille, ne pourrait justifier l'usurpation du mari sur les attributions du ministère public. En consébuence, nous pensons que le mari qui a été repoussé dans sa demande en première instance ne peut par son recours conclure non-seulement aux dommages-intérêts, mais à l'application des peines. De même le tribunal d'appel saisi par le mari ne peut statuer que sur l'action civile sans pouvoir prononcer des peines ou aggra-

1. Merlin, *Quest. de droit*, v° *Adultère*, n° 6; Carnot, *Com. sur le Code pén. sur l'art*. 336, n° 1.

ver celles qui ont été prononcées par le premier jugement.
Par application de la même règle, nous pouvons décider
que dans le cas où le mari n'interjette pas appel du jugement intervenu sur la plainte, son silence ne pouvant être
interprété comme un désistement, le ministère public
peut appeler *a minima*. Enfin, comme une dernière conséquence, on peut décider que le mari ne peut se pourvoir en cassation contre l'arrêt de la Chambre de mise en
accusation qui l'a déclaré mal fondé dans sa demande (1).
Pour conclure, nous pouvons dire à M. F. Hélie que « d'une
part, il est de principe que toute exception doit être stricte-
ment renfermée dans ses termes, et le double privilége dont
le mari est investi n'est qu'une exception ; et, d'autre part,
l'art. 202 du Code d'instruction criminelle veut que l'appel de
la partie civile n'ait d'effet qu'à l'égard de ses intérêts civils
seulement. Or, là où la limite de l'exception expire, le droit
commun doit seul régner (2). »

Tant que le mari ne porte aucune plainte contre sa femme
coupable d'adultère, le complice est à l'abri de toute poursuite, mais le ministère public saisi par la dénonciation du
mari sur l'outrage dont il a été victime, aucun motif ne peut
l'empêcher d'agir contre le complice. De même, il n'est pas
permis au mari de scinder sa demande, de borner son accusation à la personne du complice de la femme, car dit la Cour

1. Faustin-Hélie, t. II, p. 272 et s. ; Mangin, t. I, n° 140.
2. V. t. II, p. 277 et l'arr. contraire de la Cour de cass. du 3 mai
1850 (Bull., n° 151) mentionné dans la note n° 1.

de cassation (1) « la cause du prévenu est indivisible de celle de la femme ; que la condamnation du complice serait la condamnation morale de la femme, alors même qu'elle ne serait pas comprise dans les poursuites, et que la poursuite du ministère public aurait pour effet et pour résultat de détruire le droit que la loi a réservé au mari d'empêcher la poursuite ; que le mari ne peut renoncer lui-même au droit de poursuivre sa femme, en provoquant ou autorisant la poursuite séparée contre le complice ; que l'éclat qui en résulterait serait destructif du pardon par lui accordé à sa femme. »

Le mari peut arrêter la poursuite exercée contre sa femme par son désistement, qui peut être exprès ou tacite ; exprès, en le faisant connaître d'une manière formelle, et tacite à la suite d'une réconciliation qui suppose le pardon de sa part. Le désistement profite aussi au complice, car la réconciliation, mettant obstacle à toute poursuite, est une présomption légale que l'adultère n'a pas été commis (2). Cependant, si le jugement définitif est intervenu, le désistement ne peut plus s'appliquer au complice ; en effet, si dans le cas d'une réconciliation la poursuite est éteinte aussi bien contre la femme qu'à l'égard du complice, c'est que la loi voulant protéger l'honneur de la famille et éviter des révélations scandaleuses, a défendu la continuation de la poursuite contre lui ; mais une fois le jugement prononcé, il n'y a aucun motif pour

1. Arr. Cass., 28 juin 1839 (Dev. 39, I, 704).
2. Arr. Cass., 17 août 1827 (Bull., n° 222).

empêcher de faire subir au complice la peine qu'il a encourue.

Quelles sont les fins de non-recevoir contre la plainte du mari ?

Une première fin de non-recevoir est celle prévue par l'art. 336 et 339 du Code pénal. Il s'agit de l'époux qui aura entretenu une concubine dans la maison conjugale et qui en aura été convaincu sur la plainte de sa femme. Il résulte donc qu'il faut plusieurs conditions pour autoriser l'épouse à repousser par une fin de non-recevoir la poursuite du mari : 1° Que l'adultère du mari ait été commis dans la maison conjugâle. Qu'entend-on par maison conjugale ? L'art. 214 du Code Napoléon la définit celle où la femme est obligée d'habiter avec le mari, et où ce dernier est obligé de la recevoir, en un mot la maison commune. L'absence de la femme du domicile n'enlève pas au délit d'adultère le caractère de gravité exigé par la loi, même si cette absence a pour cause l'autorisation obtenue par elle de le quitter. Ainsi, la loi n'a pas voulu attacher cet effet à une instance en séparation de corps ; la séparation de corps prononcée peut seule enlever au domicile le caractère de maison conjugale (1). La Cour de cassation a jugé que la maison louée par le mari pour recevoir la concubine n'a pas le caractère de maison commune, à moins qu'elle n'eût une porte de communication qui la réunît à l'appartement du mari (2).

1. Arr. Cass., 12 déc. 1857 (Bull., 376).
2. Arr. Cass., 7 juin 1861 (Bull., n° 118) ; Id., 23 mars 1865 (Bull., 71).

2° Pour constituer une fin de non-recevoir, il faut encore que le mari ait entretenu une concubine dans la maison conjugale. On ne devrait pas confondre ce cas avec les visites que la concubine pourrait lui faire dans la maison commune (1).

3° Enfin il faut que le mari ait été convaincu sur la plainte de la femme. Ainsi, la femme ne peut repousser la poursuite par des faits plus ou moins précis ; elle ne peut opposer qu'un jugement. Il n'est pas indispensable que ce jugement ait précédé la dénonciation du mari pour qu'elle puisse l'opposer comme fin de non recevoir. En ce cas, la plainte de la femme devient préjudicielle et qui doit être vidée avant la poursuite dirigée contre elle (2).

Cette fin de non-recevoir n'éteint pas l'action d'adultère contre la femme , elle n'établit aucune compensation entre les époux, car la réciprocité des torts ne se compense pas : en conséquence, le ministère public devrait rentrer dans la plénitude de ses attributions quand le mari n'est plus capable d'agir ; l'honneur de la famille gravement compromis par sa conduite ne commande plus l'abstention du ministère. Cependant, en pratique, on suit le système contraire. L'intérêt de la réunion probable des époux, de la consolidation du mariage, exige que le ministère public ne puisse s'immiscer dans les affaires intimes du ménage en dévoilant des faits qui compromettraient peut-être toute réconciliation dans l'avenir (1). M. Ortolan proteste avec

1. Arr. Cass., 11 nov. 1858 (Bull., n° 266).
2. Mangin, t. I, p. 280, n° 134
3. Faustin-Hélie, t. II, p. 286.

beaucoup d'énergie contre une pareille jurisprudence. « Nous ne saurions admettre, dit-il (1), comme fondée en morale ni en la raison du droit cette disposition de notre législation positive. Je sais bien qu'on peut dire aussi que l'inconduite outrageante du mari a peut-être déterminé la faute de la femme et doit en être, dans tous les cas, une atténuation : c'est dans l'appréciation et dans la mesure de la culpabilité qu'il faudra tenir compte de ces considérations... Ce qui nous touche, c'est qu'aucune des raisons qui ont enchaîné l'action publique ne se rencontrent plus ici ; il y a ici double plainte, tant de la part de la femme que de la part du mari, double déchirement pour la famille, double déconsidération et double scandale au dehors... La justice et le bon exemple veulent que vérification soit faite, et que ces délits soient punis l'un et l'autre, s'ils existent. »

Une deuxième fin de non-recevoir peut résulter de la réconciliation des époux. L'art. 337 du Code pénal porte que « le mari restera maître d'arrêter l'effet de cette condamnation en consentant à reprendre sa femme ? » La loi donc investit le mari d'une grande puissance domestique. C'est lui seul qui peut provoquer la poursuite contre sa femme. mais c'est toujours lui qui peut la soustraire aux effets de la condamnation en consentant à la reprendre. Si le mari peut exercer cette faculté après la condamnation, à plus forte raison peut-il le faire avant qu'un jugement définitif soit intervenu. M. Favard de Langlade n'admet

1. T. II, p. 248.

pas cette dernière conséquence. Quand l'action du ministère public, dit-il (1), a été mise en mouvement par la plainte du mari, elle ne peut plus être subordonnée à la volonté ou au caprice du mari. La société doit être satisfaite et elle ne peut l'être que par le jugement définitif : le mari pourra ensuite pardonner à sa coupable épouse. Mais la Cour de cassation a repoussé cette doctrine.

Par l'arrêt du 7 août 1823 (2), elle a reconnu au mari le pouvoir de se désister de la plainte portée contre sa femme : « Attendu qu'il résulte de l'art. 376 du Code pénal, que le mari seul a le droit de se plaindre de l'adultère de sa femme ; que lui seul a intérêt et qualité pour en provoquer la poursuite ; que la loi n'a pas voulu permettre que le repos des familles put être troublé par des poursuites d'office sur un fait qui, ne laissant jamais de traces qui le rendent certain et manifeste pour le public, ne peut être considéré que comme un délit envers la société ; qu'il importe d'ailleurs à l'intérêt des bonnes mœurs, qu'un fait qui blesse la sainteté du mariage, ne devienne, par l'instruction devant les tribunaux un scandale public ; que par conséquent, le pardon du mari, et sa réconciliation avec sa femme, soient toujours comme une preuve légale que l'adultère n'a pas été commis, et comme une fin de non-recevoir contre toutes poursuites.... »

Une troisième fin de non-recevoir peut résulter de l'interdiction du mari prononcée bien entendu, après avoir porté

1. *Répert. de la nouvelle législation*, t. III, p. 572 ; v° *Minist. public.*
2. Bull., p. 322.

sa plainte contre la femme. L'intérêt moral du mari repousse l'intervention de son tuteur dans ce cas. On ne peut soutenir non plus que le ministère public pourrait continuer la poursuite. La cause de l'interdiction venant en effet à disparaître et par suite l'interdiction elle-même, le mari pourrait user de son droit de désistement. Or, on ne doit par aucun moyen enlever au mari une pareille faculté (1).

M. Mangin, sous l'influence de l'ancien droit, propose comme fin de non-recevoir l'autorisation du mari à l'inconduite de sa femme (2). Dans le projet du Code pénal on voulut introduire une pareille disposition, mais elle fut vivement combattue au conseil d'État. On a prétendu que la recherche de la connivence du mari et la preuve de sa honteuse complicité soulèveraient de scandaleux débats ; on pourrait ajouter que l'infâmie du mari n'excuse pas celle de la femme, qu'elle est encore plus coupable en rendant son mari complice de son action honteuse.

La mort du mari peut-elle constituer une fin de non-recevoir ? M. Carnot le pense (1), car, dit-il, si le mari eut vécu il se serait départi d'une plainte qu'il aurait inconsidérément portée. Mais une simple objection fait tomber cette doctrine. En effet, la mort du mari pourrait-elle faire cesser la condamnation prononcée contre la femme ? Peut-on dire que si le mari eût vécu, il aurait pu lui pardonner ? Nullement (2),

1. Faustin-Hélie, t. II, p. 270.
2. T. I, n° 135.
3. *Comment. sur le Code pénal,* t. II, p. 106.
4. Arr. Cass., 25 août 1848 (Bull., n° 227).

or, si cet événement ne peut être invoqué dans cette dernière hypothèse, pourquoi le serait-il dans la première (1).

Disons quelques mots sur l'*adultère du mari.*

Dans le droit romain la loi Julia *de Adulteriis* voulant donner au mariage toute sa dignité, avait érigé en crime public la violation de la foi conjugale. Tous les citoyens pouvaient l'exercer contre la femme, mais elle ne permettait jamais aux femmes de l'exercer contre leur mari. L'ancien droit français admettait la même doctrine (2). On pensait que l'écart du mari ne cause pas un trouble si grand dans la famille ; que son inconduite ne présente pas les mêmes dangers. Le Code pénal a dérogé dans une certaine mesure à cette règle. Le rapporteur de la commission au Corps législatif disait que « le mari qui, après avoir oublié les sentiments dus à son époux, méconnaîtrait assez les égards dont elle doit être l'objet pour entraîner une concubine dans sa maison, sera puni d'une amende de cent francs à deux mille francs ; toute action d'adultère contre son époux lui sera interdite. De quel droit le parjure pourrait-il invoquer la sainteté des serments? Dans toute autre circonstance, la loi refuse à l'épouse accusée l'exception d'une récrimination trop souvent incertaine, trop difficile à établir, ou dont la preuve doublerait, dans les tribunaux, le scandale inséparable de ce genre d'accusation. » Et en conséquence l'art. 339 du Code pénal punit d'une amende le mari qui aura entretenu une concubine dans la maison

1. Arr. Cass., 3 juin 1863 (Bull., n° 158) ; Mangin, t. I, p. 300.
2. *Nouveau Dénisart,* v° *Adultère,* t. I, p. 270 ; Jousse, t. III, p. 240.

conjugale, et qui aura été convaincu sur la plainte de la femme.

Les mêmes raisons qui accordent exclusivement au mari seul le droit de provoquer l'exercice de l'action publique· militent pour l'accorder aussi à la femme seule en cas d'adultère du mari. Mais elle ne peut empêcher la continuation de la poursuite une fois mise en mouvement. La loi n'a pas investi la femme du droit reconnu au mari de faire cesser la condamnation et par suite l'action elle même, donc elle n'a pas non plus la faculté de se désister (1).

Le Code pénal par les art. 338 et 339 a édicté une peine contre le complice de la femme et contre le mari convaincu sur la plainte de la femme, mais il n'en a infligé aucune à la concubine complice dans l'adultère du mari (2). L'intérêt de l'ordre et des bonnes mœurs exige une pareille restriction.

Les auteurs sont d'accord pour accorder au mari le droit d'opposer à la femme la fin de non-recevoir résultant de la réconciliation. L'intérêt de l'union de la famille, la principale raison qu'on doit peut-être invoquer dans un cas comme dans l'autre. « La loi ne saurait admettre, dit M. Ortolan (3), dans les sentiments ou les résolutions qui touchent à l'union domestique et aux chers intérêts de la famille, une versabilité qu'elle n'admettrait pas même dans un ordre d'intérêts moins importants. »

---

1. Faustin-Hélie, t. II, p. 293 et 294.

2. Ortolan, t. II, p. 247, *nota*. En sens contraire : Arr. Cass., 10 nov. 1855 (Bull., n° 359).

3. T. II, p. 249. V. aussi Carnot, p. 627 ; Mangin, n° 144 ; Faustin Hélie, t. II, p. 294.

Enfin le mari ne pourrait opposer comme fin de non-recevoir l'adultère de la femme. Le Code n'en parle pas et on ne peut la créer par voie d'analogie ou de réciprocité (1).

Un autre cas dont la poursuite est subordonnée à la plainte de la partie lésée est le crime *du rapt d'une fille mineure.*

Le législateur inspiré des graves conséquences que peut entraîner un pareil crime a infligé des peines sévères à celui qui s'en est rendu coupable : les travaux forcés à temps, la réclusion, et dans les cas moins graves l'emprisonnement (art. 345, 346 C. pén.). Mais si le ravisseur vient à épouser la personne qu'il a enlevée, la situation change de caractère. En présence de la nouvelle famille constituée, le législateur a trouvé plus prudent, pour éviter le scandale d'un procès criminel qui jetterait le trouble dans le nouveau ménage, de se reporter à la sagesse des parents sous l'autorité desquels se trouvait placée la victime. L'exercice de l'action publique reste donc subordonné au parti que prendront les personnes ou la victime. Si le mariage n'est pas attaqué, l'action publique est éteinte; s'il y a plainte, l'action publique est mise en mouvement. De là la disposition de l'art. 357 du Code pénal : « Dans le cas où le ravisseur aura épousé la fille qu'il a enlevée, il ne pourra être poursuivi que sur la plainte des personnes, qui d'après le Code civil ont le droit de demander la nullité du mariage, ni condamné qu'après que la nullité du mariage aura été prononcée. » Il faut donc pour que l'action publique contre le ravisseur puisse être exercée

1. Ortolan, p. 248.

que la *nullité du mariage* ait été prononcée et que les personnes lésées par le rapt aient porté *plainte* contre lui.

On pourrait dire que le mariage étant annulé l'action publique doit reprendre son cours régulier ; car aucun obstacle (1) n'empêche plus son exercice. « Quels motifs, dit M.
Mangin, pourraient subordonner les poursuites à la dénonciation des parties qui ont fait annuler le mariage ? Le ravisseur
n'appartient plus par aucun lien, ni à la personne qu'il avait
enlevée, ni à la famille de celle-ci ; quel intérêt légitime
peuvent-elles avoir à ce qu'il soit épargné ? » De plus, le
ministère public peut agir par sa seule initiative lorsque
l'enlèvement n'a pas été suivi du mariage, dès lors quel
obstacle pourrait l'empêcher d'exercer une action une fois le
mariage dissous ? Ces raisons, bien qu'elles soient d'une
grande force, ne peuvent nous décider à autoriser le ministère public d'agir sans une plainte préalable des parties.
D'abord la rédaction de l'art. 357 s'y oppose d'une manière
formelle. En outre, la nullité du mariage a été peut-être
prononcée seulement dans le but de donner satisfaction à la
mineure enlevée et à ses parents, mais une fois le mariage
annulé, il ne faut créer aucun obstacle à la possibilité de le
renouer valablement si les parties persévèrent dans les
mêmes intentions. De plus, l'éclat d'un procès civil en nullité
de mariage ne doit pas être suivi d'un plus grand encore
par suite d'un procès criminel (2).

1. T. I, p. 308.
2. Legraverend, t. I, p. 48 ; Ortolan, t. II, p. 252 ; Faustin-Hélie,
t. II, p. 298 et 299.

De même, si l'annulation du mariage a été prononcée sur la demande du ministère public, celui-ci ne pourrait exercer l'action publique contre le ravisseur ; en effet l'art. 357 n'accorde le droit de plainte à laquelle est subordonnée l'action publique qu'à ceux qui d'après le Code civil ont le droit de demander la nullité du mariage, or, parmi ces personnes, ne figurent pas le ministère public, donc, en dehors de ces personnes et de la victime nul ne peut mettre en mouvement l'exercice de l'action. La loi, avec raison, a confié à ces dernières personnes seulement le double droit de demander la nullité du mariage et la poursuite du coupable, car par leur position elles sont les meilleurs appréciateurs de l'avantage ou des dangers que peut entraîner une poursuite contre lui. Elle a voulu les rendre seules dépositaires de l'utilité de la poursuite et de la protection de la mineure en écartant l'intervention du ministère public qui est chargé de veiller aux intérêts généraux de la société et non aux intérêts privés des familles (1).

La Cour de cassation a jugé que l'action publique qui est suspendue à l'égard du ravisseur doit l'être aussi à l'égard des complices (2). Et en effet, les vœux de la loi seraient trompés si on pouvait poursuivre isolément les complices, car la loi a voulu sauvegarder non les personnes coupables du crime, mais l'honneur et la tranquillité de la famille. Or, comment concilier ce but avec une poursuite qui révélerait le scandale du mariage et flétrirait les époux (3) ?

1. Legraverend, t. I, p. 48.
2. Arr. Cass., 2 oct. 1852 (Bull., n° 235).
3. Faustin-Hélie, t. II, p. 300.

L'exercice de l'action publique peut être suspendu encore en cas de délits de diffamation et d'injures ou d'offenses. Cette exception à la règle générale résulte de la loi du 26 mai 1819 relative à la poursuite et au jugement des crimes et délits commis par la voie de la presse ou par tout autre moyen de publication.

Nous allons examiner les différentes catégories de délits de diffamation et d'injures, dont la poursuite est subordonnée à la plainte ou la provocation des parties.

Aux termes de l'art. 2 de la loi du 20 mai 1826, l'offense envers les Chambres ou l'une d'elles par voie de publication, ne pourra être poursuivie qu'autant que la Chambre l'aura autorisée. Le motif de cette autorisation suivant le garde des sceaux, M. de Serre, a été : « De prévenir l'ascendant qu'une majorité devenue constante exercerait sur le gouvernement et par là sur l'action du ministère public. » On a pensé qu'il fallait mettre un frein aux entraînements d'une majorité irritée contre la liberté de la presse qui dévoilerait ses excès ou ses entreprises. Après des débats solennels sur l'opportunité de la poursuite, il est peu à craindre de sa part une oppression excessive par des poursuites judiciaires (1). Par motif d'analogie, la Cour de cassation a décidé par l'arrêt du 13 janvier 1838 (2) que l'excitation au mépris ou à la haine des citoyens contre les membres qui composent les Chambres doit être considérée comme une offense.

1. Faustin-Hélie, t. II, p. [illegible]
2. Devill., 1838, 1, 929

L'art. 15 de la loi du 25 mars 1822 dispose que la Chambre offensée pourra, sur la simple réclamation d'un de ses membres, ordonner que le prévenu sera traduit à sa barre, si mieux elle n'aime autoriser les poursuites par la voie ordinaire.

Ainsi la poursuite du délit d'offense ne peut être exercée que sur l'autorisation de la Chambre offensée. Mais *quid* lorsque la Chambre offensée a été dissoute ? En ce cas la nouvelle Chambre peut-elle autoriser la poursuite de l'offense faite à sa devancière ? La question s'est présentée devant la Cour de cassation à l'occasion d'une brochure publiée par Lardier en 1827 relative aux obsèques du député Manuel. Le ministère public poursuivit Lardier sous l'inculpation d'offense envers la Chambre des députés de 1823. La Cour de Paris décida qu'une Chambre dont les pouvoirs ont expiré ne pouvait être l'objet d'aucune offense, qu'elle n'existait plus, que ses actes étaient désormais des documents de l'histoire, que la critique qu'on pourrait en faire ne constitue aucune infraction. Il fut fait pourvoi en cassation contre l'arrêt, et il fut cassé (1), par le motif que la Cour ne pouvait être saisi que sur la dénonciation de la Chambre. Mais il ne fut donné aucune solution au point de savoir si l'offense envers une Chambre dissoute constitue un délit. M. Mangin, le rapporteur de la Chambre criminelle de la Cour de cassation, déclare pourtant (2) que la Cour avait décidé

1. Arr. Cass., 7 déc. 1827 (J. P., t. XXI, p. 929).
2. T. II, p. 314

que l'art. 15 de la loi du 25 mars 1822 s'applique en cas d'offense envers une Chambre dissoute, comme un délit d'offense envers une Chambre encore en exercice. Cependant il serait difficile d'admettre cette théorie d'une manière absolue. Peut-on y considérer qu'il existe entre plusieurs Chambres qui se sont succédé des rapports solidaires ? La Chambre qui est en exercice peut-elle être considérée atteinte par l'offense dirigée contre celle dont les pouvoirs sont expirés ? On peut objecter que la Chambre est toujours la même, que le renouvellement de ses membres se change nullement en caractère permanent. M. Faustin-Hélie répond d'une manière péremptoire à cette objection : « Il ne faut pas confondre, dit-il, l'institution politique et les législatures successives qui viennent la mettre en mouvement. L'institution est une et permanente, mais les législatures, comme autant de personnes morales, se succèdent les unes aux autres et ne répondent que de leurs actes. » Il en serait autrement si l'offense serait adressée à l'institution elle-même ; la Chambre qui serait en exercice pourrait incontestablement autoriser la poursuite.

La poursuite des délits de diffamation, d'offenses ou injures contre la personne des souverains, ou envers des chefs des gouvernements étrangers, celles qui sont dirigées contre tout agent diplomatique étranger accrédité près du gouverment, sont de même subordonnées à la plainte de ces personnes (1).

1. Loi du 26 mai 1819, art. 3 et 5 ; loi du 25 mars 1822, art. 17.

L'art. 4 de la loi du 26 mai 1819 dispose que « dans les cas de diffamation ou d'injure contre les cours, tribunaux ou autres corps constitués, la poursuite n'aura lieu qu'après une délibération de ces corps, prise en Assemblée générale et requérant les poursuites. Ces dispositions furent abrogées par la loi du 25 mars 1822 (art 17) qui autorise la poursuite de ces délits d'office devant les tribunaux correctionnels, mais elles furent mises de nouveau en vigueur par l'art. 5 de la loi du 8 octobre 1830.

L'art. 4 mentionne les cours tribunaux et autres corps constitués. Mais que faut-il entendre par ces derniers mots ? On comprend en général par corps constitués les corps judiciaires et administratifs auxquels est déléguée une portion de l'autorité publique, et dont les membres peuvent se réunir et délibérer. Tels que les Conseils municipaux les Conseils généraux, d'arrondissement, etc. (1). La Cour de casation a exclu de cette catégorie le collége électoral en décidant qu'il n'a d'autre caractère que celui des personnes qui le composent (2). Les gardes nationales ne peuvent être considérées que comme des classes de citoyens établies pour le maintien de l'ordre public (3). Ainsi les délits de diffamation envers un collége électoral et les gardes nationales peuvent être poursuivis sans avoir besoin d'aucune plainte de leur part. On ne doit pas non plus comprendre dans la catégorie des corps constitués les autorités ou administrations pu-

1. Faustin-Hélie, t. II, p. 305.
2. Arr. Cass., 21 mai 1838 (Dev., 1838, I, 514).
3. Arr. Cass., 29 avril 1831 (J. P., t. XXIII, p. 1529).

bliques. En effet, la loi du 26 mars 1819, art. 4, ne les mentionnant pas, les exclut par cela même ; on ne peut les comprendre par analogie dans l'exception, car il s'agit d'une dérogation à la règle commune, d'une restriction au libre exercice de l'action publique, et c'est surtout en matière pénale qu'on doit rigoureusement appliquer la maxime : *exceptiones strictissimæ interpretationis sunt*. Il est vrai que l'art. 5 de la loi du 25 mars 1822 avait assimilé les autorités ou administrations publiques aux corps constitués en ce qui concerne les peines infligées aux diffamations dont elles sont l'objet, mais cet article étant abrogé par l'art. 5 de la loi du 8 octobre 1830, nous nous trouvons de fait sous l'empire de l'art. 4 de la loi du 26 mars 1819 (1).

L'action publique n'est plus subordonnée à la plainte des corps constitués quand il s'agit, non plus d'un délit de diffamation, mais d'un outrage. Il faut nettement distinguer ces deux délits. L'outrage consiste non-seulement dans des propos de nature à porter atteinte à l'honneur ou à la considération d'un corps constitué, mais dans des faits d'une certaine gravité, dans un geste ou des paroles accompagnées d'invectives qui déversent le mépris sur la personne qui en est l'objet. Le Code pénal qui, dans l'art. 222 et suiv. punit les outrages adressés aux magistrats ou à d'autres fonctionnaires, suppose des faits qui s'attaquent non pas à leur personne, mais à la fonction, qui tend à l'abaisser publiquement, à lui enlever une partie de sa dignité et de sa

1. Chassan, t. II, p. 31.

puissance (1). La loi du 26 mai 1819 ne parlant que des délits commis par la voie de la presse ou d'autres moyens de publication, ne peut s'appliquer au délit d'outrage ; il reste donc soumis à la règle générale : le ministère public peut le poursuivre d'office. Il n'appartient point, comme en cas de diffamation, aux corps constitués de suspendre ou mettre en mouvement l'exercice de l'action publique. La Cour de cassation a confirmé cette doctrine en reconnaissant au ministère public le droit de poursuivre d'office les outrages commis à l'audience des cours et tribunaux et ceux commis envers les membres d'un Conseil municipal pendant la séance de ce Conseil (2). De même, l'action publique peut être exercée d'office s'il s'agit d'un compte-rendu infidèle de leurs audiences, alors même que ce compte rendu est injurieux, car dans ce cas l'injure peut être considérée comme une circonstance aggravante de l'infidélité qui est le fait principal (3).

L'art. 4 de la loi du 26 mai 1819 prévoit une autre catégorie de délits dont la poursuite est subordonnée à la plainte de la partie lésée. Il s'agit de diffamations et injures contre tout dépositaire ou agent de l'autorité publique ou contre tout particulier.

L'art. 6 de la loi du 25 mars 1822 punit l'outrage fait publiquement, d'une manière quelconque, à raison de leurs fonctions ou de leur qualité, soit à un ou plusieurs membres

---

1. Faustin-Hélie, t. II, p. 310 ; Ortolan, t. II, p. 258.
2. Arr. Cass., 27 fév. 1832 (Bull., n° 75 ; Id., 17 mai 1845 (Bull., n° 175).
3. Arr. Cass., 19 avril 1850 (Sirey, 50, 1, 494) et arrêts antérieurs.

de l'une des deux Chambres, soit à un fonctionnaire public, soit enfin à un ministre de la religion, de l'État ou de l'une des religions dont l'établissement est légalement reconnu en France. Elle punit de même le délit envers un juré, à raison de ses fonctions, ou envers un témoin, à raison de sa déposition. Ces délits peuvent-ils être poursuivis d'office ou sont-ils soumis à la condition d'une plainte? L'art. 5 de la loi du 26 mai 1819 leur est-il applicable ? La Cour de cassation a établi une distinction entre l'outrage fait ces personnes à raison de leurs fonctions et l'outrage fait dans l'exercice de ces fonctions. Elle a décidé que dans le premier cas la poursuite est subordonnée à une plainte, tandis que dans l'autre l'outrage pouvait être poursuivi d'office par le ministère public. Elle s'est fondée sur les motifs suivants : « Si les diffamations et les outrages commis envers les ministres du culte dans l'exercice de leurs fonctions blessent essentiellement la foi religieuse et troublent la paix publique ; s'il importe que la répression de ces délits, qui intéressent la société tout entière, soit poursuivie d'office, les mêmes motifs ne se rencontrent plus lorsque les outrages n'ont été proférés qu'à raison des fonctions ou de la qualité ; que l'art. 6 de la loi du 25 mars 1822 prononce, il est vrai, une pénalité spéciale pour ces sortes d'outrages, mais que cette disposition ne fait pas cesser le caractère privé de l'outrage, et qu'aucune raison d'ordre public n'appelant dans ce cas l'intervention de l'action publique, le ministre du culte personnellement offensé en dehors de l'exercice de ses fonctions, mais seulement à raison de ses fonctions ou de sa qualité, doit être assimilé au simple particulier que l'art. 5 de la loi du 26 mai 1819 rend seul juge du soin d'apprécier l'outrage et de décider s'il est plus opportun de le laisser dans l'oubli ou d'en poursuivre la répression (1). • Cette distinction a été proposée de même pour les outrages commis à l'audience envers les jurés ou les témoins (2). On conçoit d'autoriser la poursuite des outrages commis contre les dépositaires de l'autorité publique sans plainte préalable de leur part, car l'outrage dans ce cas s'adresse moins à la personne du fonctionnaire, qu'à la fontion dont il est revêtu. Mais on ne voit pas le motif pour décider le contraire en cas d'un outrage fait *à raison des fonctions*. En effet, l'art. 5 de la loi du 26 mai 1819 subordonne l'action publique à la plainte de la partie lésée, mais elle ne parle que de l'injure et diffamation et nullement de l'outrage, or, én matière d'exception l'analogie n'est pas permise. D'ailleurs, l'outrage à raison de la fonction compromet également, bien qu'à un titre moindre, la dignité de la fonction. Nous serons donc porté à décider que les outrages contre les dépositaires de l'autorité publique peuvent être poursuivis d'office sans aucune distinction entre ceux commis dans l'exercice des fonctions ou à raison des fonctions (3).

Après l'énumération des différentes catégories des délits dont la poursuite est subordonnée à la plainte des parties lésées nous devons nous demander quelle est la raison qui a

---

1. Arr. Cass., 25 juin 1846 (Bull., n° 162).
2. M. Parent, p. 212 et 213.
3. Faustin-Hélie, t. II, p. 312; Chassan, t. II, n° 1136, p. 20, 2° éd.; Trébutien, t. II, p. 53 et 54.

déterminé le législateur à établir une pareille dérogation à l'exercice régulier de l'action publique.

D'après l'exposé des motifs du projet de loi sur les délits en matière de presse, il résulte qu'on a voulu d'une part, laisser aux parties offensées la libre appréciation de l'opportunité de la poursuite, d'examiner elles-mêmes si l'intérêt de leur dignité et de leur honneur exige la mise en mouvement de l'action publique ; d'autre part, de ne mettre aucune entrave à l'examen des actes des autorités publiques par des poursuites légères qui en compromettant leur dignité et leur considération peut transformer l'exercice de l'action publique en un instrument d'oppression.

Le garde des sceaux, M. de Serre, disait relativement aux corps constitués : « Le publicite, cette première garantie de la justice des jugements, comme de tous les actes des pouvoirs serait vaine si les actes des Cours et tribunaux, si ceux des autres corps constitués ne pouvaient être librement examinés. Et ce libre examen serait compromis par des poursuites trop légèrement entreprises. » L'exposé des motifs ajoutait en ce qui concerne les fonctionnaires publics et les particuliers : « Nul sans son consentement ne doit être engagé dans les débats où la justice même et le triomphe ne sont pas toujours exempts d'inconvénients ; et si le maintien de la paix publique semble demander qu'aucun délit ne reste impuni, cette paix gagne aussi à ce qu'on laisse se guérir d'elles-mêmes les blessures qui s'enveniment dès qu'on les touche. »

Le législateur pour faire de l'intervention des parties offensées un contrôle efficace, sorte de pouvoir modérateur de l'exercice de l'action publique, a entouré d'une certaine solennité l'autorisation de poursuite; ainsi, suivant l'art. 2 de la loi du 26 mai 1819 en cas d'offense envers fa chambre la poursuite n'aura lieu qu'à la suite d'une délibération prise à la majorité. Dans le cas de diffamation et d'injure contre les Cours, tribunaux ou autres corps constitués, la poursuite n'aura lieu qu'après une délibération de ce corps, prise en assemblée générale (art. 5, loi du 26 mai 1819). Enfin, si la plainte est portée par un fonctionnaire ou un particulier elle doit être conforme aux règles prescrites par l'art. 31 et 65 du Code d'instruction criminelle.

Nous devons ajouter pour terminer deux observations qui s'appliquent tant aux poursuites relatives aux délits de diffamation et injures qu'aux délits d'adultère et du rapt de mineure.

1° Les plaintes des parties lésées par ces délits doivent être rédigées par les plaignants ou leurs fondés de pouvoir, ou par le magistrat s'il est requis (art. 31 et 65 C. d'instr. cr.). Elles doivent contenir la qualité des plaignants, la procuration formelle de poursuivre, et enfin l'articulation des faits : adultère, enlèvement de mineure et diffamations ou injures (1). De plus, pour les délits d'adultère et d'enlèvement les plaintes doivent être portées au procureur de la République ou au juge d'instruction (2). Quant aux délits de diffamations et injures les plaintes sont portées toutes par

---

1. Arr. Cass., 18 janv. 1861 (Bull., n° 15).
2. Art. 30, 40, 48, 50 et 63, *C. instr. crim.*

le président de l'assemblée au ministre de la justice qui donne ordre au procureur général de poursuivre, tantôt directement au ministère public lorsqu'il s'agit d'un corps constitué ou un simple particulier (1).

La plainte qui ne sera pas rédigée conforme aux prescriptions de la loi et ne sera pas adressée au fonctionnaire compétent sera entachée de nullité. Ces deux formalités sont les conditions d'existence de la plainte, car ce sont elles qui attestent la volonté de la partie et son intention de provoquer la poursuite.

Il en est de même pour l'autorisation donnée par la Chambre ou le corps constitué de poursuivre. La plainte doit être l'expression de la majorité de la Chambre et d'une délibération du corps constitué prise en assemblée générale. S'il en était autrement, l'autorisation ne serait que l'expression d'une minorité (2). L'omission de ces formalités entache donc de nullité l'action même.

2° Une fois la plainte portée, l'action publique est-elle nécessairement mise en mouvement? Nous ne le pensons pas. Le ministère public, en effet, est empêché d'agir tant qu'existe l'interdiction que la loi a mise à son exercice. Mais une fois cet obstacle disparu, le droit commun reprend son empire, le ministère public rentre dans la plénitude de ses droits. Par conséquent il n'est pas tenu de donner aucune suite à la plainte s'il trouve que le fait dénoncé ne constitue ni un adultère, ni un rapt, ni une diffamation ; sauf bien en-

1. Faustin-Hélie, t. II, p. 317.
2. Chassan, t. II, p. 52.

tendu aux plaignants de prendre les voies qui leur sont ouvertes par la loi, soit en se constituant partie civile devant le juge d'instruction (art. 63 C. d'Instr. cr.), soit de citer le prévenu directement devant le tribunal correctionnel (art. 182 C. Instr. cr.).

Il nous reste à parler de trois autres sortes de délits particuliers dont la poursuite est subordonnée à la plainte des parties : le délit de chasse sur le terrain d'autrui, le délit de contrefaçon industrielle et le délit des fournisseurs de l'armée.

Aux termes de l'art. 1 de la loi du 30 avril 1790, la chasse sur le terrain d'autrui sans le consentement du propriétaire est défendue sous peine d'amende et de dommages-intérêts envers le propriétaire. En principe, l'action publique contre la poursuite de ce délit ne peut être exercée que d'office par le ministère public (1), sauf le droit conféré aux parties lésées de citer directement le prévenu devant le tribunal correctionnel (art. 182 C. d'Instr. cr.). « Néanmoins, dans le cas de chasse sur le terrain d'autrui, sans le consentement du propriétaire, la poursuite d'office ne pourra être exercée par le ministère public, sans une plainte de la partie lésée, qu'autant que le délit aura été commis dans un terrain clos et attenant à une habitation ou sur des terres non encore dépouillées de leurs fruits (2). »

Il résulte de cette disposition de la loi que la poursuite est subordonnée à la plainte de la partie lésée quand le

1. Art. 26 de la loi du 3 mai 1844, 1er alinéa.
2. Id., 2me alinéa.

délit est commis dans un terrain non clôturé et non-attenant à une habitation ou quand il est commis sur des terres dépouillées de leurs fruits.

Quel est le fondement de la distinction établie par la loi ? Elle suppose que pour chasser légitimement sur le terrain d'autrui il faut avoir obtenu le consentement du propriétaire ou de ses ayants-droit. Or, ce consentement peut être tacite aussi bien qu'exprès. Tant que le propriétaire gardera le silence, son consentement doit être présumé puisque le délit ne prend son existence que par la volonté du propriétaire manifestée par une plainte. Ainsi la loi suppose qu'en présence de ces deux situations, c'est-à-dire des terres dépouillées de leurs fruits, non closes et non attenant à une habitation, le propriétaire a dû approuver la voie de fait commise sur sa propriété, et en conséquence il a subordonné l'action du ministère public à la condition de la plainte.

Mais si les terres n'étaient pas encore dépouillées de leurs fruits, si le fait de chasse a eu lieu dans un terrain clos et attenant à une habitation, le législateur, en présence de faits aussi graves et dommageables : la perpétration du délit dans un terrain clos qui constitue une violation du domicile et les dégâts éprouvés dans ses récoltes, et en concluant de ce qui arrive le plus communément, *de eo quod plerumque fit,* a présumé que le consentement du propriétaire n'a pu être donné, et en conséquence il n'a mis aucune entrave à l'exercice de l'action publique.

Si la loi suppose le consentement du propriétaire dans les

deux cas cités (récolte enlevée, terrain non enclos), si le fait de chasse sur le terrain d'autrui ne constitue un délit que quand le propriétaire n'y a pas consenti, il en est autrement si il s'agit de délits qui touchent à l'ordre public, à la police générale de la chasse, tel que le fait d'avoir chassé en temps prohibé (1) et avec des engins prohibés et absence de permis de chasse (2). Le silence du propriétaire dans ces cas n'est pas un obstacle à la poursuite d'office du ministère public.

Nous avons dit que pour chasser légitimement sur le terrain d'autrui il faut avoir obtenu le consentement du propriétaire ou de *ses ayants-droit* (3).

Mais qu'entend-on, en matière de délits de chasse, par ayant-droit ? A part l'emphytéote et l'usufruitier (4), lesquels de même que le propriétaire du fonds sont compris dans les expressions *partie intéressée* employées par l'article 26 de la loi du 3 mars 1844, on doit entendre par ayant-droit, en premier lieu, le cessionnaire, c'est-à-dire celui auquel le propriétaire aurait cédé son droit de chasse (5). Par consé - quent il aura le droit de porter plainte et de mettre en mouvement l'exercice public dans les mêmes cas que le propriétaire du fonds.

Mais le fermier a-t-il le droit de porter plainte si par le

1. Loi du 3 avril 1790, art. 8.
2. Loi du 3 mai 1844, art. 11.
3. Loi du 3 mai 1844, art. 2.
4. Merlin, *Rép.*, v° *Chasse*, § 3.
5. Arr. Cass., 21 janv. 1837 (Bull., n° 29).

bail aucune réserve n'a été stipulée à son profit ? La question est vivement débattue.

La Cour de cassation après avoir adopté l'affirmative a jugé en dernier lieu que la chasse, envisagée sous un point de vue général, n'est point un fruit du sol, que par conséquent, dans le silence d'un bail à ferme, le droit de chasse ne fait pas nécessairement partie de la chose louée. En effet, dit-elle, il ressort de la loi du 3 mai 1844 ainsi que de la législation antérieure (loi du 30 avril 1790) qu'on a voulu distinguer le fermier du possesseur en n'attribuant au premier, en matière de chasse que la faculté de repousser ou détruire les animaux nuisibles ; qu'il résulte de ses dispositions que *l'ayant-droit* est celui qui représente le propriétaire, soit par délégation spéciale, soit en vertu d'une concession expresse, d'où il suit qu'à défaut d stipulation contraire,.la faculté de chasser ou de faire chasser doit être réputée inhérente au droit de propriété sans préjudice de l'action réservée au fermier contre toutes personnes qui auraient causé un dommage à son exploitation (1). Dans une autre opinion on soutient que le fermier peut exercer en concurrence avec le propriétaire le droit de chasse, et en conséquence l'un et l'autre auraient le pouvoir de porter plainte (2).

Dans un troisième système on distingue si le délit a été commis en temps prohibé ou non prohibé et on ne reconnaît au fermier le droit de plainte que dans le premier cas, car on suppose

---

1. Arr. Cass., 4 juillet 1845 (Bull., n° 219) ; Toullier, t. IV, n° 19 ; Troplong, *Du louage*, n° 73.
2. Duranton, t. IV, n° 286.

qu'il a dû éprouver un préjudice dans son exploitation (1).

Enfin, dans un quatrième système, qui est aussi le nôtre, on accorde au fermier, à l'exclusion du propriétaire, lorsque celui-ci ne se l'est pas réservé. le droit de porter plainte pour tous les délits de chasse commis sur le fonds qu'il exploite (2). En effet, d'après l'organisation actuelle de la propriété en France on ne peut considérer le droit de chasse comme un privilége ou une prérogative honorifique attachée à la qualité de propriétaire. La faculté de chasser ne peut plus être réputée comme étant inhérente au droit de propriété sans pouvoir en être détachée, elle est devenue dans notre législation moderne un droit transmissible, ayant les caractères et participant à la nature de tous les droits qui peuvent former l'objet d'une stipulation, vente, cession ou location. Le propriétaire peut donc en disposer comme bon lui semblera par une aliénation à titre gratuit ou à titre onéreux. Ce point démontré, il faut nécessairement admettre que le droit de chasse, qui n'est qu'un élément de jouissance d'un fonds , doit être compris dans un bail de louage. D'ailleurs, comment pourrait-on contester au fermier, qui a le droit de percevoir les fruits et protéger ses récoltes, l'intérêt qu'il a d'empêcher à ce que le fonds qu'il cultive soit à la discrétion de tous ceux qui viendraient s'y livrer à l'exercice de la chasse ? Nous pensons donc que le propriétaire qui ne s'est pas réservé par un contrat de bail le droit

1. Merlin, *Quest. de droit*, v° *Chasse*, § 8.
2. Duvergier, *Du louage*, n° 73 ; Faustin-Hélie, t. II, p. 331 et 332.

de chasse l'a aliéné implicitement en faveur de son fermier qui étant réputé son ayant-droit peut seul à l'exclusion du premier porter plainte et mettre en mouvement l'action publique.

Par application de la même règle la Cour de cassation a décidé (1) que les délits de chasse commis dans les bois et forêts de l'État, des communes et des établissements publics, peuvent être dénoncés et poursuivis par l'dministration forestière, sans préjudice du ministère public.

Elle a jugé de même (2) que dans le cas où l'administration forestière aurait affermé le droit de chasse dans les bois des communes ou de l'État (3) elle n'en conserve pas moins en cas de silence du fermier, le droit de plainte et même de poursuivre les délits commis dans les forêts et nuire à la commune qui a un intérêt au gibier. «En effet, dit M. Faustin-Hélie si le fermier ne se plaint pas, rien ne s'oppose à ce que le propriétaire porte lui-même plainte ; car il n'a pas aliéné son droit de veiller à ce que la chasse soit régulièrement exploitée, à ce que le gibier ne soit pas détruit par des moyens illicites (4). »

Il ne faut pas assimiler aux délits de chasse les délits de pêche fluviale. Toutefois, certains auteurs (5) conduits par l'analogie qui existe entre la faculté que la loi reconnaît au

---

1. Arr. Cass., 22 fév. 1844 (Bull., n° 61).
2. Décret du 25 prairial an XIII, art. 1 ; loi du 21 avril 1832, art. 5.
3. Arr. Cass., 22 fév. 1844 (Bull., n° 61).
4. T. II, p. 334.
5. Mangin, t. I, n° 157.

propriétaire de saisir le gibier qui se trouve sur son terrain, et celle du propriétaire riverain de se saisir du poisson qui se trouve dans les eaux qui traversent ou limitent sa propriété, ont conclu que le ministère public ne peut agir que sur la plainte de la partie lésée. Cette conclusion ne peut être admise. Il résulte, en effet, des débats qui ont lieu à ce·sujet à la Chambre des pairs sur la loi du 15 avril 1827, relative à la pêche fluviale, qu'on a voulu suppléer à l'inaction des parties lésées en imposant au ministère public de poursuivre d'office les délits qui porteraient une atteinte aux droits du propriétaire. D'ailleurs, pour soumettre une action qui se rattache à toutes les matières pénales à une suspension, il faudrait un texte explicite et précis de la loi. Or, non-seulement la loi n'a formulé nulle part une pareille dérogation au droit commun, au contraire elle suppose l'exercice de l'action par le ministère public. Pourquoi, en effet, l'art. 36 de la loi imposerait aux agents de l'administration de transmettre les procès·verbaux au procureur de la République et non aux parties intéressées, si ce n'est pour pouvoir exercer l'action publique (1) ?

Aux termes de l'art. 40 de la loi du 3 juillet 1844, sur les brevets d'invention, toute atteinte portée aux droits du breveté, par la fabrication de produits, ou par l'emploi des moyens faisant l'objet de son brevet constitue le délit de contrefaçon qui est puni par une amende de 100 à 2,000 fr.

1. Ortolan, t. II, n° 1735 ; Faustin-Hélie, t. II, n° 819 ; Arr. Cass., 3 juin 1853 (Bull., n° 201).

L'art. 45 de la même loi subordonne l'exercice de l'action publique pour l'application des peines à la plainte de la partie lésée. On a supposé que si la partie garde le silence sans porter aucune plainte, c'est qu'elle a consenti à l'emploi des moyens qui font l'objet de son brevet. Il ne faut admettre la poursuite du ministère public que sur une plainte qui repousse la supposition favorable au libre exercice du commerce et de l'industrie (1).

L'exception à l'exercice de l'action publique ne s'applique pas aux cas de délit de contrefaçon littéraire ou artistique prévus par les art. 425 et suivants du Code pénal. La raison de cette restriction s'explique par la facilité de vérification d'une œuvre littéraire ou d'une œuvre d'art. Les contestations qui peuvent s'élever entre les divers prétendants peuvent être résolues sans avoir besoin de demander l'appréciation personnelle des intéressés. En conséquence de semblables délits l'action publique n'est pas subordonnée à la plainte de la partie lésée (2).

Le dernier cas où l'action publique ne peut être mise en mouvement que sur la dénonciation d'une partie, c'est celui qui concerne les fournisseurs des armées de terre et de mer (3). La Cour de cassation par son arrêt du 29 août 1846 (4) a donné les motifs de cette exception à l'exercice ré-

---

1. Exposé des motifs de la loi, séance de la Chambre des députés du 17 avril 1843 (*Moniteur* du 22).
2. Ortolan, t. II, p. 265.
3. Code pénal de 1810, art. 433.
4. Bull., n° 226.

gulier de l'action publique. Elle a jugé que les prescriptions du Code pénal (art. 430, 432 et 433), ayant pour objet la répression des fraudes commises par les entrepreneurs dans l'exécution de leurs marchés, le législateur a dû prévoir le cas où, par des poursuites intempestives, le service du fournisseur se trouverait interrompu ; que c'est évidemment par ce motif que la poursuite contre les entrepreneurs a été subordonnée, non à une autorisation, mais seulement à une dénonciation, en ayant égard aux circonstances d'après lesquelles la mise en mouvement de l'action publique pourrait être opportune ou nuisible dans l'intérêt de l'État.

§ II. — Des questions préjudicielles.

Nous avons admis que l'action publique devait être déclarée indépendante de l'action civile ; le but de ces deux actions étant différent, leur destinée ne doit pas être la même.

Cependant nous avons constaté que souvent l'exercice de l'action publique se trouvait paralysé dans les mains du ministère public, de sorte que l'action publique n'était mise en mouvement que par la plainte de la partie lésée.

Souvent il arrive que l'action publique dépend d'un fait distinct d'elle, et que la solution de ce fait doit influer sur la solution à donner à l'action publique. Dans ce cas, on doit se préoccuper d'abord de la question dont la décision peut influer sur la question principale. On dit alors qu'il y a une question *préjudicielle* à l'action publique.

L'action préjudicielle est définie : « une exception qui suspend la poursuite ou le jugement d'un crime, délit ou d'une contravention, jusqu'à la vérification préalable d'un fait antérieur dont l'appréciation est une condition indispensable de cette poursuite ou de ce jugement (1). »

Exemples : dans le cas d'un délit de suppression d'état ou de supposition de part (2), l'accusé ne peut être poursuivi au criminel avant la question d'état jugée par les tribunaux civils. En cas de poursuite de bigamie, l'accusé prétend que le premier mariage est nul. Poursuite pour vol, l'accusé prétend avoir la possession ou la propriété de l'objet volé.

Que prétend le prévenu en opposant ces exceptions ? il demande que ces faits avancés par lui soient vérifiés, parce que leur décision dans tel ou tel sens peut avoir sur l'action publique une influence capitale.

Il faut distinguer avec soin les questions préjudicielles des questions préalables. La différence est très-grande. Par la question préalable l'accusé met obstacle immédiat à l'action publique, il nie l'existence de cette action, en invoquant, par exemple, l'extinction de l'action par prescription, amnistie, ou par l'autorité de la chose jugée, l'une constitue, pour ainsi dire, une fin de non-recevoir, tandis que la question préjudicielle ne met pas *à priori* hors d'existence l'ac-

1. Faustin-Hélie, t. II, p. 346.
2. Bien que l'art. 327, C. N., ne parle que du délit de suppression d'état, il s'applique virtuellement au crime de supposition de part, car en voulant attribuer un état faux à un enfant on supprime son état véritable (Aubry et Rau, t. II, p. 558, note 22 ; Demol., V, 273).

tion publique, elle tend seulement à la constatation d'un fait particulier important pour sa solution.

En quoi peut consister l'exception préjudicielle ? En tout fait antérieur au délit et dont la solution influe sur l'action publique. Cette influence de la question préjudicielle sur l'action publique peut être fort considérable : elle peut avoir pour effet de suspendre l'action publique, de faire prononcer par la juridiction saisie son incompétence, et le renvoi du prévenu jusqu'à la solution de la question préjudicielle ce qui peut arriver dans les questions d'état. La question préjudicielle peut avoir aussi pour effet d'empêcher momentanément la poursuite commencée pour résoudre une question incidente qui s'est élevée pendant l'instruction de l'affaire et qui doit avoir une influence décisive sur l'existence du délit, par exemple en cas de violation de dépôt, de mandat, le prévenu prétend que le contrat manque d'un élément essentiel, qu'il n'existe pas; en matière de vue, le prévenu oppose le droit de propriété.

Dans le premier cas l'action publique ne peut pas être intentée, dans le second elle est valablement intentée, mais le jugement ne pourra intervenir qu'après la décision sur l'action préjudicielle. Dans un cas on dit qu'il y a action préjudicielle à l'action publique, dans l'autre cas qu'il y a action préjudicielle au jugement de l'action publique.

Les questions préjudicielles au jugement étant étrangères à notre matière nous nous occuperons seulement des questions préjudicielles à l'action publique.

Ces questions préjudicielles qui ont pour effet d'empêcher

l'exercice de l'action publique ne peuvent jamais résulter que d'un texte formel de la loi. En matière criminelle, en effet, la poursuite des crimes et des délits est confiée au ministère public, et pour que cette action se trouve entravée entre ses mains il faut un texte de loi précis et exprès.

Les questions préjudicielles à l'action publique sont celles prévues par les art. 326 et 327 du Code Napoléon. Elles sont connues sous la dénomination consacrée d'actions ou plutôt de *questions d'état*, c'est-à-dire de questions relatives à l'état des personnes. Cette dénomination générale comprend les contestations qui ont rapport à la filiation légitime ou naturelle, à la qualité de français ou étranger, à la légitimité des époux, à l'interdiction, etc. (1).

L'art. 326 dispose : « Les tribunaux civils seront seuls compétents pour statuer sur les questions d'état. » L'art. 327 ajoute : « L'action criminelle contre un délit de suppression d'état, ne pourra commencer qu'après le jugement définitif sur la question d'état. »

Le législateur a eu pour but en édictant les dispositions de ces articles de déroger à la règle générale consacrée par l'art. 3 du Code d'instruction criminelle; tandis que, d'après le droit commun, c'est le criminel qui tient le civil en état (art. 239 et 240 C. pr. cr.), ici au contraire c'est le civil qui tient le criminel en état. Le législateur a voulu donc empêcher les tribunaux criminels de connaître de l'action en réclamation d'état accessoirement à une action criminelle.

1. Demolombe, V,. n° 110.

Quels sont les motifs qui ont déterminé le législateur à attribuer exclusivement aux tribunaux civils la connaissance des questions d'état?

Avant d'examiner ces motifs voyons quel était sur la question l'état de la jurisprudence dans l'ancien droit. D'après les dispositions des ordonnances les jugements criminels n'étaient nullement empêchés par une question préalable sur le délit de suppression d'état ou sur une autre question relative à l'état des personnes. Plusieurs arrêts du parlement de Paris ont été rendus dans ce sens (1). On n'en faisait exception que pour une poursuite criminelle dont on se servait comme un moyen détourné pour constater la filiation. M. l'avocat général Gilbert, dans le réquisitoire qu'il prononça dans l'affaire de la demoiselle de Choiseul (2), s'exprimait ainsi : « L'état des personnes est un objet civil en soi-même ; mais il donne lieu de commettre de grands crimes. Non-seulement on peut se l'attribuer par erreur ; mais on peut entreprendre aussi de l'usurper par une imposture criminelle. On peut le contester de bonne foi ; mais on peut aussi être coupable, en le supprimant à dessein formé... »

Ainsi, dans l'ancien droit, on avait admis la doctrine consacrée par la jurisprudence du parlement de Paris que les questions d'état ne forment aucun empêchement à la poursuite en jugement des crimes. On pouvait donc constater par voie criminelle son état, seulement les juges étaient chargés

---

1. Arr. Parl., Paris, 4 déc. 1638 ; 19 janv. 1658 ; 15 avril 1594.
2. *Nouveau Denisart*, t. VIII, p. 23.

d'examiner si l'information était une voie détournée pour parvenir à la preuve testimoniale d'une filiation dans quel cas ils devaient déclarer qu'il n'y avait pas lieu d'instruire l'accusation. La difficulté de pouvoir distinguer si il s'agit d'une plainte de suppression d'état ou d'une constatation de filiation déguisée sous l'apparence d'une pareille plainte a fait dire à M. Bigot de Préameneu devant le Corps législatif : « La loi craint tellement de faire dépendre entièrement les questions d'état de simples témoignages, qu'elle impose aux juges le devoir de proscrire les moyens indirects que l'on voudrait prendre pour y parvenir. Telles seraient les plaintes en suppression d'état que l'on porterait aux tribunaux criminels avant qu'il y ait eu par la voie civile un jugement définitif. Toujours de pareilles plaintes ont été rejetées comme frauduleuses, et les parties ont été renvoyées devant les juges civils. Cette décision est contraire à la règle générale qui, considérant la punition des crimes comme le plus grand intérêt de l'État, suspend les procédures civiles quand il y a lieu à la poursuite criminelle ; mais lorsqu'il y a un intérêt autre que celui de la vengeance, intérêt dont l'importance fait craindre que l'action criminelle n'ait pas été intentée de bonne foi ; lorsque cette accusation est présumée n'avoir pour but que d'éluder la règle du droit civil qui, sur les questions d'état, écarte comme très-dangereuse la simple preuve par témoins ; lorsque la voie civile qui rejette cette preuve, même pour des intérêts civils, serait en opposition avec la loi criminelle qui l'admettrait, quoiqu'elle dût avoir pour résultat le déshonneur et une peine afflictive, il ne peut rester aucun doute sur la nécessité de faire juger les questions d'état devant les tribunaux civils, avant que les poursuites criminelles puissent être exercées. »

L'orateur du Tribunat après avoir exposé les abus qui résultaient de l'ancienne jurisprudence s'exprimait ainsi : « C'était une subversion de tout ordre judiciaire et un instrument fatal mis à la portée de tout le monde pour ébranler dans leurs fondements les familles les plus pures et les plus respectées... L'intérêt de la société est sans contredit que les crimes soient réprimés, et que les preuves qui conduisent à leur répression ne dépérissent pas. Mais un plus grand intérêt commande que le repos de la société ne soit pas troublé sous prétexte de l'affermir. La réforme de cet abus était désirable, elle était généralement désirée. Ainsi, après avoir établi que les tribunaux civils sont seuls compétents pour statuer sur les réclamations d'état, le projet de loi, par une disposition contraire au droit commun, mais uniquement applicable à ce cas, et évidemment utile, dispose que l'action criminelle contre un délit de suppression d'état ne pourra commencer qu'après le jugement définitif de la contestation civile. »

On voit donc de cette discussion les motifs du législateur d'attribuer aux tribunaux civils la compétence exclusive des questions d'État. Aux termes des art. 319, 320 et 323 du Code Napoléon, les moyens de preuve en matière de filiation sont l'acte de naissance, la possession d'état et la preuve testimoniale lorsqu'il y a un commencement de preuve par écrit, ou lorsque les présomptions ou indices résultant de faits dès lors

constants sont assez graves pour déterminer la preuve testimoniale. Eh bien, le législateur a voulu précisément éviter
que le réclamant puisse éluder ce dernier moyen de preuve,
la preuve testimoniale (art. 323 C. N.). Sous l'empire de l'idée
vulgaire qui considère l'admission de tous genres de preuves
comme une règle de droit commun en matière criminelle, et
notamment de la preuve testimoniale sans commencement
de preuve par écrit, il a disposé d'une part que les réclamations d'état seront de la compétence exclusive des tribunaux
civils et de l'autre que l'action criminelle contre un délit de
suppression d'état ne pourra commencer que quand la réclamation d'état aura été jugée (art. 326 et 327 C. N.). Les
motifs de la loi ne sont pas bien fondés. En effet, lorsqu'il
s'agit d'un crime ou d'un délit qui suppose l'existence d'un
fait dont la preuve testimoniale n'est pas admissible d'après
la loi civile que sous certaines conditions, elle ne peut
être faite qu'en remplissant les conditions requises par la loi ;
ce n'est donc pas d'après les diverses juridictions que tel ou
tel système de preuve doit être déclaré admissible, mais
d'après la nature des faits à vérifier, ainsi en cas de violation
de dépôt, le déposant ne peut prouver au criminel l'existence
du dépôt par témoins, s'il ne justifie d'un commencement de
preuve par écrit. On peut pourtant justifier la disposition de
la loi par la considération suivante. La réclamation d'état est
une question trop importante pour permettre aux tribunaux
criminels de la décider accessoirement à une question
d'un autre ordre, d'autant plus que souvent il n'appa-
raît pas de la suppression d'état (altération, destruction

d'un acte de naissance) le véritable état de la victime (1).

Quoiqu'il en soit, il faut admettre comme règle générale que l'exercice du droit de plainte contre un délit en suppression d'état est suspendu jusqu'au jugement définitif de la question d'état. L'innovation du législateur consiste donc d'avoir fait de la question d'état une question préjudicielle à l'action publique.

La Cour de cassation a confirmé par plusieurs arrêts la règle établie par les art. 326 et 327 du C. N. (2). Par l'arrêt du 9 juin 1838 elle a cassé un arrêt de la Chambre d'accusation qui avait renvoyé devant la Cour d'assises le nommé Dubarret comme accusé d'avoir frauduleusement fait recevoir par une commission chargée du rétablissement des registres de l'état civil d'une commune un acte constatant faussement la naissance d'un enfant : « Attendu que les art. 326 et 327 établissent une exception formelle au principe général posé dans l'art. 3 du Code d'Instr. crim. en vertu duquel l'action civile peut être poursuivie en même temps et devant les mêmes juges que l'action publique, peut même l'être séparément, mais se trouve alors suspendue tant qu'il n'a pas été prononcé définitivement sur l'action publique intentée ou pendant la poursuite de l'action civile, que du texte desdits art. ainsi que de la discussion à laquelle ils ont donné lieu dans le Conseil d'État lors de la confection du Code civil, il

1. Demante, *Cours analytique de Code Nap.*, t. II, n° 53 *bis*, 1 Mourlon, *Répét. sur le C. N.*, t. I, p. 469.

2. Arr. Cass., 9 fév. 1810 (Bull., n° 29) ; Arr. Cass., 21 août 1812, *Rép.*, v° *Supposition de part.*, § 2 ; Arr. Cass., 24 juillet 1823 (Bull., p. 299).

17

résulte que la volonté du législateur a été que les tribunaux civils fussent seuls compétents pour statuer sur les réclamations d'État, et que l'action criminelle contre le crime de suppression d'État ne peut être intentée qu'après le jugement définitif sur la question d'État ; que le but évident de cette disposition de la loi a été d'empêcher qu'on arrivât, au moyen d'une action criminelle, à faire juger, à l'aide de la preuve testimoniale seule, des questions de filiation pour lesquelles le Code civil a établi, dans ses art. 319, 320, 321 et 322, un genre de preuve moins incertain et plus rassurant pour l'ordre social et pour la sécurité des familles.

Ainsi donc fondé sur cette jurisprudence on peut poser comme un principe constant que l'action publique n'existe pas pour le ministère public tant que la question d'État n'a pas été jugée par les tribunaux civils saisis sur la réclamation des parties intéressées. L'action publique est donc subordonnée quant à son existence à la volonté des parties et à la décision du procès civil. Il faut ajouter que la partie intéressée ne pourrait saisir la juridiction criminelle par une plainte, sous prétexte que la juridiction civile n'est pas saisie, car si on accordait une pareille option à cette partie, les vœux de la loi seraient trompés, l'interdiction qu'elle prescrit serait facilement éludée (2).

Mais si la partie intéressée garde le silence sur la question

1. Bull., n° 165, Conf. Cass., 16 fév. 1854 (Bull., n° 36).
2. Arr. Cass., 9 juin 1838 (Bull., n° 165).

en réclamation d'État, si aucune partie ne se présente devant la juridiction civile l'action du ministère public est-elle paralysée entre ses mains ? En un mot, peut-on permettre au ministère public de poursuivre d'office un crime de faux commis pour parvenir à une suppression d'état ? M. Merlin a soutenu avec beaucoup de force l'affirmative. « Ne serait-il pas, dit-il, souverainement déraisonnable qu'un crime de faux demeurât perpétuellement impuni , sous le prétexte qu'aucune partie privée ne viendrait le dénoncer par la voie civile, et qu'il dût son impunité à la circonstance très-aggravante qu'il a été commis dans l'acte le plus important de la vie sociale ? » Il invoque à l'appui de son opinion les discours qui ont eu lieu à l'occasion des art. 326 et 327. Il prétend que par les mots *action criminelle* employés par le dernier article la loi a voulu entendre aussi bien l'action que la partie lésée intente devant les tribunaux criminels par une plainte que l'action du ministère public. L'art. 327, selon M. Merlin, n'est que l'interdiction des plaintes abusives des particuliers sur une prétendue suppression d'état. Son but est d'empêcher les parties de se procurer par la voie criminelle une preuve testimoniale de l'état qu'ils réclament, mais il considère comme réservé de droit au ministère public, si aucune action en réclamation d'état n'est engagée devant les tribunaux civils, le droit de poursuivre d'office la répression du crime (1).

Lors de la discussion des art. 326 et 327 du Code civil, la

1. Merlin, *Quest. de droit,* v° *Quest. d'État,* § 1 et 2.

commission de la rédaction du projet avait proposé un amendement qui avait pour objet d'autoriser le ministère public d'agir en cas d'un commencement de preuve par écrit; cet amendement formait l'art. 19 du livre I, titre VII, il était ainsi conçu : Art. 17 : « L'action criminelle ne peut être admise de la part du fonctionnaire public que sur un commencement de preuve par écrit, et l'examen de cette preuve est une question préjudicielle sur laquelle il doit être statué préalablement. » Cette proposition fut rejetée et on interdit l'action criminelle d'une manière absolue tant que la question d'état n'est pas définitivement jugée par les tribunaux civils (Art. 326 et 327 C. N.).

Reste donc toujours la question de savoir si le ministère public peut agir d'office contre la criminalité des faits qui tendent à la suppression d'état, avant qu'aucune contestation s'élève devant les tribunaux civils sur la réclamation d'état.

La Cour de cassation, contrairement à l'opinion professée par Merlin, a toujours adopté la négative. Elle a jugé que s'il paraît dangereux que l'action criminelle soit suspendue et même éventuellement anéantie, relativement à des crimes qui intéressent si essentiellement l'ordre social, le repos des familles a pu présenter aux législateurs des considérations d'un intérêt plus grave, pour déroger à la règle générale établie par l'art. 3 du C. d'Instr. crimin. (1). Cette jurisprudence a été suivie presque par tous les auteurs (2).

1. Arr. Cass., 9 juin 1838 (Bull., n° 165).
2. Legraverend, *Législ. crim.*, p. 31; Toullier, t. II, p. 405; Duranton, t. III, n° 165 ; Le Seyllier, n° 1503; Mangin, t. I, n° 188 ; Faustin-Hélie, t. II, n° 840; Demolombe, t. V, n° 270.

Nous pensons aussi qu'elle est conforme aux textes des art. 326 et 327 et aux motifs qui ont présidé à leur rédaction. En effet, l'art. 326 consacre la compétence exclusive des tribunaux civils en matière de réclamation d'état. Ensuite l'art. 327 interdit l'action criminelle contre un délit de suppression d'état tant qu'il n'est pas intervenu un jugement définitif sur la question d'État. A qui le législateur a-t-il voulu intimer cette défense? Assurément à la partie qui a l'exercice de l'action criminelle, au ministère public à qui appartient exclusivement cet exercice ; c'est donc du ministère public qu'il s'agit, c'est donc son action qui ne peut pas être mise en mouvement avant le jugement sur la question d'état. Nous savons aussi que les rédacteurs du Code ont été préoccupés des abus auxquels avait donné lieu, dans l'ancienne jurisprudence, la plainte en suppression d'État portée au criminel par la partie intéressée, et c'est pour les prévenir qu'ils ont exclu, dans tous les cas, la compétence des tribunaux criminels. Et en effet, si ces tribunaux avaient pu statuer sur le délit de suppression d'état avant même que les tribunaux civils eussent décidé sur l'État lui-même, la chose jugée au criminel aurait pu préjuger la question d'état jugée au civil, ou si elle n'aurait eu aucune influence sur le civil on serait arrivé à une conséquence aussi choquante qu'inique, on aurait pu voir un individu condamné par la justice répressive expier un crime, dont peut-être la justice civile l'aurait ensuite déclaré innocent !

On objecte pourtant que le législateur a voulu distinguer entre le droit de la partie intéressée et celui du ministère public. Il a prohibé seulement au premier de saisir la juridiction criminelle, mais non au ministère public, car celui-ci ne peut être suspect de vouloir éluder la voie civile. On ne peut admettre cette distinction, car elle présente un sérieux danger. En effet, la partie civile pourrait, en faisant parvenir au ministère public des indices et renseignements, le déterminer à agir en se contentant seulement d'éveiller sa vigilance, afin de mettre en mouvement l'action publique, elle pourra ainsi d'une manière indirecte tromper le but de la loi et éluder ses dispositions.

Il est vrai que dans ce système on arrive à assurer l'impunité à tous ceux qui se seront rendus coupables d'un crime de faux, mais on sauvegarde l'honneur et la tranquillité des familles en empêchant toute cause qui pourrait y jeter la perturbation. « L'intérêt de la société, disait l'orateur du tribunal, est sans contredit que les crimes soient réprimés, et que les preuves qui conduisent a leur répression ne dépérissent pas ; mais un plus grand intérêt commande que le repos de la société ne soit pas troublé sous prétexte de l'affermir par des recherches téméraires. »

M. Demante propose une distinction, pour l'application de la suspension de poursuite. Le ministère public, dit il, pourrait intenter l'action publique lorsqu'elle n'aurait pas pour conséquence de se rapporter à l'état d'une personne déterminée, mais cette suspension sera prescrite s'il s'agit d'un fait de suppression qui se rapporte à une personne déterminée. Par exemple s'agit-il du fait matériel d'altération d'acte, de destruction ou d'enlèvement de registres, le ministère public ; pourrait exercer son action ; au contraire, s'agit-il d'un faux commis dans la rédaction de l'acte de naissance par l'officier public, d'une déclaration mensongère faite dans l'acte sur le même point. Le ministère public ne pourra pas agir (1).

Ces observations sont justes, cette distinction fondée. Cependant rien ne nous indique que le législateur ait voulu la consacrer, au contraire il a cru que la preuve testimoniale ne devait pas être admise indirectement il a édicté la disposition générale de l'art. 327 dont il n'est pas permis de s'éloigner.

M. Mangin (2) prétend que cette législation présente des graves inconvénients ; en effet, dit-il, la question d'état ne peut être portée devant les tribunaux civils que par les parties qui ont des droits acquis, et ces droits ne s'ouvrent, dans bien des cas, que par la mort de l'auteur de la suppression d'état, l'impunité est assurée au coupable. En accusant donc la loi d'imperfection, il appelle sur ce point quelque modification dans le sens de la loi belge. En effet le législateur de ce pays en conservant la disposition de l'art. 327 a ajouté un second alinéa, emprunté au projet de la commission rejeté par le Conseil d'État ; cet alinéa porte : « Néanmoins le ministère public pourra, dans le silence des parties intéressées, intenter l'action criminelle pourvu qu'il y ait un commencement de preuve par écrit, sur lequel il sera préalablement

1. T. II, n° 53 *bis*.
2. *Act pub.*, t. I, p 427 et 428.

statué; dans ce dernier cas, l'action publique ne sera pas suspendue par l'action civile (1). Le Code hollandais a consacré la même disposition par son art. 23 (2).

Les inconvénients présentés par M. Mangin sont d'une certaine gravité, le fait d'assurer l'impunité du coupable d'un crime de faux n'est pas sans offrir de grands dangers au point de vue de la moralité publique, mais si on envisage la question à un autre point de vue, si on la considère comme une règle d'utilité sociale, elle pourrait être facilement justifiée. « L'ordre social, dit M. Faustin-Hélie, ne vit pas seulement de la répression des crimes ; il puise aussi quelques-uns de ses éléments dans l'ordre des familles, dans la stabilité des droits des citoyens. N'existe-t-il pas un certain nombre de faits qui, bien qn'empreints d'une grave immoralité et jetant dans la société un trouble réel, n'ont point été incriminés par la loi pénale, parce que le danger des investigations judiciaires a paru plus redoutable que l'impunité même ? Le législateur n'a point sans doute rangé parmi ces faits la suppression ; mais, comme la poursuite de ce délit jette nécessairement l'inquiétude dans la famille dont elle menace les droits, il a soumis cette poursuite à une condition qui est destinée à prouver que cette poursuite n'est pas téméraire, et qu'elle ne se présente qu'appuyée de preuves. C'est une exception à la règle de la loi criminelle, mais cette exception trouve son explication dans la nature du délit et dans

1. *Code Guillaume,* tit. XIII, art. 18.
2. Demolombe, t. V, p. 251.

le danger des recherches que la poursuite amènerait (1). »

L'action publique, selon l'art. 327 C. N., est suspendue non-seulement jusqu'au jugement sur la réclamation d'état mais elle ne pourra même commencer avant que le tribunal civil ait statué définitivement sur la question d'état M. Tronchet avait demandé dans la séance du Conseil d'État du 29 fructidor an x, qu'on poursuive l'instruction du crime, sauf à suspendre l'action criminelle « parce que la plainte peut être rendue et les preuves recueillies sans que, jusqu'au jugement de la question d'état, la sûreté du prévenu soit compromise. » Mais cette proposition fut repoussée. Il en résulte que la question d'état à la différence des autres questions préjudicielles suspend non-seulement le jugement à intervenir sur la poursuite criminelle, mais l'action publique elle-même.

Comme conséquence de cette règle il faut décider que la juridiction répressive saisie de l'action criminelle du faux doit la rejeter d'office et déclarer son incompétence (2).

Mais peut-elle ordonner la mise en liberté du prévenu ? La Cour de cassation s'est décidée dans le sens de la négative (3). Pourtant si la juridiction répressive, la Cour d'assises dans l'espèce présentée devant la Cour de cassation, prononce son incompétence de la juridiction criminelle, la mise en liberté, qui n'est qu'un acte d'exécution de cette déclaration d'incompétence doit s'ensuivre logiquement. —

1. T. II, p. 367 et 368.
2. Arr. Cass., 21 mai 1843 (*Rép. de jur.*, v° *Suppos. de part*, § 2, p. 323).
3. Arr. Cass., 22 juin 1820 (J. P., t. XV, p. 1062).

En outre, il serait souverainement injuste de le condamner à rester indéfiniment en prison, puisque étant défendeur, il n'a aucun moyen de saisir les juridictions civiles. Nous croyons donc qne la détention préventive doit cesser par la déclaration *qu'il n'y a pas lieu de poursuivre quant à présent,* car *quod nullum est, nullum producit effectum* (1).

Il faut décider aussi, comme conséquence de la même règle, que la Cour de cassation, annulant l'arrêt de la Chambre d'accusation,ne peut prononcer aucun renvoi; car il ne peut être statué sur la question par aucune autre juridiction (2).

Enfin, si l'affaire est arrivée à la Cour d'assises sans être entravée dans l'instruction par aucune exception , cette juridiction doit-elle déclarer son incompétence? M. Mangin distingue : « Si l'accusé ne réclame pas un sursis, la Cour d'assises ne peut surseoir d'office jusqu'au jugement de la question d'état, car l'accusé renonçant à se prévaloir d'une exception, la cour est saisie du jugement, tandis que s'il soulève une exception, l'arrêt de mise en accusation n'ayant pas statué sur l'exception, les droits de l'accusé restant entiers, la Cour doit prononcer son incompétence. » Cette distinction est sans fondement, car il est de règle que l'exception d'incompétence doit être relevée en tout état de cause (3).

Les règles prescrites par les art. 326 et 327 Code Napoléon s'appliquent aussi bien à l'enfant naturel qu'à l'enfant légi-

1. Faustin-Hélie, t. II, p. 361 et 362.
2. Arr. Cass., 24 juil. 1823 (J. P., t. XVIII, p. 64).
3. Faustin-Hélie, t. II, p. 361.

time. Ces articles sont placés au titre de la paternité et de la filiation, ce qui comprend tout à la fois la filiation légitime et naturelle. Ensuite, l'art. 1341 Code Napoléon, qui exige pour la réclamation d'état de l'enfant la condition d'une preuve écrite ou au moins d'un commencement de cette preuve, l'applique à l'enfant naturel et à l'enfant légitime. D'ailleurs, l'art. 345 du Code pénal punit les crimes d'enlèvement, de recel, de suppression, de substitution, de supposition d'enfant, sans distinguer les enfants naturels des enfants légitimes. Et en effet, bien que l'enfant naturel n'ait pas des droits aussi étendus que l'enfant légitime, la réclamation de son état peut aussi occasionner des troubles non moins grands dans les familles (1).

L'action publique contre les délits qui ont pour objet la supposition ou la suppression de l'état d'époux ne peut être subordonnée au jugement préalable du tribunal civil sur la question d'état. La loi n'ayant formulé nulle part une exception au libre exercice de l'action publique, la règle générale qui permet au ministère public d'agir contre tous les faits qui constituent des infractions à la loi doit reprendre son empire. En effet, il résulte des art. 52, 53, 192, 193 Code Napoléon : 1° que toutes les peines émises contre les officiers de l'état civil à raison de délits qu'ils ont commis peuvent être encourues, abstraction faite de l'influence que la contravention peut exercer sur la validité des actes et l'état de ceux

---

1. Mangin, t. 1, n° 187; Faustin-Hé ie, t. II, n° 844; Arr. Cass., 25 n. 1808 (Bull., n° 234)

qu'ils concernent ; 2° que l'action publique contre les crimes de faux et altérations commises sur les registres, soit par les parties, soit par les officiers de l'état civil, n'est subordonnée à aucune condition,

Les art. 198 et 199 prouvent d'une manière évidente que l'action publique, pour les délits qui concernent l'état des époux, peut être mise en mouvement par les parties intéressées ou par le ministère public sans que les règles sur la réclamation d'état, sur la validité du mariage qui sont déférés aussi à la juridiction criminelle, constituent des questions préjudicielles de nature à entraver le libre exercice de l'action publique. En effet, l'art. 197 dispose : « Si les époux ou l'un d'eux sont décédés sans avoir découvert la fraude, l'action criminelle peut être intentée par tous ceux qui ont intérêt de faire déclarer le mariage valable et par le procureur de la République (1). »

Nous savons que les motifs des art. 326 et 327 sont d'empêcher que les questions de filiation ne puissent, à l'aide d'une plainte, être portées devant la juridiction criminelle et soient résolues sur la production d'une preuve purement testimoniale.

Il suit donc que l'action publique doit suivre son cours ordinaire toutes les fois que les questions de filiation ne se rattachent pas aux crimes ou aux délits qui concernent l'état d'un enfant ou qui peut influer sur son état. Ainsi, le délit d'exposition d'enfant dans un lieu solitaire (art. 349 Code

1. Le Seyllier, n° 1520 ; Mangin, n° 191 ; Faustin-Hélie, t. II, p. 373.

pénal) peut être poursuivi sans attendre le jugement d'aucune question préjudicielle. Ce point a été reconnu au Conseil d'État lors de la discussion des art. 326 et 327. M. Jollivet prétendait qu'on pourrait conclure, de l'art. 327, que lorsqu'il y a eu exposition d'enfant l'action criminelle est paralysée. M. Treilhard répondit que cette espèce n'est pas celle de l'article ; il suppose une question d'état qui n'est point nécessairement liée à l'exposition de l'enfant. Cette exposition est toujours un crime que la justice doit punir.

Il en est de même du crime prévu par l'art. 345 du Code pénal. Le crime d'enlèvement, de recel ou de suppression d'un enfant diffère essentiellement du crime de suppression d'état (art. 327 Code Napoléon) par ses effets et par sa nature ; et, en effet, il ne s'agit de savoir à quels parents l'enfant appartient, mais si l'accusé a ou non supprimé, recélé ou enlevé un enfant (1).

Lorsqu'il s'agit de la supposition d'un enfant à une femme qui n'est point accouchée, si cette supposition n'a pas été accompagnée du fait matériel d'introduction d'un enfant dans la famille, la question préjudicielle ne peut être élevée ; en effet, l'existence de l'enfant étant purement imaginaire, son état ne peut être en litige (2).

Enfin, les tribunaux criminels sont compétents de statuer sur les questions d'état lorsqu'elles se présentent d'une manière incidente et ne se rattachent pas au fait de l'accusation.

1. Arr. Cass., 8 avril 1826 (J. P., t. XX, p. 354).
2. Mangin, t. I, p. 438.

Ainsi, dans une accusation de parricide, la Cour d'assises peut statuer sur la question de savoir si l'accusé est fils légitime ou naturel de la victime. De même, dans une accusation d'attentat à la pudeur, elle peut examiner si l'accusé est le père ou le beau-père de la personne sur laquelle le crime a été commis (1).

§ III. — Des cas où l'action civile est suspendue.

Nous savons que toute infraction à la loi pénale, crime, délit ou contravention, donne naissance à deux actions : l'action publique et l'action civile, la première, exercée au nom de la société par des fonctionnaires auxquels elle est confiée par la loi ; l'autre, exercée par la personne qui a souffert du dommage occasionné par ce délit (art. 1 Code d'instruction criminelle).

Nous savons également que l'action publique ne peut être portée que devant les tribunaux criminels et ne peut être jugée que par eux.

Au contraire, suivant l'art. 3 Code d'instruction criminelle, l'action civile peut être portée indifféremment soit devant les tribunaux criminels saisis de l'action publique, soit isolément, séparément devant les tribunaux civils. En effet, l'art. 3 du Code d'instruction criminelle qui reproduit textuellement l'art. 8 du Code du 3 brumaire an iv dispose : « L'action ci-

1. Mangin, t. 1, p. 440 ; Faustin-Hélie, t. II, p. 383.

vile peut être poursuivie en même temps et devant les mêmes
juges que l'action publique. Elle peut aussi l'être séparément : dans ce cas, l'exercice en est suspendu tant qu'il n'a
pas été prononcé définitivement sur l'action publique intentée avant ou pendant la poursuite de l'action civile (1).

Le législateur a accordé ce droit d'option à la partie lésée ;
néanmoins, dans l'intérêt d un concours mutuel que les deux
actions peuvent se prêter comme fondée sur les mêmes faits,
il a émis le vœu que l'action civile fût portée simultanément
avec l'action publique devant les juridictions criminelles.
Dans ce but, il a posé en principe que l'action civile peut être
poursuivie en même temps et devant les mêmes juges que
l'action publique.

Si le ministère public n'exerce pas son action, si la répression du fait criminel n'est pas poursuivie, le tribunal
civil saisi par la partie lésée peut connaître valablement
de l'action civile ; l'existence d'un fait répréhensible ne suffit
pas pour autoriser les tribunaux civils à ordonner un
sursis ; il faut qu'il y ait une poursuite du ministère public.
Cependant, en matière de faux, on déroge à cette règle
générale ; le sursis doit être prononcé quand même le plaignant ne s'est pas constitué partie civile. En effet, selon les
art. 339 et 340 du Code de procédure civile, lorsqu'un tribunal civil reconnaît dans une procédure des indices de faux
qui peuvent donner lieu à l'exercice de l'action publique, il
est autorisé à provoquer d'office l'action publique et à surseoir au jugement de la contestation. L'art. 250 du Code de
procédure civile ajoute encore : « Le demandeur en faux

pourra toujours se pourvoir par la voie criminelle en faux principal ; et, dans ce cas, il sera sursis au jugement de la cause, à moins que les juges n'estiment que le procès peut être jugé indépendamment de la pièce arguée de faux. »

Si avant l'action intentée par la partie lésée devant le tribunal civil ou pendant l'instance le ministère public exerce son action, la procédure entamée devant le tribunal civil est nécessairement suspendue. Cette règle, consacrée par l'art. 3 Code d'instruction criminelle se formule par l'ancienne maxime : « Le criminel tient le civil en état. »

Mais pour que le sursis puisse être prononcé, il faut nécessairement que l'action publique et l'action civile soient relatives au même fait. En effet, si la loi veut que l'instance civile soit suspendue jusqu'au jugement définitif du fait criminel, c'est d'une part pour éviter l'influence morale que le jugement civil pourrait exercer sur les juges saisis de l'action criminelle et, d'autre part, que deux juridictions différentes, saisies de la même affaire, ne prononcent des jugements contradictoires. Or, si les deux actions n'ont pas pour objet le même fait, ces dangers ne sont pas à craindre, les jugements prononcés par les deux différentes juridictions ne pourront exercer aucune influence l'un sur l'autre (1).

Il ne faut pas donner un sens trop absolu aux expressions employées par l'art. 3 Code instruction criminelle : « Tant qu'il n'a pas été prononcé définitivement par l'action publique » ; ainsi, en cas d'une ordonnance ou d'un arrêt de non-

1. Boitard, p. 466; Faustin-Hélie, t. II, p. 538.

lieu, faute de charges suffisantes, on pourrait dire que le sursis ne peut être prononcé, car cette ordonnance du juge d'instruction ou cet arrêt de la Chambre d'accusation n'empêche pas la reprise de la poursuite s'il survient de nouvelles charges, et par conséquent ils n'ont pas les effets d'une sentence définitive. Le sens de l'article est qu'il peut être prononcé définitivement sur l'action publique eu égard à l'état de la procédure. Autrement, le sursis aurait pour terme le temps requis pour la prescription de l'action publique, car, pendant tout ce temps, cette action peut être reprise (1).

SECTION II

DES CAUSES DE SUSPENSION PROVENANT DE LA QUALITÉ DES PRÉVENUS.

L'Assemblée constituante, inspirée par un sentiment de juste défiance contre le pouvoir judiciaire à cause des empiètements des parlements et de leurs prétentions excessives, posa dès le début de ces travaux deux règles fondamentales : d'une part, elle proclama par le décret du 23 juin 1789 l'inviolabilité de la personne des députés de l'Assemblée. D'autre part, elle consacra le principe formulé pour la première fois par Montesquieu (2) en prononçant la séparation de

1. Mangin, n° 166.
2. *Esprit des lois*, liv. II, ch. VI.

18

l'ordre judiciaire de l'ordre administratif. La première, qui est une garantie politique et qui plus tard fut étendue aussi aux ministres (1), ne constitue point un privilége personnel. Elle fut établie en faveur de la fonction, mais non en faveur de la personne, dans le but d'assurer une complète indépendance à ceux qu'elle couvre de sa protection. Elle a pour effet de suspendre l'action judiciaire contre tout acte commis par les personnes qui sont les dépositaires du pouvoir politique.

Cette garantie politique a été le vœu constant de toutes les constitutions qui se sont succédé depuis 1789. Elle a été consacrée par l'art. 37 de la constitution du 10 décembre 1848 dans ces termes : « Les représentants du peuple ne peuvent être arrêtés en matière criminelle, sauf le cas de flagrant délit, ni poursuivis qu'après que l'Assemblée a permis la poursuite. En cas d'arrestation pour flagrant délit, il en sera immédiatement référé à l'Assemblée, qui autorisera ou refusera la continuation des poursuites. » Nous espérons qu'elle sera conservée aussi dans la nouvelle Constitution que la France sera appelée à se donner.

Le principe proclamé par la Constitution du 3 septembre 1791 sur la séparation du pouvoir administratif du pouvoir judiciaire fut reproduit en dernier lieu par l'art. 75 de la Constitution du 22 frimaire an VIII, qui porte : « Les agents du gouvernement, autres que les ministres, ne peuvent être poursuivis pour des faits relatifs à leurs fonctions qu'en vertu

1. Constitution du 3 sept. 1791, tit. III, ch. II, sect. IV, art. 8.

d'une décision du Conseil d'État: en ce cas, la poursuite a lieu devant les tribunaux ordinaires. » Cette disposition constituait un privilége exorbitant en faveur des fonctionnaires publics, elle avait pour effet de les soustraire à toute responsabilité et d'assurer l'impunité de leurs actes ; de plus, elle était incompatible et contraire au principe de l'égalité de tous les citoyens devant la loi, principe consacré par toutes les constitutions depuis 1789, et qui forme la base de toute société bien organisée. Aussi nous félicitons vivement le Gouvernement du 4 septembre de l'avoir supprimée.

CHAPITRE IV

EXTINCTION DES ACTIONS PUBLIQUE ET CIVILE.

Les causes d'extinction des actions publiques et civiles sont assez nombreuses : les unes n'affectent dans son existence que l'action publique et laissent intacte l'action civile ; les autres éteignent l'action civile en respectant l'action publique ; enfin dans certains cas, les mêmes causes entraînent l'extinction des deux actions publique et civile.

C'est cette division que nous suivrons dans l'étude de notre matière

SECTION PREMIÈRE

CAUSES D'EXTINCTION PARTICULIÈRES A L'ACTION PUBLIQUE.

En première ligne, nous devons placer la mort du prévenu :
« l'action publique, pour l'application de la peine, s'éteint
« par la mort du prévenu (art. 2, I. crim.). » Il appartenait
aux législations modernes de proclamer cette règle, et les
principes sur lesquels on fait reposer le droit de punir ne
pouvaient que dicter cette solution : ce n'est plus en effet
pour se venger, ni pour donner un salutaire exemple, que la
société applique des peines aux coupables : elle a en vue un
but plus élevé et plus moral : ramener au bien un homme
égaré, l'améliorer au point de vue moral, et la peine ne
sera pas calculée seulement sur la gravité du fait, mais
encore on tiendra compte de l'utilité sociale. Ces nouveaux
principes devaient nécessairement faire disparaître de nos
Codes ces pratiques barbares qui consistaient à faire des
procès à la cendre des morts, et à infliger une peine au
cadavre, la personne ne pouvant plus être atteinte, et à faire
retomber sur la famille la flétrissure qui n'aurait dû atteindre
qu'un membre.

L'article 2, I. crim., s'applique à toutes les condamnations
prononcées au criminel : qu'il s'agisse de peines corporelles
pécuniaires, le principe doit être suivi et la mort du prévenu
intervenue avant que la condamnation ne soit devenue irré-

vocable, la condamnation ne peut pas être ramené à exécution : les amendes ne peuvent pas être recouvrées, les frais ne sont pas dus à l'État. Il en serait autrement si la condamnation était devenue irrévocable, on pourrait poursuivre le paiement des amendes et frais contre les héritiers ; au moment du décès du prévenu, la dette existait sur sa tête, il y avait eu diminution de son patrimoine ; qu'on n'objecte pas qu'alors la peine atteint la famille et non le coupable, car dans l'espèce l'effet de la peine aura été d'enlever au coupable le droit de disposer dans la mesure des peines pécuniaires qui l'atteignaient.

La mort du prévenu arrivée avant le jugement de l'affaire criminelle éteint le droit que la société a de poursuivre les faits punissables commis ; et si dans l'ignorance du décès, une condamnation sur l'action publique était prononcée, on devrait dire qu'elle manque de l'un de ses éléments essentiels, et les parents du condamné auraient le pourvoi en cassation pour la faire rapporter.

Comme nous l'avons dit tout à l'heure, c'est une conséquence de la personnalité des peines, que l'extinction de l'action publique par la mort du prévenu : aussi comprend-on que cet événement laisse tout à fait intacte l'action civile : celle-ci n'a en vue que la réparation du préjudice causé, et repose sur ce principe que tout homme est tenu de réparer les conséquences de ses fautes : l'obligation de réparer le dommage causé naît avec ce dommage même, et dans le patrimoine du coupable, au moment de son décès ; aussi ses héritiers, successeurs à titre universel, sont-ils tenus vis-à-vis des personnes lésées à réparer le préjudice causé.

En second lieu l'action publique s'éteint par l'amnistie. Dans ce cas le pouvoir souverain enlève à un fait son caractère criminel ; une peine a-t-elle déjà été appliquée, on ne peut pas la faire exécuter ; n'y a-t-il pas eu encore de poursuites, les poursuites deviennent impossibles. L'amnistie accordée, la base de l'action publique fait défaut : il n'y a plus de fait criminel, il n'y a qu'un fait matériel commis pour lequel est impossible l'exercice de l'action publique.

Dans cette hypothèse comme dans la précédente, l'action civile subsiste : car s'il appartient au pouvoir souverain d'enlever à un acte son caractère criminel, il ne peut pas lui appartenir de faire qu'un acte qui a existé n'ait pas existé ; le dommage a été commis, à l'auteur de le réparer ; à la partie lésée le droit d'en réclamer la réparation.

N'existe-t-il pas encore d'autres événements, qui tout en laissant intacte l'action civile influent gravement sur l'action publique ? Dans cet ordre d'idées, il nous faut dire quelques mots du concours d'infraction et de la folie. Le concours d'infraction peut se produire de telle façon, que l'inculpé déjà condamné pour un fait criminel ait à répondre à la justice d'un fait criminel puni par la loi de peines moins graves que le premier ; l'accusé par exemple, frappé de la peine des travaux forcés à perpétuité, a à répondre à la justice d'un vol simple. Dans ce cas, un point certain, c'est que l'accusé n'aura pas à subir la pénalité qu'on va lui infliger, en vertu de ce principe que les peines criminelles, en général du moins, ne se cumulent pas. Aussi quelques auteurs (1) ont-ils pensé que la poursuite devenait inutile et qu'il fallait décider que l'exercice de l'action publique devenait impossible.

Cette théorie n'est que l'exagération d'un fait vrai, de l'impossibilité où l'on est de ramener à exécution la seconde peine ; est-ce à dire pour cela qu'il n'y ait pas lieu d'intenter l'action publique ? Son exercice est très-utile, pour déterminer la culpabilité relativement au fait nouveau, et pour permettre aux parties lésées d'intenter l'action civile. En outre si on considère avec attention l'hypothèse que nous examinons on verra bien vite que la condamnation est nécessaire, car si la peine infligée ne peut pas être ramenée à exécution, il peut arriver telle circonstance qui rende l'exécution possible ; par exemple si la peine la plus grave disparaît par suite d'une amnistie, si le condamné fait réviser le premier jugement qui *l'a frappé* ; dans ces hypothèses nous aurons encore une condamnation, et cette condamnation devra être subie (2).

La folie intervenant à un moment quelconque de la procédure empêche l'exercice de l'action publique : de même que les actes d'un fou ne peuvent pas donner lieu à l'application d'une peine, de même un fou ne peut pas avoir à subir une peine pour des faits commis en état de santé ; comprendrait-il les actes de procédure faits contre lui, comprendrait-il la peine qui le frappe ?

1. Mangin, t. II, n° 458.
2. Cass., 18 juin 1841, *Aff. Lafarge* ; Faustin-Hélie, t. III, p. 760.

Dans ce cas, remarquons-le bien, la folie intervenue après la perpétration du fait coupable, laisse subsister le caractère criminel du fait commis, et ne fait qu'empêcher la procédure civile de suivre son cours ; il est sursis aux débats jusqu'à ce que la santé ait ramené la raison, et alors on pourra suivre à nouveau le procès criminel contre l'auteur des infractions.

Dans les deux hypothèses que nous venons d'examiner, l'action civile subsiste, et les parties lésées peuvent toujours réclamer la réparation du préjudice causé. — Seulement dans le second cas, les tribunaux criminels sont saisis, il y a sursis à l'action publique, et en vertu de la maxime que le criminel tient le civil en état, la partie lésée doit attendre que les tribunaux criminels connaissent de l'affaire pour exercer l'action en réparation de dommage. Ce cas de la folie intervenant après le fait criminel diffère du cas où la folie existait au moment de la perpétration, en ce que l'action civile subsiste dans notre hypothèse : dans l'autre il n'y aurait pas lieu à action civile, puisque l'action publique n'existe pas, (il n'y a ni crime, ni délit), et puisqu'on ne peut imputer aucune faute à l'accusé.

SECTION II.

CAUSES D'EXTINCTION PARTICULIÈRES A L'ACTION CIVILE.

...ile est donnée à la partie lésée pour lui per-
...réparation du dommage causé par l'in-

L'action ci...
mettre d'obtenir la ...

fraction. Elle n'a donc qu'un but, la réparation civile du dommage ; et l'exercice de cette action met seulement en jeu les intérêts particuliers des parties. Aussi comprend-on que les conventions faites par les parties relativement à leurs intérêts privés laissent complétement intacte aux mains des représentants de la société, l'exercice de l'action publique.

Au nombre de ces modes d'extinction, qui ne portent atteinte qu'à l'action civile, il faut placer le désistement et la transaction. Mais aussi faut-il remarquer que si les actes de cette nature règlent définitivement les conséquences civiles de l'infraction, ils laissent complétement intactes aux mains des magistrats l'action publique ; c'est au nom de la société et des intérêts généraux que cette dernière est exercée et l'on ne pouvait pas permettre aux particuliers d'en entraver l'exercice, (Comp. 249 pro. civ.).

Il est cependant des cas où la transaction intervenue arrête l'action publique, c'est relativement aux contraventions des contributions indirectes et des forêts : l'administration, à qui appartient l'action publique, est aussi la partie lésée. Fallait-il maintenir les principes généraux ? la nature des infractions et l'intérêt de ces administrations ne le permettaient pas : aussi a-t-on admis que dans ces cas les représentants de l'administration pourraient transiger avec les auteurs des infractions et arrêter par cette transaction toutes poursuites criminelles. On ne peut qu'approuver le principe de ces lois particulières leur influence au point de vue général a été très-considérable et a permis d'atteindre efficacement beaucoup d'infractions qui jusque là restaient impunies.

SECTION III.

MODES D'EXTINCTION COMMUNS AUX ACTIONS PUBLIQUES ET CIVILES.

Les modes communs d'extinction des actions publique et privée sont la prescription, et l'autorité de la chose jugée. Cette partie de notre sujet a donné lieu aux plus vives controverses et il règle encore bien des points sur lesquels les auteurs et la jurisprudence ne sont pas d'accord. Nous n'avons pas la prétention d'aborder toutes les difficultés de la matière, au moins voudrions-nous présenter d'une façon à peu près complète le tableau de ces modes d'extinction.

Nous étudierons en premier lieu la prescription, puis l'autorité de la chose jugée.

§ I. — De la prescription.

Fallait-il admettre la prescription comme mode d'extinction des actions publiques et privées? Sans doute en ne songeant qu'à l'intérêt pour la société de réprimer les infractions il semblerait que la prescription ne devrait pas mettre à l'abri l'auteur des infractions, et le protéger contre les recherches des magistrats; et cependant, n'y a-t-il pas lieu de

tenir compte du peu d'intérêt que la société a à la répression
des infractions anciennes, et de la difficulté à établir la culpabilité des inculpés ? — Les difficultés d'une poursuite, destinée à ne pas aboutir, devaient empêcher l'imprescriptibi-
lité des actions pénales, et c'est avec raison que le législateur
a admis que les actions publique et privée seraient atteintes
par la prescription.

Nous ne voulons étudier que les points principaux de notre
matière, sans nous préoccuper des nombreuses questions de
détail que la prescription criminelle a pu soulever, et ces
points nous les examinerons sous les trois chefs suivants :
1° durée et point de départ de la prescription ; 2° suspension
et interruption ; 3° effets.

1° Durée et point de départ.

Le Code d'instruction criminelle a voulu maintenir les règles de la prescription pour les matières spéciales, et c'est
dans les lois particulières à ces matières qu'il faut rechercher
les délais de la prescription. Ex. (3 mai 1844, art. 29), les délits de chasse se prescrivent par trois mois. (185, 189 C. for.),
les délits forestiers par trois mois ou six mois suivant que le
prévenu est ou non désigné, etc; puis il a indiqué les règles
générales de la prescription en matière criminelle, correctionnelle et de police. 637, 638, 640, 1. cr. Ces délais sont de
dix années, trois années ou une année suivant les cas.

Mais que faut-il entendre par matière criminelle, que faut-
il entendre par matière correctionnelle ? Il ne faut pas s'arrêter à la qualification donnée au fait par le ministère public,
ce serait en effet donner à ce dernier le droit de régler les

délais de la prescription suivant sa volonté. Il ne faut pas
non plus s'en rapporter exclusivement aux tribunaux saisis :
qu'importe en effet le tribunal compétent, ce fait restant le
même, comprendrait-on que les délais de la prescription
fussent variés suivant que le prévenu serait traduit devant
des tribunaux criminels, ou devant des tribunaux correctionnels (ex. mineur de 16 ans est traduit en Cour d'assises s'il a
des complices, en police correctionnelle, s'il a commis seul le
crime, ou si commis avec les complices, ceux-ci ne sont pas
découverts : dans tous ces cas les délais de la prescription
seront de même durée). — Faut-il envisager, pour établir les
délais de la prescription, la peine infligée ? Non : le législateur en réglant les délais de la prescription ne s'est pas évidemment préoccupé de la peine, mais de la nature du fait
poursuivi, fait qui reste le même malgré la différence de
pénalité : aussi pensons-nous qu'en notre matière, pour appliquer les délais de prescription, il n'y a qu'une chose à
considérer, la nature de l'infraction, telle qu'elle résulte,
non de la poursuite, non de la compétence, non de la pénalité, mais seulement de la qualification donnée au fait criminel par les tribunaux saisis, et l'on aura suivant le cas à
appliquer les prescriptions de 10, 3 ou une année sans jamais
se préoccuper, s'il y a des circonstances atténuantes reconnues ou des excuses admissibles.

Ces délais de prescription fixés, à quel moment faut-il placer leur point de départ ? Du moment où les infractions ont
été commises, nous dit la loi. Art. 637, 638 Instruction criminelle. La fixation de ce point peut donner lieu à quelques

difficultés ; il faut examiner les décisions à donner en tenant compte des diverses espèces d'infractions. S'agit-il d'un délit instantané, consistant dans un fait unique, l'homicide, l'incendie, la prescription commence à courir du jour où le crime a été commis ou tenté, du jour où l'imputabilité pénale existe contre l'agent. S'agit-il de faits permanents, de ces crimes et délits consistant dans un certain état ou dans des faits ignorés mais exécutés par l'auteur dans une même intention criminelle, la prescription commence à courir du jour où l'état permanent a cessé ; du jour où a été commis le dernier fait criminel exécuté, séquestration de personnes, vols commis par la même personne et des mêmes objets en plusieurs reprises. Ces crimes permanents ou successifs présentent ceci de particulier que chaque acte pris isolément constitue à lui seul le crime, et ici précisément, la répétition des faits criminels n'ajoute rien à la criminalité : cependant, dans certains cas, la durée du crime pourra être une aggravation de la peine ex. séquestration de personne. Pour les faits complexes collectifs, l'application des règles de la prescription soulève de plus grandes difficultés : ces délits se distinguent des délits successifs dont nous nous occupions tout à l'heure, en ce que, pour ceux-ci, les faits envisagés individuellement sont exempts de toute criminalité ; c'est de la reproduction des faits, de l'habitude que la criminalité découle. Comment appliquer les règles de la prescription ; par exemple au délit d'usure, au délit d'excitation habituelle de mineurs à la débauche. Faut-il que le plus ancien des faits relevés comme constituant l'habitude soit daté de moins de trois ans de la poursuite ; ou bien que le plus récent ces faits soit séparé par moins de trois ans du moment de la poursuite, quelque laps de temps qui le sépare des autres faits, ou bien ne faut-il pas que les faits constitutifs d'habitude ne soient pas séparés par un délai de trois années. C'est vers cette dernière opinion que nous pencherions : l'opinion de la Cour de cassation, en considérant les faits constitutifs d'habitude comme un tout indivisible, quelque laps de temps qui se soit écoulé entre eux, nous paraît présenter de graves inconvénients, puisqu'elle permet de faire figurer comme base de la poursuite des faits déjà anciens et couverts par la prescription; en limitant à trois années les faits constitutifs de l'habitude, nous tenons compte de ce principe que le délit résulte d'un certain nombre de faits renouvelés, et nous n'avons pas à redouter l'inconvénient de poursuites pour des faits très-anciens.

2· Suspension, interruption.

En matière criminelle, l'on ne pouvait pas admettre le principe de la suspension de prescription ; aussi reconnaît-on généralement qu'aucun fait ne peut empêcher de faire courir la prescription, si ce n'est un acte d'interruption.

Malgré ce que peut avoir d'absolu ce principe, il est des cas où il a bien fallu admettre la suspension : c'est lorsque la poursuite est suspendue par une cause expressément reconnue par la loi, par une exception préjudicielle, par

---

1. Van-Hoorebeke, *Traité de prescription en matière pénale* ; Bertauld, *Cours du Cod. pénal* 3· édition, p 318.

exemple ; dans cette hypothèse et autres analogues, la prescription se trouve suspendue pendant le temps nécessaire à faire juger la question préjudiciable.

La loi criminelle admet-elle l'interruption ? Oui, formellement dans les articles 637 et 638 en matière criminelle et correctionnelle.

Les actions civile et publique sont soumises à la prescription, il faut bien se rappeler que bien que l'extinction de l'action publique par prescription entraîne ordinairement l'extinction de l'action civile, ces deux actions sont indépendantes l'une de l'autre, et l'on comprend très-bien que l'une des deux actions éteinte, l'autre subsiste ; aussi admet-on que les actes interruptifs de l'action civile ne sont pas communs à l'action publique, cependant on admet, par application des articles 637 et suivants Instr. cr., que les actes interruptif de l'action publique interrompent la prescription de l'action civile. En outre les actes interruptifs de l'action publique opèrent à l'égard de tous ceux que l'action publique peut atteindre. 637, *in fine*. Les actes interruptifs de l'action civile ne peuvent être opposés qu'à la personne mise en cause par ces actes : il ne s'agit ici que d'intérêts privés et il faut appliquer les règles de droit commun.

Quant à savoir quels actes sont interruptifs de prescription, on peut répondre, que tous actes de poursuite interrompent la prescription (1), et ce principe doit être admis

1. Cass., 14 juin 1816 : « Tous les actes qui ont pour objet, soit de « rechercher la preuve de l'existence du crime et de la culpabilité

d'une manière plus large en matière criminelle et correctionnelle, qu'en matière de simple police : art. 637, 638, 640, I. cr. Dans cette dernière hypothèse, le jugement intervenu sur l'action publique seul interrompt la prescription ; les actes de poursuite ne produisent pas cet effet.

3° Effets de la prescription.

La prescription opère par l'expiration des délais l'extinction des actions publique et civile (637, 638, 640, I. cr.) et cela ne fait aucun doute quand l'action civile est intentée devant les tribunaux criminels, accessoirement à l'action publique ; les deux actions sont alors intimement liées l'une à l'autre, de sorte que l'extinction de l'une entraîne extinction de l'autre.

Il faut cependant bien remarquer que ces actions sont indépendantes, de sorte que la prescription contre l'une des actions pourra ne pas entraîner l'extinction de l'autre, s'il y a eu des actes interruptifs de prescription pour l'une des actions seulement.

En dehors de ces hypothèses d'interruption, et lorsque l'action civile n'est pas portée devant les tribunaux criminels, faut-il dire que la prescription de l'action civile reste soumise aux règles des articles 637, 638 et 640 I. cr., ou bien faut-il revenir aux principes généraux en matière d'actions civiles, et appliquer les règles de la prescription ordinaire ?

La grande majorité des auteurs et la Cour de cassation

« du prévenu, soit de s'assurer de sa personne, sont interruptifs de
« prescription. »

admettent que l'action civile intentée devant les tribunaux civils reste soumise aux mêmes délais que si elle était inten-tée devant les tribunanx criminels ; cette opinion, générale-ment acceptée, est attaquée très-vivement par M. Bertauld, dans sa troisième édition du Cours de Code pénal et nous devons entrer dans quelques détails pour l'exposé de cette théorie et de cette controverse.

M. Bertauld soutient qu'il ne faut pas, au point de vue de la prescription, assimiler complétement l'action publique e l'action civile : sans doute, lorsque ces actions sont intentées, en même temps l'une et l'autre et devant les juridictions criminelles, M. Bertauld le reconnaît, il faut bien admettre que les mêmes délais de prescription éteignent l'une et l'autre des actions; mais lorsque les tribunaux criminels n'ont prononcé que sur l'action publique, l'action civile por-tée devant les tribunaux civils n'est-elle pas alors soumise aux règles de prescription ordinaire ?

Pour défendre son système, M. Bertauld cherche à établir les anomalies du système généralement suivi, et les diffé-rences de solution que l'on donne en matière de prescription, d'amnistie et de décès du prévenu ; cette manière de raison-ner peut-elle être admise ? Nous ne le pensons pas. Ici la seule question à résoudre est de savoir, si la prescription est acquise, et pour le savoir, il faut examiner si les délais de la prescription sont remplis : et ces délais, d'après la loi, sont de dix ans, trois ans et un an ; que la solution en légis-lation puisse être controversée, nous le reconnaissons ; mais notre rôle n'est pas de refaire la loi, nous ne devons que

tâcher d'en expliquer les dispositions : or, d'après ces dispositions les délais de la prescription de l'action publique et
civile sont les mêmes, et n'y aurait-il pas du reste une ano-
malie dans le système de M. Bertauld, ne serait-il pas étrange
de voir la même action prescrite par certains délais suivant
qu'elle est intentée accessoirement à l'action publique ; et par
des délais différents lorsqu'elle est intentée séparément et
devant les juridictions civiles (1).

En matière criminelle, correctionnelle et de police, il faut
donc reconnaître que la prescription de l'action civile s'ac-
quiert par les mêmes délais que la prescription de l'action
publique, lors même qu'elle est portée devant les tribunaux
civils. L'opinion d'après laquelle la prescription devrait être
différente, suivant qu'il s'agirait de l'une ou de l'autre action,
a trouvé place dans le Code militaire des armées de terre et
de mer. En effet, il résulte des termes de l'article 184 que les
délai de la prescription criminelle ne s'appliqueront qu'à
l'extinction de l'action publique : « Les dispositions du cha-
« pitre v du titre VII du livre II du Code d'instruction crimi-
« nelle sont applicables à l'action publique résultant d'un
« crime ou d'un délit de la compétence des juridictions cri-
« minelles, ainsi qu'aux peines. » Les actions civiles relativement à ces crimes et délits (54 C. milit.) ne peuvent être
portées que devant les tribunaux civils et le texte de l'article
184 fait que l'on doit leur appliquer les règles des pres-

1. V. Boitard, 19ᵉ leçon, *Inst. crim.*, nᵒ 319-320 ; Faustin-Hélie, t. III,
ĕ 203.

criptions relatives aux actions du droit civil au général (1).
Mais lorsque sur l'action civile une condamnation est intervenue, la partie lésée a alors un titre, et la créance que ce titre constate est soumise par la prescription aux règles du droit civil (640 I. crim.).

§ II. — Les actions publique et civile disparaissent par l'effet de la chose jugée.

Cette matière, l'une des plus difficiles du droit criminel, mériterait à elle seule une étude particulière : nous indiquerons les points principaux, les solutions les plus importantes.

Le législateur ne pouvait pas attribuer l'infaillibilité aux tribunaux chargés de prononcer sur le sort des coupables, et ne pouvait pas, dans tous les cas, considérer leurs décisions comme l'expression de la vérité. Cependant le législateur a voulu que les décisions émanées des juridictions établies fussent considérées comme l'expression de la vérité, dès qu'elles seraient inattaquables, et qu'il ne fut permis à personne de mettre en doute le bien jugé de leurs dispositions. Dans cette décision, le législateur ne s'est préoccupé que de l'intérêt général, il n'a pas voulu que l'on put se jouer pour ainsi dire, de la chose jugée par les tribunaux, mais qu'au

1. 2262, C. N., v. Victor Molinier, *sur le Code de justice militaire des armées de terre et de mer. Recueil de l'Académie de législation de Toulouse*, année 1859.

contraire chacun fut obligé de s'incliner devant l'autorité des décisions judiciaires.

Certaines conditions sont nécessaires, pour que les pécisions judiciaires produisent l'effet de la chose jugée, et permettent de repousser toute nouvelle poursuite au moyen de l'exception de chose jugée.

Il faut en premier lieu qu'il y ait une décision, émanée des tribunaux reconnus par la loi : peu importe, du reste, que la décision émane des tribunaux ordinaires, ou des tribunaux d'exception ; le législateur devait une protection égale à tous ceux qui participaient par son ordre à la distribution de la justice, et que la décision soit inattaquable, qu'elle ne puisse plus tomber, par aucune voie de recours. En second lieu, pour que l'exception de chose jugée puisse être opposée, il faut qne l'on remette en question une décision déjà intervenue, et entre les mêmes personnes : et nous retrouvons ici des règles analogues à celles qui régissent la chose jugée au civil : même cause, même objet, entre les mêmes personnes, remarquons que ces conditions ne sont exigées que lorsque l'on voudrait faire juger une action sur laquelle il est déjà intervenu une décision. Cela dit sur les conditions principales, auxquelles les jugements sont soumis, pour donner naissance à l'exception de chose jugée, voyons les effets de cette exception sur l'action publique et l'action civile.

I. — JUGEMENT STATUANT SUR L'ACTION PUBLIQUE. Les décisions prononcées sur l'action publique peuvent être rangées dans deux grandes cla ses : les décisions des juridictions d'instruction ; les décisions des juridictions de jugement.

Étudions la matière dans ces deux hypothèses.

Décisions des juridictions d'instruction.

Les juridictions d'instruction statuent sur les suites à donner à l'instruction en matière criminelle ; nous pouvons étudier successivement les ordonnances du juge d'instruction et les arrêts de la chambre d'accusation.

Les ordonnances du juge d'instruction peuvent déclarer qu'il n'y a pas lieu de poursuivre contre l'inculpé, ou le renvoyer devant les juridictions de jugement ; les ordonnances de non-lieu, devenues inattaquables par le rejet des voies de recours, ou l'expiration des délais pendant lesquels ces voies de recours pouvaient être formées, produisent-elles l'exception de chose jugée en faveur du prévenu, de sorte que, relativement au fait, sur lequel l'ordonnance a statué, et par rapport à lui, les tribunaux d'instruction ne puissent plus statuer sur l'affaire ? Cette question n'est pas susceptible d'une réponse uniforme. Il faut distinguer suivant que les ordonnances sont lésées en droit ou en fait : les ordonnances du renvoi basées en droit donnent à l'accusé l'exception de chose jugée et toute poursuite postérieure est impossible ; par exemple si le juge d'instruction, par son ordonnance a déclaré que le fait relevé par l'instruction ne tombait pas sous l'application des lois pénales ; ou bien si le juge d'instruction a déclaré que l'action publique était éteinte par un mode d'extinction, prescription, amnistie, dans tous ces cas et autres semblables, le prévenu est à l'abri de toutes nouvelles poursuites relativement au fait criminel relevé contre lui ; et l'extinction de l'action publique contre lui entraîne en général l'extinction de l'action civile, par les distinctions suivantes : l'ordonnance d'absolution se borne à reconnaître au fait poursuivi l'absence de tout caractère criminel, le prévenu auteur du fait, devra aux parties lésées la réparation du dommage causé, c'est là l'une des applications de la responsabilité civile (1382, 1383 C. cr.) ; — l'ordonnance admet la prescription et déclare la poursuite sur l'action publique irrévocable, en général l'action civile sera aussi prescrite (art. 3, I. crim.) sauf les cas où la prescription de l'action civile aurait été interrompue. Enfin l'ordonnance de non-lieu étant basée sur l'amnistie, acquise au prévenu que l'action civile, non prescrite, peut être intentée contre lui, à moins l'amnistie s'étende elle-même aux conséquences civiles du fait criminel, ce qui est tout à fait exceptionnel et contraire aux principes.

Au lieu d'être basée en droit, l'ordonnance de non-lieu peut statuer seulement en fait ; et le juge d'instruction n'envisageant le fait criminel poursuivi que dans l'état où il lui est signalé peut déclarer la poursuite non recevable, parce que les charges contre l'accusé ne lui paraissent pas établies. Dans cette hypothèse, il faut restreindre la portée de l'ordonnance aux termes employés par le juge, le magistrat se borne

à reconnaître que dans l'état de la cause l'action n'est pas recevable, les preuves de culpabilité étant tout à fait insuffisantes : donc, tant que l'affaire sera dans cet état, tant que la
preuve de culpabilité ne sera pas complétée, impossibilité de
poursuivre ; mais la poursuite deviendra possible, dès que la
situation sera modifiée et que des éléments nouveaux de
preuve permettront d'établir la culpabilité (art. 246, 247,
C. Inst. crim.). Cette ordonnance met le prévenu à l'abri de
l'action publique et de l'action civile, tant que des charges
nouvelles ne permettent pas de reprendre l'instruction et de
saisir les tribunaux de jugement compétents.

Le juge d'instruction a reconnu la culpabilité du prévenu,
et l'a renvoyé devant les juridictions de jugement : quel est
l'effet de ces ordonnances, quant au prévenu ? Les ordonnances de renvoi devant la simple police et devant la police
correctionnelle produisent cet effet, qu'il faut nécessairement
saisir les juridictions, devant lesquelles le renvoi a été prononcé, et les tribunaux conservent leur liberté d'appréciation. Quant aux moyens de droit sur lesquels l'ordonnance
a prononcé, la question est définitivement vidée sur ces
points et il n'appartient pas au tribunal de remettre ces points
en question.

Voyons comment ces principes s'appliquent aux arrêts de
la chambre d'accusation en matière de grand criminel. Ces
arrêts de la chambre d'accusation peuvent être ou des arrêts
de renvoi, ou des arrêts de non-lieu ; les arrêts de non-lieu
sont basés sur ce que le fait relevé dans l'instruction ne paraît présenter à la Cour aucun caractère criminel, ou bien

encore sur ce qu'en l'état de la cause, la preuve de culpabilité n'est pas faite contre l'accusé suivant que l'on se place dans l'une ou l'autre de ces hypothèses. Les effets de ces arrêts sont différents : les arrêts de non-lieu fondés sur ce que le fait relevé contre l'accusé ne présente pas les caractères d'une infraction punissable, constituent pour l'accusé, le moyen d'empêcher toute nouvelle poursuite, par l'exception de chose jugée ; et l'action publique se trouvera éteinte d'une manière absolue ; restera à examiner cependant si le fait relevé par l'instruction n'est pas l'œuvre de l'accusé s'il n'a pas préjudicié aux intérêts d'autrui, et dans ces cas l'on pourra poursuivre l'accusé devant les tribunaux civils en réparation du préjudice causé, c'est l'application des art. 1382 et 1383 C. N.

L'arrêt a admis l'existence du fait criminel, et a reconnu qu'il était l'œuvre de l'inculpé, mais en même temps a décidé que l'action publique n'était plus recevable parce que l'amnistie couvrait ces faits ; ou bien parce que la prescription était acquise au prévenu : dans tous ces cas le prévenu pourra invoquer l'autorité de la chose jugée, dans le cas où l'on voudrait recommencer contre lui de nouvelles poursuites à l'occasion du même fait ; il y a chose jugée à son profit, l'action publique n'est plus recevable. Quant à l'action civile, nous ferons les mêmes opérations que tout à l'heure ; dans le cas d'amnistie, en général le droit des parties lésées est réservé et l'action civile peut survivre à la perte de l'action publique. Dans le cas de prescription, on peut comprendre que l'action civile ne soit pas éteinte, mais en général la prescription de l'action publique entraînera la perte de l'action civile.

Si l'arrêt de la chambre d'accusation prononce le non-lieu à cause de l'insuffisance des preuves fournies, le prévenu n'est pas à l'abri de nouvelles poursuites, et toute charge nouvelle dans le sens de l'article 247 donnera le droit au ministère public de poursuivre le prévenu, et de recouvrer l'exercice de l'action publique, paralysée par l'arrêt de non-lieu. L'action civile renaîtra en même temps que l'action publique. Les arrêts de renvoi, comme les ordonnances de renvoi du juge d'instruction dont nous parlions tout à l'heure, saisissent les tribunaux criminels de la connaissance des faits relevés ; l'effet qu'ils peuvent produire et l'exception de chose jugée qu'ils peuvent donner au prévenu est étrangère à notre matière de l'extinction des actions publique et privée : aussi allons-nous passer immédiatement aux arrêts et jugements de juridiction de jugement.

Tout jugement ou arrêt de condamnation, passé en force de chose jugée, rendu par les tribunaux criminels ou desception, établit à l'égard de tous et d'une manière absolue, sauf le cas de révision, la culpabilité du condamné ; d'où il suit que dans ce cas la partie lésée pourra toujours exercer l'action civile contre lui, et les tribunaux saisis devront allouer les dommages-intérêts dans la mesure du préjudice causé. Refuser les dommages-intérêts serait faire échec à la décision judiciaire rendue.

Voyons quelle va être l'influence des arrêts ou jugements d'acquittement sur l'action publique et l'action civile. Il faut étudier la question en distinguant avec soin plusieurs hypothèses.

1° La Cour d'assises, peu importe la déclaration du jury, prononce un arrêt d'absolution ; aux termes de l'article 364, Code criminel, les arrêts d'absolution ne peuvent être rendus que tout autant que le fait ne tombe sous l'application d'aucune loi pénale : donc toutes les causes d'accusation se trouvent purgées par l'arrêt, et il est impossible de renouveler la poursuite : l'action publique est éteinte d'une manière absolue ; la partie lésée conserve son droit absolu d'agir en réparation du préjudice causé, à la charge par elle de prouver la participation de la personne absoute à la perpétration du fait relevé.

2° La Cour d'assises acquitte, à la suite de la déclaration de non-culpabilité rendue par le jury.

Examinons successivement l'effet de cet arrêt sur l'action publique et sur l'action civile.

Sur l'action publique, l'arrêt constituera-t-il au profit de l'accusé l'exception de chose jugée, par laquelle il pourra repousser toute nouvelle action criminelle, ou bien l'exception de chose jugée devra-t-elle être restreinte dans ses effets ? D'après les articles 374, 377 et 380 du Code du 3 brumaire an IV, les jurés ne devaient pas seulement faire porter leur examen sur le fait, tel qu'il était révélé par l'accusation, mais encore l'examiner à tous les points de vue, et rechercher si le fait ne présentait aucune criminalité : aussi tout arrêt d'acquittement avait-il pour effet dans ce système de purger toutes les causes d'accusation, et à quelque point de vue

que le fait criminel fut envisagé, il était innocenté par la déclaration de non culpabilité ; dans ce système donc, tout arrêt d'acquittement épuise, quant au fait poursuivi, l'exercice
de l'action publique.

Ce système n'a pas été admis par les rédacteurs du Code
d'instruction criminelle ; ils n'ont pas voulu confier aux jurés
le soin d'examiner le fait matériel d'une manière absolue,
mais seulement au point de vue de la qualification criminelle
relevée : de sorte que dans ce nouveau système les jurés
n'ont à répondre qu'aux questions résultant de l'acte d'accusation, et ces questions ne peuvent se rapporter qu'au fait
relevé et qualifié de sorte que plus tard une nouvelle question
pourra être posée à de nouveaux juges par rapport au fait matériel, mais envisagé sous un nouveau point de vue criminel. On
a voulu par là restreindre les fonctions des jurés ; ils n'ont pas
à rechercher si le fait matériel relevé ne constitue aucune
infraction punissable, mais seulement s'il constitue l'infraction relevée contre le prévenu : en appliquant cette théorie,
il semble donc que l'accusé acquitté pourrait avoir à répondre à un nouveau jury, du fait déjà relevé, mais constituant un nouveau crime ; on n'a pas voulu aller jusque là et
la jurisprudence a décidé que lorsqu'un même fait matériel
pourrait constituer plusieurs crimes, le président des assises
avait le droit de poser aux jurés des questions subsidiaires,
mais que la décision du jury intervenue, il n'était plus possible de poursuivre l'accusé, lors même que le fait peut envisagé à un nouveau point de vue, constituer un crime distinct de celui que l'accusation avait relevé. Le fait matériel

soumis au jury n'a été envisagé qu'au point de vue criminel proprement dit, et si le fait matériel constitue un délit correctionnel, une nouvelle poursuite est possible, et l'on ne pourra pas l'empêcher au moyen de l'exception de chose jugée.

En résumé, l'arrêt d'acquittement entraîne l'extinction absolue de l'action publique, en tant que le fait pourrait constituer un crime; mais l'action publique reste ouverte pour le cas où le fait matériel, envisagé comme crime dans la première poursuite, constituerait un délit correctionnel.

Sur l'action civile, quel est l'effet de l'arrêt de la Cour d'assises, qui prononce l'acquittement du prévenu ? Cette question a soulevé dans la jurisprudence et la doctrine de très-vifs débats, sur lesquels nous devons un peu insister.

Nous avons d'un côté une décision sur l'action publique : en quoi cette décision va-t-elle influer sur l'action civile ? La difficulté vient de ce que les arrêts des Cours d'assises se bornent à reproduire la déclaration du jury : non, l'accusé n'est pas coupable, et qu'on ne peut pas trouver dans les termes des arrêts la pensée exacte des jurés ; en effet, ces mots : non, l'accusé n'est pas coupable, pouvant signifier ou bien que les faits matériels étaient bien l'œuvre de l'accusé mais que ces faits ne présentaient pas de caractère criminel ; ou bien que l'accusé ne devait pas subir de peine pour les faits relevés contre lui ; — ou bien enfin que la preuve n'avait pas été faite de sa culpabilité. Or, suivant que l'on remplacera dans telle ou telle hypothèse, malgré l'acquittement, l'action civile pourra être ou n'être pas recevable. Mais où trouver le criterium au moyen duquel nous déciderons dans quel cas l'action civile est recevable ? Faut-il dire que l'accusé doit bénéficier d'une manière absolue de l'acquittement prononcé en sa faveur, et que l'on ne peut plus exercer contre lui l'action civile, ce serait là sacrifier l'intérêt des parties lésées à l'intérêt de l'accusé, et faire produire à l'arrêt d'acquittement un effet plus considérable que celui qui doit lui appartenir : l'accusé est acquitté, c'est vrai ; c'est-à-dire que l'on ne peut lui infliger aucune peine, mais non que l'on ne puisse pas le condamner à des dommages-intérêts. Il est certain, en effet, que lorsqu'il résulte des faits relevés au procès que l'accusé a à sa charge un fait matériel dommageable, l'action civile est recevable malgré l'acquittement ; par exemple lorsque poursuivi sous l'inculpation d'assassinat, l'accusé avoue le fait matériel reproché, mais prétend avoir été en état de légitime défense. L'acquittement prononcé n'empêchera pas que l'on ne puisse condamner l'accusé à des dommages-intérêts. De même acquitté en cas de duel, on peut parfaitement avoir à donner des dommages-intérêts aux parents de la victime ou à la victime : et cette solution doit être donnée, à savoir l'existence de l'action civile toutes les fois que d'après les débats tels qu'ils se sont déroulés devant le jury, l'accusé a à se reprocher un fait matériel dommageable (1).

En un mot, les jugements rendus par les tribunaux criminels sur l'action publique ont à l'égard de tous l'autorité de

---

1. Cass., 7 mai 1864, Observation de M. Labbé, *Journal du Palais*, 1864 ; Ortolan, *Revue pratique*, t. XVII, p. 385 ; Ch. Beudant, *Revue critique*, t. XXIV, 515.

la chose jugée en ce qui touche l'existence ou la non-existence du fait criminel relevé ; mais rien n'empêche que l'on ne puisse envisager le fait sur lequel acquittement a été prononcé comme constituant un délit civil : ce n'est pas là faire échec au jugement rendu et pourvu que les décisions ne soient pas inconciliables, l'action civile peut être intentée. (Comp. Zachariæ, Aubry et Rau, 3° édit., § 769, note 91).

3° Les jugements ou arrêts émanés des tribunaux de police, et correctionnels éteignent l'action publique d'une manière absolue, puisque le fait a dû être envisagé sous toutes ces faces ; en outre ces décisions sont motivées, et quand à leur influence sur l'action civile, il n'y a plus qu'à examiner les termes mêmes de ces décisions de sorte que s'il résulte du jugement ou arrêt que l'accusé acquitté est l'auteur d'un fait dommageable, on pourra prononcer contre lui des dommages-intérêts.

II. — JUGEMENT SUR L'ACTION CIVILE, LEUR INFLUENCE SUR LE JUGEMENT DE L'ACTION PUBLIQUE. Pour compléter notre matière, nous allons rechercher quel est l'effet d'un jugement rendu sur l'action civile, et quelle est son influence sur le criminel.

Supposons une décision intervenue au civil sur l'action civile, l'affaire portée devant les tribunaux civils est et reste définitivement jugée, et bien que postérieurement à cette décision à fin civile, le tribunal criminel ait condamné le coupable, les dommages-intérêts ne pourront pas lui être réclamés ; la question a été déjà jugée une fois : on ne peut

pas obtenir la rétractation de cette décision. Mais ce jugement sur l'action civile, soit qu'il accorde des dommages-
intérêts, à cause de la criminalité reconnue au fait, soit qu'il
n'accorde aucuns dommages-intérêts, quel sera l'effet de ce
jugement sur l'affaire criminelle portée devant les juridictions criminelles ; les tribunaux criminels seront-ils obligés
de condamner, parce que le jugement civil constate la criminalité ; les tribunaux criminels devront-ils acquitter le
prévenu, parce que les tribunaux civils n'ont pas constaté la
culpabilité et ont aussi des dommages-intérêts ?

Cette question ne devra se présenter que très-rarement, car
dès que l'action publique est intentée, il doit être sursis à la
connaissance de l'action civile portée devant les tribunaux
criminels ; cependant on comprend qu'il ait pu arriver que
l'action civile ait reçu une décision, avant que l'action publique ait été mise en mouvement, il faut dans cette hypothèse reconnaître l'entière indépendance des tribunaux criminels, qui, sans se préoccuper de la décision rendue par les
tribunaux civils, devront connaître de l'action publique : les
juges pourraient acquitter l'accusé, bien que les tribunaux
civils aient, en prenant pour base la criminalité, accordé
des dommages-intérêts ; ils pourront condamner bien que
les tribunaux civils aient refusé des dommages-intérêts, à
cause de l'innocence de l'accusé.

POSITIONS

DROIT ROMAIN.

I. — Celui qui intente l'action négatoire doit prouver l'inexistence de la servitude.

II. — Le § 4 du titre *de vulgari substitutione* des Instituts de Justinien est conforme aux principes.

III. — L'obligation corréale ne peut naître que d'un fait juridique donnant lieu à la *condictio*

IV. — Quelle action pouvait exercer le créancier évincé qui avait été désintéressé par une dation en paiement ? Il faut distinguer : les Sabiniens accordaient l'action de la créance primitive et les Proculéiens l'action *ex empto*. Cette distinction explique les textes contradictoires qui existent sur cette matière.

V. — La loi 6, *de verborum obligationibus*, D. 45, 1), et la loi 25 *de fidejussoribus et mandatoribus*, D. 46, 1), peuvent être conciliées.

DROIT FRANÇAIS.

I. — En cas de cession de créance signifiée, après une saisie-arrêt faite sur le débiteur, le cessionnaire n'a à subir le concours que du créancier saisissant et non des créanciers opposants après la signification.

II. — Les étrangers jouissent en France de tous les droits

civile dont ils ne sont pas privés par une disposition spéciale.

III. — La disposition par laquelle un testateur lègue : 1° à Primus, d'un côté l'usufruit de tous ses biens, de l'autre la propriété sous condition suspensive qu'il aura des enfants à son décès ; 2° à Secundus la propriété des biens sous la condition suspensive négative que Primus n'aura pas d'enfants à son décès constitue une substitution prohibée.

IV. — L'article 320 du c. Napoléon s'applique à la recherche de la filiation naturelle.

V. — Dans le cas de plusieurs subrogations successives le dernier subrogé est préféré aux autres sur les biens du débiteur principal.

VI. — L'enfant renonçant ne doit pas être compté pour le calcul de la réserve.

VII. — L'étrangère ne jouit d'aucune hypothèque légale sur les biens que son mari possède en France.

DROIT COMMERCIAL

I. — La justice, à défaut du mari, ne peut pas autoriser la femme à faire le commerce.

II. — La faillite est un fait préjudiciel qui met obstacle à toute poursuite en banqueroute simple ou frauduleuse du ministère public, tant qu'il n'a pas été constaté par le tribunal de commerce.

DROIT CRIMINEL

I. — La tentative d'un fait impossible n'est pas punissable

II. — En cas de complicité les causes d'aggravation ou

d'atténuation existant par rapport à l'un des agents ne peuvent influer sur les autres que quant aux causes qui affectent la criminalité du délit lui-même et non quant à celles qui ne modifient que la culpabilité personnelle du délinquant.

III. — La récidive a pour effet non-seulement d'augmenter le taux de la peine, mais aussi de changer le genre de la peine.

PROCÉDURE CIVILE.

I. — Le juge ne peut accorder un délai de grâce au débiteur poursuivi par un créancier muni d'un titre exécutoire.

II. — L'aliénation faite par le saisi après la transcription de la saisie est-elle radicalement nulle, ou seulement annulable? La question ne comporte pas une réponse absolue. Il faut distinguer selon que, après la vente faite indûment par le saisi, les poursuites seront continuées jusques et y compris l'adjudication, ou, au contraire, les poursuites cesseront, et l'adjudication n'aura pas lieu.

HISTOIRE DU DROIT.

I. — L'origine de la censive se trouve dans la clientèle romaine; celle du fief dans la clientèle militaire des Germains.

II. — Les établissements de saint Louis sont l'œuvre d'un jurisconsulte et non l'œuvre officielle d'un législateur

DROIT DES GENS.

I. — En cas de guerre entre deux puissances, la participation d'un sujet appartenant à une puissance neutre n'est pas une violation de la neutralité. Celle-ci n'est nullement responsable envers l'une ou l'autre des nations belligérantes.

II. — La prise des navires de commerce et des marchandises appartenant aux sujets d'une puissance ennemie doit être considérée comme contraire aux vrais principes du droit des gens.

Vu par le Président de la thèse,

ORTOLAN.

Pour le Doyen absent,

A. VALETTE.

Lu et permis d'imprimer,
le vice-recteur de l'Académie de Paris,

A. MOURIER.

1147. — Abbeville, imp. Briez, C. Paillart et Retaux

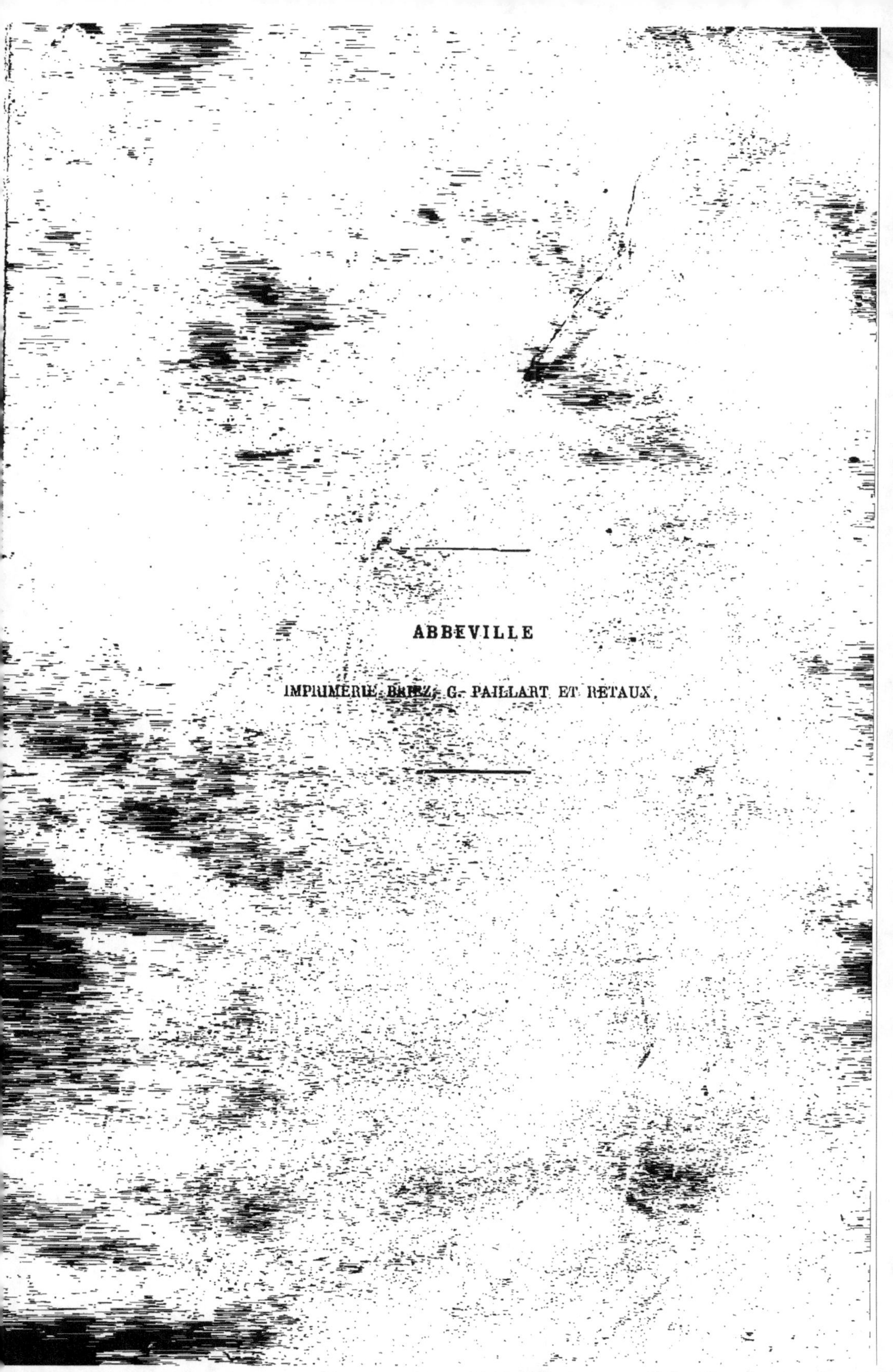

ABBEVILLE

IMPRIMERIE BRIEZ, G. PAILLART ET RETAUX.

www.ingramcontent.com/pod-product-compliance
Lightning Source LLC
Chambersburg PA
CBHW051303060726
47596CB00001B/215